OEVVRES

de Rabelais

Bracquemond sc.   A. Lemerre Ed.

A. Salmon Imp.

LES ŒVVRES
de Maiſtre François
Rabelais

*Accompagnées d'une Notice ſur ſa vie & ſes ouvrages,
d'une Étude bibliographique, de Variantes, d'un
Commentaire, d'une Table des noms propres
& d'un Gloſſaire;*

Par
Ch. MARTY-LAVEAUX.

Tome premier

PARIS
ALPHONSE LEMERRE, ÉDITEUR,
47, PASSAGE CHOISEUL, 47.

M. DCCC. LXVIII.

AVERTISSEMENT.

N ce moment plusieurs libraires s'occupent à publier de belles éditions des œuvres de Rabelais avec une application & un empreſſement dignes d'un ſuccès auſſi grand que celui de la première Chronique Gargantuine, dont, à en croire notre auteur, il « a eſté plus vendu par les imprimeurs en deux moys, qu'il ne ſera acheté de Bibles en neuf ans[1]. »

Cette émulation ſe comprend : depuis quelques années nos vieux auteurs ſont devenus à la mode. On a réimprimé avec exactitude, on a commenté avec érudition un grand nombre d'ouvrages inédits ou peu connus, très-importants pour l'hiſtoire de notre litté-

---

[1]. Prologue de *Pantagruel*, tome I, page 217.

rature & de notre langue, mais d'un mérite souvent fort contestable, &, la première curiosité passée, on a regretté que les plus éminents & les plus célèbres de nos anciens écrivains n'eussent pas encore été traités avec ce soin, ce respect qu'on venait d'accorder à de moins dignes.

On est donc revenu à eux, & tout d'abord à ce génie puissant & bizarre que Charles Nodier & M. Sainte-Beuve ont si bien défini en l'appelant l'Homère bouffon [1].

Il est grand temps d'ailleurs de reproduire avec une scrupuleuse fidélité les anciennes éditions de Rabelais, car on ne doit guère songer à les posséder dans sa bibliothèque. Au train dont vont maintenant les choses, l'amateur le plus favorisé par les circonstances ne pourrait pas espérer de se procurer un exemplaire formé des cinq livres séparés, à moins de sept ou huit mille francs de dépense & d'une quinzaine d'années de recherches. Encore n'aurait-il ni les variantes, ni les lettres, ni les almanachs, ni aucun commentaire.

Le plus pressé est sans contredit de remplacer, aussi complétement qu'on le pourra, ces anciennes éditions devenues si rares.

Déjà les éditeurs érudits & consciencieux ont

---

1. *Des matériaux dont Rabelais s'est servi pour la composition de son ouvrage*, 1835, p. 4. — *Poésie française au XVIe siècle*, 1843, p. 369.

ouvertement déclaré leurs prédilections à ce sujet, mais sans oser, par malheur, s'y abandonner : « En notre qualité de bibliophiles, d'hommes curieux des choses du passé, disent MM. Burgaud des Marets & Rathery, en tête de leur remarquable édition[1], nous ne trouvons pas que la presse elle-même soit assez exacte pour reproduire les écrits de cette époque. La figure des lettres, leurs dispositions, leurs variétés de combinaisons pour représenter le même mot, tout cela nous paraît digne de respect comme des portraits d'ancêtres. La photographie devrait avoir le droit exclusif de nous en fournir des images. »

On ne saurait être plus explicite; seulement, ces goûts d'amateur que M. Burgaud des Marets exprime avec une si vive conviction, il ne pense pas que le public les partage, & il ajoute : « Le plus grand nombre des lecteurs fait bon marché de cette manie d'antiquaires : il a la faiblesse de vouloir des livres lisibles. »

Aujourd'hui les lecteurs & les amis de Rabelais, qui constituent un public tout particulier, sont plus antiquaires que le savant éditeur ne l'imagine; & ils s'étonneraient à bon droit de voir négliger, à l'égard de leur auteur favori, la minutieuse exactitude qu'on commence à trouver nécessaire pour les écrivains du

---

1. Tome Ier, p. VII.

xviie *siècle, dont la langue est relativement si voisine de la nôtre.*

Il faut convenir cependant que le respect absolu des textes français est encore aujourd'hui chose assez nouvelle pour que les bibliophiles eux-mêmes éprouvent à ce sujet quelques hésitations. Dans les Conseils aux futurs éditeurs de Rabelais, *qui forment le* ixe *chapitre des* Recherches *sur les éditions originales de cet écrivain, M. Brunet, après avoir indiqué le texte qu'il faut suivre pour chacun des livres, paraît trouver également bon, soit de reproduire exactement l'orthographe de l'édition qu'il recommande, soit d'établir une orthographe factice en écrivant toujours le même mot de la même manière.*

M. Jannet, ainsi qu'on devait s'y attendre de la part de l'éditeur de la Bibliothèque elzévirienne, a suivi le premier procédé; mais s'il a fort sagement respecté l'orthographe jusque dans ses variations & dans ses incertitudes, à d'autres égards il a singulièrement modifié la physionomie de l'ouvrage qu'il reproduisait. Il n'a tenu presque aucun compte des majuscules, il a « *distingué les* i *des* j, *les* u *des* v [1]; » *enfin il a pensé que la ponctuation* « *était à refaire entièrement, comme dans tous les vieux auteurs* [2]; »

---

1. Tome Ier, p. vii, édition de 1867.
2. Ibid., p. viii.

& il l'a établie à nouveau, beaucoup moins exact en ce point que MM. Burgaud des Marets & Rathery, qui adoptent dans leur enfemble les habitudes, je n'ofe dire les règles, de la ponctuation d'alors. Du refte, fi on l'examine de près, l'on s'aperçoit qu'elle était beaucoup plus conftante que l'orthographe elle-même, & que qui adopte l'une ne peut guère rejeter l'autre.

Bien plus, s'il fallait néceffairement choifir, fi, au lieu de fe piquer d'une fidélité abfolue & complète, on était forcé de fe contenter d'une demi exactitude, mieux vaudrait encore conferver la ponctuation que l'orthographe. Celle-ci, précieux témoignage de l'ufage du temps, eft fort importante pour l'hiftoire de la littérature & de la langue; mais celle-là, plus perfonnelle, plus intime, affecte davantage la penfée même de l'écrivain.

Qu'on n'aille pas conclure de ce que je viens de dire que je n'oferais, en conftituant un texte, ni ajouter une virgule, ni déplacer un point; il y a certes des modifications légitimes, indifpenfables; mais il faut fe garder de fubftituer à la ponctuation du XVIe fiècle la ponctuation favante & compliquée que les imprimeurs ont laborieufement conftituée pour les néceffités de la langue du XIXe.

A cette époque de longues périodes, on ménageait les fignes de ponctuation plus que nous ne le faifons *aujourd'hui ; employés pour marquer les repos de la voix plutôt que pour indiquer aux yeux les moindres parties de la phrase, ils étaient moins nombreux & surtout moins fréquemment répétés. On faisait de la virgule un usage beaucoup plus sobre que maintenant ; les deux-points qui se placent où nous mettons le point & virgule, qu'on n'employait presque jamais, ne servaient que fort rarement à annoncer une citation ou les paroles de quelqu'un ; dans ce cas, on employait indifféremment la virgule ou le point. Quant au point d'interrogation, il était en usage dès qu'il y avait dans l'ensemble de la phrase un sens interrogatif si faible & indéterminé qu'il fût ; parfois enfin il se mettait où nous placerions le point d'exclamation, qu'on ne rencontre pas alors, & que le point simple suffit souvent à remplacer.*

Qu'on lise sans prévention une page ou deux où cette ancienne ponctuation est employée, & l'on se convaincra qu'elle conserve bien des finesses de sens que celle des nouveaux éditeurs a fait disparaître. N'en est-il pas de même encore aujourd'hui, & telle lettre familière, qu'on trouvera bizarrement ponctuée si on la rapproche des règles suivies le plus généralement, n'arrive-t-elle pas, par des procédés presque individuels, à se faire fort délicatement comprendre ?

Nous avons respecté aussi certains espaces blancs qui marquent un repos plus grand que le point, moindre que l'alinéa. Il n'était permis ni de négliger ce figne ni de le remplacer par un autre.

Quant au changement d'interlocuteur dans les dialogues, il eft indiqué de façons très-diverfes, tantôt par un alinéa, tantôt par un efpace blanc; le plus fouvent par une mention expreffe telle que : « dift Gargantua », placée entre virgules ou entre parenthèfes; parfois par les noms des perfonnages[1], enfin très-fouvent il ne l'eft pas du tout, mais il n'en eft pas moins clair pour cela.

Nous aurions eu la reffource facile de mettre partout des tirets, mais aucun des écrivains du XVIe ni du XVIIe fiècle ne s'en eft fervi. La Fontaine & Boileau ont fu s'en paffer auffi bien que Rabelais, & ce n'eft qu'à partir des Contes moraux de Marmontel qu'ils font devenus à la mode[2].

Nous donnons en tête de chaque livre le fac-fimile du titre de l'édition que nous fuivons en nous conformant aux excellents Confeils de M. Brunet. Nous en reproduifons le texte avec une fidélité abfolue; lorfque nous y introduifons une modification, foit pour corriger une faute matérielle, foit, ce qui eft rare,

---

1. Voyez, par exemple, le Tiers livre, ch. XXXVI, Continuation des refponfes de Trouillogan.

2. Lettres fur l'harmonie du langage, par M. Bres. Paris, Le Fuel, in-18, t. II, p. 95.

pour donner la préférence à une forme plus claire fournie par l'ensemble des textes, nous avons grand soin d'en prévenir le lecteur dans le Commentaire, *afin qu'on puisse toujours reconstituer sans peine l'édition type, même dans sa partie fautive, & que la nôtre en puisse tenir lieu à tous égards.*

Ce Commentaire *comprendra : les variantes des éditions importantes; l'indication des sources auxquelles Rabelais a puisé; les imitations que les grands écrivains qui l'ont suivi ont faites de certains passages de ses œuvres; enfin le texte ou au moins l'indication de tous les morceaux anciens qu'il traduit ou auxquels il fait allusion. Ces vérifications sont d'autant plus importantes que les passages allégués sont de nature très-différente. Tantôt ils sont rapportés sérieusement & de fort bonne foi; tantôt ils sont finement détournés de leur sens; parfois enfin ils sont purement imaginaires. Les travaux de nos prédécesseurs nous seront utiles pour cette partie de notre tâche : moins pourtant que nous ne l'aurions cru au premier abord, car, tout en prodiguant les notes, ils omettent souvent la seule chose importante à indiquer. Ce passage du commencement du premier chapitre de Gargantua :* « Comme vous avez l'authorité de Platon in Philebo & Gorgia [1], » *n'a donné lieu à*

---

1. Tome Ier, p. 9.

aucune remarque de le Duchat; il en a fourni une affez étendue à Efmangart, qui nous donne fort mal à propos l'étymologie de Philebus & une notice fur Gorgias de Leontium, mais qui fe garde de rapporter les paffages auxquels Rabelais fait allufion, ou d'indiquer tout au moins l'endroit précis où ils fe trouvent.

Les noms de perfonnes ou de lieux ne fe trouveront point au Commentaire; ils formeront une Table particulière qui fera tout à la fois un Dictionnaire & un Index hiftorique & géographique de Rabelais.

Les explications des mots feront réunies dans le Gloffaire, qui contiendra chaque terme hors d'ufage avec l'indication des divers paffages où il fe trouve, ce qui fouvent fuffira pour l'expliquer. Du refte, nous nous garderons d'omettre les expreffions peu nombreufes, nous l'efpérons, dont nous ne pourrons déterminer le fens, regardant au contraire comme les plus curieufes celles dont l'interprétation définitive eft encore à trouver. Les proverbes, les termes populaires feront recueillis dans ce Gloffaire, même lorfqu'ils ne préfenteront aucune difficulté. Enfin nous mentionnerons, mais fans nous y arrêter, certains mots intelligibles pour tout le monde, excepté peut-être pour les commentateurs de Rabelais, qui ont parfois pris le change en des endroits où perfonne *ne se fût trompé. Dans sa* Satire X, *Regnier nous dit :*

> Et bien que nos disneurs mangeassent en sergens,
> La viande pourtant ne prioit point les gens [1],

n'invitait pas à manger, & c'est en ce même sens, bien facile à comprendre, que Rabelais a dit : « L'odeur du vin, ô combien plus est friant, riant, priant, plus celeste & delicieux que d'huille [2]. » *Voici la note d'Esmangart sur ce passage :* « Priant, qui a du prix : c'est un jeu de mots. »

Le Duchat, d'ordinaire plus judicieux, interprétant le passage où il est dit que Gargantua compissa les Parisiens & que « quelque nombre d'iceulx euada ce pissefort à legiereté des pieds [3], » *explique ce mot de la sorte :* « Pissefort est proprement un endroit où, par le moien du pissat qui l'environne, on est en sûreté comme dans une forteresse. »

Ces exemples, qui nous sont fournis par le commencement du Gargantua, suffisent à prouver qu'en plus d'un endroit nous n'aurons qu'à supprimer les notes pour éclaircir le texte.

Les diverses parties de notre travail : Commentaire, Dictionnaire historique & géographique, Glossaire,

---

1. Vers 289 et 290.
2. Tome Ier, p. 6.
3. Tome Ier, p. 66.

comprendront *l'explication non-seulement du roman de Rabelais, mais de toutes ses œuvres françaises que nous donnons en entier, & auxquelles nous joignons même les préfaces latines de ses publications scientifiques.*

Une Bibliographie *étendue contiendra la description des éditions importantes de Rabelais, la liste de celles qui ont moins d'intérêt, & l'indication de tous les ouvrages, mémoires, articles de revue, qui peuvent être de quelque utilité pour l'interprétation de ses œuvres ou l'appréciation de son talent.*

Nous tâcherons d'écrire une Biographie *exacte & sérieuse, mais nous admettrons à côté cette vie aussi légendaire que celle d'Ésope par Planude, ou de Virgile par Donat, qui ne nous apprend rien de ce qu'a été Rabelais, mais qui nous montre l'idée qu'on avait de lui.*

Ne nous faisant pas illusion sur l'étendue d'une pareille tâche, nous n'aurions osé l'entreprendre si nous n'avions trouvé bien des secours importants dans les travaux antérieurs, & si surtout nous n'avions pu compter dans le présent sur l'obligeant concours d'un grand nombre de bibliophiles, qui nous ont aidé de leurs livres, de leurs conseils ou de leurs notes. Je citerai particulièrement M. Luzarche, qui m'a confié des exemplaires rares partout, excepté dans sa précieuse bibliothèque; MM. Royer & Gramain, qui ont lu chacun deux épreuves de l'ouvrage; MM. Blanchemain, Baudry, Paul Lacroix, Tricotel, qui m'ont communiqué des remarques fort curieuſes pour le commentaire. Je ſuis heureux de les remercier ici, non-ſeulement de tout ce qu'ils m'ont fourni, mais du courage & de la confiance que je dois à leur intérêt & à leur bienveillant concours.

CH. MARTY-LAVEAUX.

La vie treshor

rificque du grand Gargan
tua, pere de Pantagruel
iadis cōpoſee par M.
Alcofribas abſtrac=
teur de quinte
eſſence.

Liure plein de Pantagruelisme.

M. D. XLII.

On les vend a Lyon chez Francoys
Juste, deuāt nostre dame de Cōfort.

Aux Lecteurs.

Amis lecteurs qui ce liure lisez,
Despouillez vous de toute affection,
Et le lisant ne vous scandalisez :
Il ne contien mal ne infection.
Vray est qu'icy peu de perfection
Vous apprendrez, si non en cas de rire :
Aultre argument ne peut mon cueur elire,
Voyant le dueil, qui vous mine & consomme.
Mieulx est de ris que de larmes escripre,
Pource que rire est le propre de l'homme.

Prologe de L'auteur.

EVVEVRS *trefilluftres*, & *vous Verolez trefprecieux (car à vous non à aultres font dediez mes efcriptz) Alcibiades ou dialoge de Platon, intitulé Le bancquet, louant fon precepteur Socrates, fans controuerfe prince des philofophes, entre aultres parolles le dict eftre femblable es Silenes. Silenes eftoient iadis petites boites telles que voyons de prefent es bouticques des apothecaires, pinctes au deffus de figures ioyeufes & friuoles, comme de Harpies, Satyres, oyfons bridez, lieures cornuz, canes baftees, boucqs volans, cerfz limonniers, & aultres telles pinctures contrefaictes à plaifir pour exciter le monde à rire, quel fut Silene, maiftre du bon Bacchus : mais au dedans l'on referuoit les fines drogues, comme Baulme, Ambre gris, Amomon, Mufc, ziuette, pierreries : & aultres chofes precieufes. Tel difoit eftre Socrates : par ce que le voyans au dehors & l'eftimans par l'exteriore apparence, n'en euffiez donné vn coupeau d'oignon : tant laid il eftoit de corps*

& ridicule en son maintien, le nez pointu, le reguard d'vn taureau, le visaige d'vn fol : simple en meurs, rustiq en vestimens, pauure de fortune, infortuné en femmes, inepte à tous offices de la republique, tousiours riant, tousiours beuuant d'autant à vn chascun, tousiours se guabelant, tousiours dissimulant son diuin sçauoir. Mais ouurans ceste boyte : eussiez au dedans trouué vne celeste & impreciable drogue, entendement plus que humain, vertus merueilleuse, couraige inuincible, sobresse non pareille, contentement certain, asseurance parfaicte, deprisement incroyable de tout ce pourquoy les humains tant veiglent, courent, trauaillent, nauigent & bataillent.

A quel propos, en voustre aduis, tend ce prelude, & coup d'essay ? Par autant que vous mes bons disciples & quelques aultres foulz de seiour lisans les ioyeux tiltres d'aulcuns liures de nostre inuention, comme Gargantua, Pantagruel, Fessepinte, La dignité des braguettes, Des poys au lard cum commento, &c., iugez trop facilement ne estre au dedans traicté que mocqueries, folateries, & menteries ioyeuses : veu que l'ensigne exteriore (c'est le tiltre), sans plus auant enquerir, est communement receu à derision & gaudisserie. Mais par telle legiereté ne conuient estimer les œuures des humains. Car vous mesmes dictes, que l'habit ne faict poinct le moine : & tel est vestu d'habit monachal, qui au dedans n'est rien moins que moyne : & tel est vestu de cappe hespanole, qui en son couraige nullement affiert à Hespane. C'est pourquoy fault ouurir le liure, & soigneusement peser ce que y est deduict. Lors congnoistrez que la drogue dedans contenue est bien d'aultre valeur, que ne promettoit la boite. C'est à dire que les matieres icy traictees ne sont tant folastres, comme le tiltre au dessus pretendoit.

Et posé le cas, qu'au sens literal vous trouuez matieres assez ioyeuses & bien correspondentes au nom, toutesfois pas demourer là ne fault, comme au chant des Sirenes: ains à plus hault sens interpreter ce que par aduenture cuidiez dict en gayeté de cueur.

Crochetastes vous oncques bouteilles? Caisgne. Reduisez à memoire la contenence qu'auiez. Mais veistes vous onques chien rencontrant quelque os medulare? C'est, comme dict Platon lib. ij. de rep., la beste du monde plus philosophe. Si veu l'auez : vous auez peu noter de quelle deuotion il le guette : de quel soing il le guarde : de quel feruer il le tient, de quelle prudence il l'entomme : de quelle affection il le brise : & de quelle diligence il le sugce. Qui le induict à ce faire? Quel est l'espoir de son estude? Quel bien pretend il? Rien plus q'vn peu de mouelle. Vray est que ce peu, plus est delicieux que le beaucoup de toutes aultres : pource que la mouelle est aliment elabouré à perfection de nature, comme dict Galen. iij. facu. natural. & xj. de vsu parti.

A l'exemple d'icelluy vous conuient estre saiges pour fleurer, sentir, & estimer ces beaulx liures de haulte gresse; legiers au prochaz, & hardiz à la rencontre. Puis, par curieuse leçon & meditation frequente, rompre l'os, & sugcer la substantificque mouelle. C'est à dire : ce que i'entends par ces symboles Pythagoricques, auecques espoir certain d'estre faictz escors & preux à ladicte lecture. Car en icelle bien aultre goust trouuerez, & doctrine plus absconce, laquelle vous reuelera de treshaultz sacremens & mysteres horrificques, tant en ce qui concerne nostre religion, que aussi l'estat politicq & vie œconomicque.

Croiez vous en vostre foy qu'oncques Homere, escriuent

L'Iliade & Odyſſeé, penſaſt es allegories leſquelles de luy ont calfreté Plutarche, Heraclides Ponticq, Euſtatie, Phornute, & ce que d'iceulx Politian a deſrobé ? Si le croiez : vous n'approchez ne de pieds ne de mains à mon opinion, qui decrete icelles auſſi peu auoir eſté ſongees d'Homere, que d'Ouide en ſes Metamorphoſes, les ſacremens de l'euangile : leſquelz vn frere Lubin vray croquelardon ſ'eſt efforcé demonſtrer, ſi d'aduenture il rencontroit gens auſſi folz que luy : & (comme dict le prouerbe) couuercle digne du chaudron.

Si ne le croiez : quelle cauſe eſt, pourquoy autant n'en ferez de ces ioyeuſes & nouuelles chronicques ? Combien que les dictant n'y penſaſſe en plus que vous, qui par aduenture beuiez comme moy. Car à la compoſition de ce liure ſeigneurial, ie ne perdiz ne emploiay oncques plus ny aultre temps, que celluy qui eſtoit eſtably à prendre ma refection corporelle : ſçauoir eſt, beuuant & mangeant. Auſſi eſt ce la iuſte heure d'eſcrire ces haultes matieres & ſciences profundes. Comme bien faire ſçauoit Homere paragon de tous Philologes, & Ennie pere des poetes latins, ainſi que teſmoigne Horace, quoy q'vn malautru ait dict, que ſes carmes ſentoyent plus le vin que l'huile.

Autant en dict vn Tirelupin de mes liures, mais bren pour luy. L'odeur du vin, ô combien plus eſt friant, riant, priant, plus celeſte, & delicieux que d'huille ? Et prendray autant à gloire qu'on die de moy, que plus en vin aye deſpendu que en huyle, que fiſt Demoſthenes, quand de luy on diſoit, que plus en huyle que en vin deſpendoit. A moy n'eſt que honneur & gloire d'eſtre dict & reputé bon gaultier & bon compaignon : & en ce nom ſuis bien venu en toutes bonnes compaignies de Pantagrueliſtes : A Demoſ-

thenes fut reproché par vn chagrin que ses oraisons sentoient comme la serpilliere d'vn ord & sale huillier. Pourtant interpretez tous mes faictz & mes dictz en la perfectissime partie, ayez en reuerence le cerueau caseiforme qui vous paist de ces belles billes vezees, & à vostre pouoir tenez moy tousiours ioyeux.

Or, esbaudissez vous, mes amours, & guayement lisez le reste tout à l'aise du corps, & au profit des reins. Mais escoutez, vietz dazes, que le maulubec vous trousque : vous soubuienne de boyre à my pour la pareille : & ie vous plegeray tout ares metys.

De la genealogie & antiquité de Gargantua.

CHAPITRE I.

E vous remeƈtz à la grande chronicque Pantagrueline recongnoiſtre la genealogie & antiquité dont nous eſt venu Gargantua. En icelle vous entendrez plus au long comment les Geands naſquirent en ce monde : & comment d'iceulx par lignes directes yſſit Gargantua, pere de Pantagruel : & ne vous faſchera, ſi pour le preſent ie m'en deporte. Combien que la choſe ſoit telle, que tant plus ſeroit remembree, tant plus elle plairoit à voz ſeigneuries : comme vous auez l'autorité de Platon in Philebo & Gorgia, & de Flacce, qui dict eſtre aulcuns propos telz que ceulx cy ſans doubte, qui plus ſont delectables, quand plus ſouuent ſont rediƈtz.

Pleuſt à dieu q'vn chaſcun ſceuſt auſſi certainement ſa genealogie, depuis l'arche de Noë iuſques à ceſt eage. Ie penſe que pluſieurs ſont auiourd'huy empereurs, Roys, ducz, princes, & Papes, en la

terre, lefquelz font defcenduz de quelques porteurs
de rogatons & de couftretz. Comme au rebours plufieurs font gueux de l'hoftiaire, fouffreteux, & miferables, lefquelz font defcenduz de fang & ligne de
grandz roys & empereurs. Attendu l'admirable
tranfport des regnes & empires :

Des Affyriens es Medes,
Des Medes es Perfes,
Des Perfes es Macedones,
Des Macedones es Romains,
Des Romains es Grecz,
Des Grecz es Francoys.

Et pour vous donner à entendre de moy qui parle,
ie cuyde que foye defcendu de quelque riche roy ou
prince au temps iadis. Car oncques ne veiftes homme,
qui euft plus grande affection d'eftre roy & riche que
moy : affin de faire grand chere, pas ne trauailler,
poinct ne me foucier, & bien enrichir mes amys &
tous gens de bien & de fçauoir. Mais en ce ie me
reconforte, que en l'aultre monde ie le feray : voyre
plus grand que de prefent ne l'auferoye foubhaitter.
Vous en telle ou meilleure penfee recontortez voftre
malheur, & beuuez fraiz fi faire fe peut.

Retournant à noz moutons, ie vous dictz que par
don fouuerain des cieulx nous a efté referuee l'antiquité & genealogie de Gargantua, plus entiere que
nulle autre. Exceptez celle du Meffias, dont ie ne
parle, car il ne me appartient, auffi les diables (ce
font les calumniateurs & caffars) fe y oppofent. Et
fut trouuee par Iean Audeau, en vn pré qu'il auoit
pres l'arceau gualeau, au deffoubz de L'oliue, tirant
à Narfay. Duquel faifant leuer les foffez, toucherent
les piocheurs de leurs marres, vn grand tombeau de
bronze long fans mefure : car oncques n'en trou-

uerent le bout, par ce qu'il entroit trop auant les excluſes de Vienne. Icelluy ouurans en certain lieu, ſigné au deſſus d'vn goubelet, à l'entour duquel eſtoit eſcript en lettres Ethruſques HIC BIBITVR, trouuerent neuf flaccons en tel ordre qu'on aſſiet les quilles en Guaſcoigne. Des quelz celluy qui au mylieu eſtoit couuroit vn gros, gras, grand, gris, ioly, petit, moiſy, liuret, plus mais non mieulx ſentent que roſes.

En icelluy fut ladicte genealogie trouuee eſcripte au long, de lettres cancelereſques, non en papier, non en parchemin, non en cere : mais en eſcorce d'vlmeau, tant toutesfoys vſees par vetuſté, qu'à poine en pouoit on troys recongnoiſtre de ranc.

Ie (combien que indigne) y fuz appellé : & à grand renfort de bezicles practicant l'art dont on peut lire lettres non apparentes, comme enſeigne Ariſtoteles, la tranſlatay, ainſi que veoir pourrez en Pantagruelifant, c'eſt à dire beuuans à gré & liſans les geſtes horrificques de Pantagruel. A la fin du liure eſtoit vn petit traicté intitulé, Les Fanfreluches antidotees. Les ratz & blattes ou (affin que ie ne mente) aultres malignes beſtes, auoient brouſté le commencement : le reſte i'ay cy deſſoubz adiouſté, par reuerence de l'antiquaille.

*Les Fanfreluches antidotees trouuees
en vn monument antique.*

Chapitre II.

4 i? enu le grand dompteur des Cimbres,
ỳ▌ fant par l'aer, de peur de la roufee,
ʻ fa venue on a remply les Timbres
2' beure fraiz, tombant par vne houfee,
= uquel quand fut la grand mere arroufee,
Cria tout hault, hers par grace pefchez le.
Car fa barbe eft prefque toute emboufee :
Ou pour le moins, tenez luy vne efchelle.

Aulcuns difoient que leicher fa pantoufle
Eftoit meilleur que guaigner les pardons :
Mais il furuint vn affecté marroufle,
Sorti du creux ou l'on pefche aux gardons,
Qui dict, meffieurs, pour dieu nous engardons,
L'anguille y eft, & en ceft eftau muffe.
Là trouuerez (fi de pres regardons)
Vne grand tare, au fond de fon aumuffe.

Quand fut au poinct de lire le chapitre,
On n'y trouua que les cornes d'vn veau.
Ie (difoit il) fens le fond de ma mitre
Si froid, qu'autour me morfond le ceruau.
On l'efchaufa d'vn parfunct de naueau
Et fut content de foy tenir es atres,

Pourueu qu'on feift vn limonier noueau
A tant de gens qui font acariatres.

Leur propos fut du trou de fainct Patrice,
De Gilbathar, & de mille autres trous :
S'on les pourroit reduire à cicatrice,
Par tel moien, que plus n'euffent la tous :
Veu qu'il fembloit impertinent à tous
Les veoir ainfi à chafcun vent baifler.
Si d'aduenture ilz eftoient à poinct clous,
On les pourroit pour houftage bailler.

En ceft arreft le courbeau fut pelé
Par Hercules : qui venoit de Libye.
Quoy? dift Minos, que n'y fuis ie appellé?
Excepté moy tout le monde on conuie.
Et puis l'on veult que paffe mon enuie,
A les fournir d'huytres & de grenoilles :
Ie donne au diable en quas que de ma vie
Preigne à mercy leur vente de quenoilles.

Pour les matter furuint Q. B. qui clope,
Au fauconduict des miftes Sanfonnetz.
Le tamifeur, coufin du grand Cyclope,
Les maffacra. Chafcun moufche fon nez :
En ce gueret peu de bougrins font nez,
Qu'on n'ait berné fus le moulin à tan.
Courrez y tous : & à l'arme fonnez :
Plus y aurez, que n'y euftes antan.

Bien peu apres, l'oyfeau de Iupiter
Delibera parifer pour le pire.
Mais les voyant tant fort fe defpiter,
Craignit qu'on mift ras, ius, bas, mat, l'empire :
Et mieulx ayma le feu du ciel empire
Au tronc rauir ou l'on vend les foretz :
Que aer ferain, contre qui l'on confpire,
Affubiectir es dictz des Mafforetz.

Le tout conclud fut à poincte affilee,
Maulgré Até, la cuiſſe heronniere,
Qui là s'aſſiſt, voyant Pentaſilee
Sus ſes vieux ans prinſe pour creſſonniere.
Chaſcun crioit, vilaine charbonniere,
T'apartient il toy trouuer par chemin?
Tu la tolluz la Romaine baniere,
Qu'on auoit faict au traict du parchemin.

Ne fuſt Iuno, que deſſoubz l'arc celeſte
Auec ſon duc tendoit à la pipee:
On luy euſt faict vn tour ſi treſmoleſte
Que de tous poincts elle euſt eſté frippee.
L'accord fut tel, que d'icelle lippee
Elle en auroit deux œufz de Proſerpine,
Et ſi iamais elle y eſtoit grippee,
On la lieroit au mont de L'albeſpine.

Sept mois apres, houſtez en vingt & deux,
Cil qui iadis anihila Carthage,
Courtoyſement ſe miſt en mylieu d'eux,
Les requerent d'auoir ſon heritage.
Ou bien qu'on feiſt iuſtement le partage
Selon la loy que l'on tire au riuet,
Diſtribuent vn tatin du potage
A ſes facquins qui firent le breuet.

Mais l'an viendra, ſigné d'vn arc turquoys
De v. fuſeaulx, & troys culz de marmite,
Onquel le dos d'vn roy trop peu courtoys
Poyuré ſera ſoubz vn habit d'hermite.
O la pitié. Pour vne chattemite
Laiſſerez vous engouffrer tant d'arpens?
Ceſſez, ceſſez, ce maſque nul n'imite.
Retirez vous au frere des ſerpens.

Ceſt an paſſé, cil qui eſt regnera
Paiſiblement auec ſes bons amis.

Ny brufq, ny Smach lors ne dominera,
Tout bon vouloir aura fon compromis.
Et le folas qui iadis fut promis
Es gens du ciel, viendra en fon befroy.
Lors les haratz qui eftoient eftommis
Triumpheront en royal palefroy.

Et durera ce temps de paffe paffe
Iufques à tant que Mars ayt les empas.
Puis en viendra vn qui tous aultres paffe,
Delitieux, plaifant, beau fans compas.
Leuez vos cueurs : tendez à ce repas,
Tous mes feaulx. Car tel eft trefpaffé
Qui pour tout bien ne retourneroit pas,
Tant fera lors clamé le temps paffé.

Finablement celluy qui fut de cire
Sera logé au gond du Iacquemart.
Plus ne fera reclamé, Cyre, Cyre,
Le brimbaleur, qui tient le cocquemart.
Heu, qui pourroit faifir fon bracquemart?
Touft feroient netz les tintouins cabus,
Et pourroit on à fil de poulemart
Tout baffouer le maguazin d'abus.

*Comment Gargantua fut vnze moys
porté ou ventre de sa mere.*

Chapitre III.

RANDGOVSIER estoit bon raillard en son temps, aymant à boyre net autant que homme qui pour lors fust au monde, & mangeoit voluntiers salé. A ceste fin auoit ordinairement bonne munition de iambons de Magence & de Baionne, force langues de beuf fumees, abondance de andouilles en la saison & beuf sallé à la moustarde. Renfort de boutargues, prouision de saulcisses, non de Bouloigne (car il craignoit ly boucon de Lombard) mais de Bigorre, de Lonquaulnay, de la Brene, & de Rouargue. En son eage virile espousa Gargamelle, fille du roy des Parpaillos, belle gouge & de bonne troigne. Et faisoient eux deux souuent ensemble la beste à deux doz, ioyeusement se frotans leur lard, tant qu'elle engroissa d'vn beau filz, & le porta iusques à l'vnziesme moys.

Car autant, voire d'aduantage, peuuent les femmes ventre porter, mesmement quand c'est quelque chef d'œuure, & personnage qui doibue en son temps faire grandes prouesses. Comme dict Homere que l'enfant

duquel Neptune engroiſſa la nymphe naſquit l'an
apres reuolu : ce fut le douzieſme moys. Car (comme
dict A. Gelle, lib. iij.) ce long temps conuenoit à la
maieſté de Neptune, affin qu'en icelluy l'enfant feuſt
formé à perfection. A pareille raiſon Iupiter feiſt
durer xlviij. heures la nuyct qu'il coucha auecques
Alcmene. Car en moins de temps n'euſt il peu forger
Hercules, qui nettoia le monde de monſtres & tyrans.

Meſſieurs les anciens Pantagrueliſtes ont conformé
ce que ie dis, & ont declairé non feulement poſſible,
mais auſſi legitime, l'enfant né de femme l'vnzieſme
moys apres la mort de ſon mary.

Hippocrates, lib. de alimento.

Pline, li. vij. cap. v.

Plaute, in Ciſtellaria.

Marcus Varro en la ſatyre inſcripte Le teſtament,
allegant l'autorité d'Ariſtoteles à ce propos.

Cenſorinus, li. de die natali.

Ariſtoteles, libr. vij. capi. iij. & iiij. de nat. ani-
malium.

Gellius, li. iij. ca. xvj. Seruius in egl. expoſant
ce metre de Virgile : Matri longa decem, &c.

Et mille autres folz : Le nombre deſquelz a eſté
par les legiſtes acreu. ff. de ſuis & legit. l. Inteſ-
tato. § ſi.

Et in autent. de reſtitut. & ea que parit in xj.
menſe.

D'abondant en ont chaffourré leur robidilardicque
loy Gallus ff. de lib. & poſthu. & l. ſeptimo. ff.
de ſtat. homi. & quelques aultres, que pour le preſent dire n'auſe.

Moiennans leſquelles loys, les femmes veſues peuuent franchement iouer du ferrecropiere à tous en-
uiz & toutes reſtes, deux moys apres le treſpas de

leurs mariz. Ie vous prie par grace, vous aultres
mes bons auerlans, ſi d'icelles en trouuez que vaillent
le deſbraguetter, montez deſſus & me les amenez.
Car ſi au troiſieſme moys elles engroiſſent, leur fruict
ſera heritier du deffunct. Et la groiſſe congneue
pouſſent hardiment oultre, & vogue la gualee, puis
que la panſe eſt pleine. Comme Iulie fille de l'empereur Octauian ne ſe abandonnoit à ſes taboureurs
ſinon quand elle ſe ſentoit groſſe, à la forme que la
nauire ne reçoit ſon pilot, que premierement ne ſoit
callafatee & chargee. Et ſi perſonne les blaſme de ſoy
faire rataconniculer ainſi ſuz leur groiſſe, veu que
les beſtes ſuz leur ventrees n'endurent iamais le maſle
maſculant, elles reſponderont que ce ſont beſtes, mais
elles ſont femmes : bien entendentes les beaulx &
ioyeux menuz droictz de ſuperfetation : comme iadis
reſpondit Populie, ſelon le raport de Macrobe li. ij.
Saturnal. Si le diauol ne veult qu'elles engroiſſent,
il fauldra tortre le douzil, & bouche clouſe.

*Comment Gargamelle eſtant groſſe de Gargantua
mangea grand planté de tripes.*

CHAPITRE IIII.

'OCCASION & maniere comment
Gargamelle enfanta fut telle. Et
ſi ne le croyez, le fondement vous
eſcappe. Le fondement luy eſcappoit vne apreſdinee le iij. iour de
feburier, par trop auoir mangé de
gaudebillaux. Gaudebillaux : ſont
graſſes tripes de coiraux. Coiraux : ſont beufz engreſſez à la creche & prez guimaulx. Prez guimaulx :
ſont qui portent herbe deux fois l'an. D'iceulx gras
beufz auoient faict tuer troys cens ſoixante ſept mille
& quatorze, pour eſtre à mardy gras ſallez : affin
qu'en la prime vere ilz euſſent beuf de ſaiſon à tas,
pour au commencement des repaſtz faire commemoration de ſaleures, & mieulx entrer en vin.

Les tripes furent copieuſes, comme entendez : &
tant friandes eſtoient que chaſcun en leichoit ſes
doigtz. Mais la grande diablerie à quatre perſonnaiges
eſtoit bien en ce que poſſible n'eſtoit longuement les
reſeruer. Car elles feuſſent pourries. Ce que ſembloit
indecent. Dont fut conclud, qu'ilz les bauffreroient
ſans rien y perdre. A ce faire conuierent tous les ci-

tadins de Sainnais, de Suillé, de la Rocheclermaud, de Vaugaudray, fans laiffer arriere le Coudray, Montpenfier, le Gué de vede & aultres voifins : tous bons beuueurs, bons compaignons & beaulx ioueurs de quille là. Le bon homme Grandgoufier y prenoit plaifir bien grand : & commendoit que tout allaft par efcuelles. Difoit toutesfoys à fa femme qu'elle en mangeaft le moins, veu qu'elle aprochoit de fon terme, & que cefte tripaille n'eftoit viande moult louable. Celluy (difoit il) a grande enuie de mafcher merde, qui d'icelle le fac mangeue. Non obftant ces remonftrances, elle en mangea feze muiz, deux buffars, & fix tupins. O belle matiere fecale, qui doiuoit bourfouffler en elle.

Apres difner tous allerent (pelle melle) à la faulfaie : & là fus l'herbe drue dancerent au fon des ioyeux flageolletz, & doulces cornemufes : tant baudement, que c'eftoit paffetemps celefte les veoir ainfi foy rigouller.

Les propos des bienyures.

Chapitre V.

vis entrerent en propos de resieunier on propre lieu.

Lors flaccons d'aller, iambons de troter, goubeletz de voler, breusses de tinter. Tire, baille, tourne, brouille. Boutte à moy, sans eau, ainsi mon amy : fouette moy ce verre gualentement, produiz moy du clairet, verre pleurant. Treues de soif. Ha faulse fiebure, ne t'en iras tu pas? Par ma fy, ma commere, ie ne peuz entrer en bette. Vous estez morfondue, m'amie. Voire. Ventre sainct Qenet, parlons de boire. Ie ne boy que à mes heures, comme la mulle du pape. Ie ne boy que en mon breuiaire, comme vn beau pere guardian. Qui feut premier soif ou beuuerye? Soif. Car qui eust beu sans soif durant le temps de innocence? Beuuerye. Car priuatio presupponit habitum. Ie suys clerc. Fœcundi calices quem non fecere disertum? Nous aultres innocens ne beuuons que trop sans soif. Non moy, pecheur, sans soif. Et si non presente, pour le moins future, la preuenent comme entendez. Ie boy pour la soif aduenir. Ie boy eternellement, ce m'est eternité de beuuerye, & beuuerye de eternité. Chantons, beuuons, vng motet. Entonnons. Ou eſt mon entonnoir? Quoy, ie ne boy que par procuration.

Mouillez vous pour ſeicher, ou vous ſeichez pour mouiller? Ie n'entens poinct la theoricque : de la praticque ie me ayde quelque peu. Haſte. Ie mouille, ie humecte, ie boy. Et tout de peur de mourir. Beuuez touſiours vous ne mourrez iamais. Si ie ne boy ie ſuys à ſec. Me voyla mort. Mon ame s'en fuyra en quelque grenoillere. En ſec iamais l'ame ne habite. Somelliers, ô createurs de nouuelles formes, rendez moy de non beuuant beuuant. Perannité de arrouſement par ces nerueux & ſecz boyaulz. Pour neant boyt qui ne s'en ſent. Ceſtuy entre dedans les venes, la piſſotiere n'y aura rien. Ie laueroys voluntiers les tripes de ce veau que i'ay ce matin habillé. I'ay bien ſaburré mon ſtomach. Si le papier de mes ſchedules beuuoyt auſſi bien que ie foys, mes crediteurs auroient bien leur vin quand on viendroyt à la formule de exhiber. Ceſte main vous guaſte le nez. O quants aultres y entreront, auant que ceſtuy cy en ſorte : Boyre à ſi petit gué : c'eſt pour rompre ſon poictral. Cecy s'appelle pipee à flaccons. Quelle difference eſt entre bouteille & flaccon? Grande, car bouteille eſt fermee à bouchon, & flaccon à viz. De belles. Nos peres beurent bien & vuiderent les potz. C'eſt bien chié, chanté, beuuons. Voulez vous rien mander à la riuiere? Ceſtuy cy va lauer les tripes. Ie ne boy en plus q'vne eſponge. Ie boy comme vn templier, & ie tanquam ſponſus, & moy ſicut terra ſine aqua. Vn ſynonyme de iambon? C'eſt vne compulſoire de beuuettes, c'eſt vn poulain. Par le poulain, on deſcend le vin en caue, par le iambon, en l'eſtomach. Or ça, à boire, boire ça. Il n'y a poinct charge.

Respice personam : pone pro duos : bus non est in vsu. Si ie montois aussi bien comme i'aualle, ie feusse piec'a hault en l'aer. Ainsi se feist Iacques cueur riche. Ainsi profitent boys en friche. Ainsi conquesta Bacchus l'Inde. Ainsi philosophie Melinde. Petite pluye abat grand vend. Longues beuuettes rompent le tonnoire. Mais si ma couille pissoit telle vrine, la vouldriez vous bien sugcer? Ie retiens apres. Paige, baille : ie t'insinue ma nomination en mon tour. Hume Guillot, encores y en a il vn pot. Ie me porte pour appellant de soif, comme d'abus. Paige, relieue mon appel en forme. Ceste roigneure. Ie souloys iadis boyre tout : maintenant, ie n'y laisse rien. Ne nous hastons pas, & amassons bien tout. Voy cy trippes de ieu & guodebillaux d'enuy, de ce fauueau à la raye noire. O pour dieu, estrillons le à profict de mesnaige. Beuuez, ou ie vous... Non, non. Beuuez, ie vous en prye. Les passereaux ne mangent si non que on leurs tappe les queues. Ie ne boy si non qu'on me flatte. Lagona edatera. Il n'y a raboulliere en tout mon corps ou cestuy vin ne furette la soif. Cestuy cy me la fouette bien. Cestuy cy me la bannira du tout. Cornons icy à son de flaccons & bouteilles, que quiconques aura perdu la soif ne ayt à la chercher ceans. Longs clysteres de beuuerie l'ont faict vuyder hors le logis. Le grand dieu feist les planettes : & nous faisons les platz netz. I'ay la parole de dieu en bouche : Sitio. La pierre dicte ἄσβεστος n'est plus inextinguible que la soif de ma paternité. L'appetit vient en mangeant, disoyt Angest on Mans : la soif s'en va en beuuant. Remede contre la soif? Il est contraire à celluy qui est contre morsure de chien, courrez tousiours apres le chien, iamais ne vous mordera, beuuez tousiours auant la soif, & iamais ne

vous aduiendra. Ie vous y prens, ie vous refueille.
Sommelier eternel, guarde nous de fomme. Argus
auoyt cent yeulx pour veoir, cent mains fault à vn
fommelier, comme auoyt Briareus, pour infatigable-
ment verfer. Mouillons, hay, il faict beau feicher.
Du blanc, verfe tout, verfe de par le diable, verfe
deça, tout plein, la langue me pelle. Lans, tringue :
à toy, compaing, de hayt, de hayt, là, là, là, c'eft
morfiaillé, cela. O lachryma Chrifti : c'eft de la Deuiniere, c'eft vin pineau. O le gentil vin blanc, &
par mon ame, ce n'eft que vin de tafetas. Hen, hen, il
eft à vne aureille, bien drappé, & de bonne laine.
Mon compaignon, couraige. Pour ce ieu, nous ne
voulerons pas, car i'ay faict vn leué. Ex hoc in hoc.
Il n'y a poinct d'enchantement. Chafcun de vous l'a
veu. Ie y fuis maiftre paffé. A brum, à brum, ie fuis
prebftre Macé. O les beuueurs. O les alterez. Paige,
mon amy, emplis icy & couronne le vin, ie te pry.
A la cardinale. Natura abhorret vacuum. Diriez-
vous q'vne mouche y euft beu? A la mode de Bretaigne. Net, net, à ce pyot. Auallez, ce font herbes.

Comment Gargantua nafquit en façon bien eftrange.

CHAPITRE VI.

ULX tenens ces menuz propos de beuuerie, Gargamelle commença fe porter mal du bas. Dont Grandgoufier fe leua deffus l'herbe, & la reconfortoit honeftement, penfant que ce feut mal d'enfant, & luy difant qu'elle s'eftoit là herbée foubz la faulfaye, & qu'en brief elle feroit piedz neufz, par ce luy conuenoit prendre couraige nouueau au nouuel aduenement de fon poupon, & encores que la douleur luy feuft quelque peu en fafcherie, toutesfoys que ycelle feroit briefue, & la ioye qui touft fuccederoit, luy tolliroit tout ceft ennuy : en forte que feulement ne luy en refteroit la foubuenance. Couraige de brebis (difoyt il) depefchez vous de ceftuy cy, & bien touft en faifons vn aultre. Ha (dift elle) tant vous parlez à voftre aize, vous aultres hommes. Bien de par dieu ie me parforceray, puis qu'il vous plaift. Mais pleuft à dieu que vous l'euffiez coupé. Quoy ? dift Grandgoufier. Ha (dift elle) que vous eftes bon homme, vous l'entendez bien. Mon membre (dift il) ? Sang de les cabres, fi bon vous femble, faictes apporter vn coufteau. Ha (dift elle)

ia dieu ne plaife. Dieu me le pardoint, ie ne le dis de bon cueur : & pour ma parolle n'en faictes ne plus ne moins. Mais ie auray prou d'affaires auiourd'huy, fi dieu ne me ayde, & tout par voftre membre, que vous feuffiez bien ayfe.

Couraige, couraige (dift il) ne vous fouciez au refte, & laiffez faire aux quatre bœufz de deuant. Ie m'en voys boyre encores quelque veguade. Si ce pendent vous furuenoit quelque mal, ie me tiendray pres, hufchant en paulme ie me rendray à vous.

Peu de temps apres elle commença à foufpirer, lamenter & crier. Soubdain vindrent à tas faiges femmes de tous couftez. Et la taftant par le bas, trouuerent quelques pellauderies, affez de mauluais gouft, & penfoient que ce feuft l'enfant, mais c'eftoit le fondement qui luy efcappoit, à la mollification du droict inteftine, lequel vous appellez le boyau cullier, par trop auoir mangé des tripes, comme auons declairé cy deffus.

Dont vne horde vieille de la compaignie, laquelle auoit reputation d'eftre grande medicine, & là eftoit venue de Brizepaille, d'aupres Sainct Genou, deuant foixante ans, luy feift vn reftrinctif fi horrible, que tous fes larrys tant feurent oppilez & referrez, que à grande poine, auefque les dentz, vous les euffiez eflargiz, qui eft chofe bien horrible à penfer. Mefmement que le diable à la meffe de fainct Martin, efcripuant le quaquet de deux gualoifes, à belles dentz alongea fon parchemin.

Par ceft inconuenient feurent au deffus relafchez les cotyledons de la matrice, par lefquelz furfaulta l'enfant, & entra en la vene creufe, & grauant par le diaphragme iufques au deffus des efpaules (ou ladicte vene fe part en deux) print fon chemin à gauche, & fortit par l'aureille feneftre.

Soubdain qu'il fut né, ne cria comme les aultres enfans, mies, mies. Mais à haulte voix s'efcrioit, à boire, à boire, à boire, comme inuitant tout le monde à boire. Si bien qu'il fut ouy de tout le pays de Beuffe & de Bibaroys.

Ie me doubte que ne croyez affeurement cefte eftrange natiuité. Si ne le croyez, ie ne m'en foucie, mais vn homme de bien, vn homme de bon fens, croit toufiours ce qu'on lui dict, & qu'il trouue par efcript.

Eft ce contre noftre loy, noftre foy, contre raifon, contre la fainéte efcripture? De ma part, ie ne trouue rien efcript es bibles fainétes qui foit contre cela. Mais fi le vouloir de Dieu tel euft efté, diriez vous qu'il ne l'euft peu faire? Ha pour grace, ne emburelucocquez iamais vos efpritz de ces vaines penfees, car ie vous diz, que à Dieu rien n'eft impoffible. Et s'il vouloit les femmes auroient dorefnauant ainfi leurs enfans par l'aureille.

Bacchus ne fut il engendré par la cuiffe de Iupiter?

Rocquetaillade nafquit il pas du talon de fa mere?

Crocquemouche de la pantofle de fa nourrice?

Minerue nafquit elle pas du cerueau par l'aureille de Iupiter?

Adonis par l'efcorce d'vn arbre de mirrhe?

Caftor & Pollux de la cocque d'vn œuf pont & efclous par Leda?

Mais vous feriez bien d'aduantaige efbahys & eftonnez fi ie vous expoufoys prefentement tout le chapitre de Pline, auquel parle des enfantemens eſtranges, & contre nature. Et toutesfoys ie ne ſuis poinct menteur tant aſſeuré comme il a eſté. Liſez le ſeptieſme de ſa naturelle hiſtoire, capi. iij. & ne m'en tabuſtez plus l'entendement.

Comment le nom fut imposé à Gargantua :
& comment il humoit le piot.

CHAPITRE VII.

E bon homme Grandgousier beuuant, & se rigollant auecques les aultres, entendit le cry horrible que son filz auoit faict entrant en lumiere de ce monde, quand il brasmoit demandant, à boyre, à boyre, à boyre, dont il dist, que grand tu as, supple le gousier. Ce que ouyans les assistans, dirent que vrayement il debuoit auoir par ce le nom Gargantua, puis que telle auoit esté la premiere parolle de son pere à sa naissance à l'imitation & exemple des anciens Hebreux. A quoy fut condescendu par icelluy, & pleut tresbien à sa mere. Et pour l'appaiser, luy donnerent à boyre à tyre larigot, & feut porté sus les fonts, & là baptisé, comme est la coustume des bons christiens.

Et luy feurent ordonnees dix & sept mille neuf cens treze vaches de Pautille & de Brehemond, pour l'alaicter ordinairement, car de trouuer nourrice suffisante n'estoit possible en tout le pays, consideré la grande quantité de laict requis pour icelluy alimenter. Combien qu'aulcuns docteurs Scotistes ayent affermé que fa mere l'alaicta : & quelle pouuoit traire de fes mammelles quatorze cens deux pipes neuf potees de laict pour chafcune foys. Ce que n'eft vray femblable. Et a efté la propofition declairee mammallement fcandaleufe, des pitoyables aureilles offenfiue : & fentent de loing herefie.

En ceft eftat paffa iufques à vn an & dix moys : onquel temps par le confeil des medecins on commença le porter : & fut faicte vne belle charette à bœufs par l'inuention de Iehan Denyau : dedans icelle on le pourmenoit par cy, par là, ioyeufement, & le faifoit bon veoir, car il portoit bonne troigne, & auoit prefque dix & huyt mentons : & ne crioit que bien peu : mais il fe conchioit à toutes heures : car il eftoit merueilleufement phlegmaticque des feffes : tant de fa complexion naturelle, que de la difpofition accidentale qui luy eftoit aduenue par trop humer de puree Septembrale. Et n'en humoyt goutte fans caufe.

Car s'il aduenoit qu'il feuft defpit, courrouffé, fafché ou marry, s'il trepignoyt, s'il pleuroit, s'il crioit, luy apportant à boyre, l'on le remettoit en nature, & foubdain demouroit coy & ioyeulx.

Vne de fes gouuernantes m'a dict, iurant fa fy, que de ce faire il eftoit tant couftumier, qu'au feul fon des pinthes & flaccons, il entroit en ecftafe, comme s'il gouftoit les ioyes de paradis. En forte qu'elles, confiderans cefte complexion diuine, pour le refiouir au matin faifoient dauant luy fonner des verres auecques vn coufteau, ou des flaccons auecques leur toupon, ou des pinthes auecques leur couuercle. Auquel fon il s'efguayoit, il treffailloit, & luy mefmes fe breffoit en dodelinant de la tefte, monichordifant des doigtz, & barytonant du cul.

Comment on vestit Gargantua.

Chapitre VIII.

vy estant en cest eage, son pere ordonna qu'on luy feist habillemens à sa liuree : laquelle estoit blanc & bleu. De faict on y besoigna, & furent faictz, taillez, & cousuz à la mode qui pour lors couroit. Par les anciens pantarches qui sont en la chambre des comptes à Montsoreau, ie trouue qu'il feut vestu en la façon que s'ensuyt :

Pour sa chemise, furent leuees neuf cens aulnes de toille de Chasteleraud, & deux cens pour les coussons en sorte de carreaulx, lesquelz on mist soubz les esselles. Et n'estoit poinct froncee, car la fronsure des chemises n'a esté inuentee sinon depuis que les lingieres, lors que la poincte de leur agueille estoit rompue, ont commencé besoigner du cul.

Pour son pourpoinct furent leuees huyt cens treize aulnes de satin blanc, & pour les agueillettes quinze cens neuf peaulx & demye de chiens. Lors commença le monde attacher les chausses au pourpoinct, & non le pourpoinct aux chausses, car c'est chose contre nature, comme amplement a declaré Olkam sus les exponibles de M. Haultechaussade.

Pour ſes chauſſes feurent leuez vnze cens cinq aulnes, & vng tiers d'eſtamet blanc, & feurent deſchiſquetez en forme de colomnes ſtriees, & crenelees par le derriere, affin de n'eſchaufer les reins. Et flocquoit par dedans la deſchicqueture de damas bleu, tant que beſoing eſtoit. Et notez qu'il auoit tres belles griefues, & bien proportionnez au reſte de ſa ſtature.

Pour la braguette : feurent leuees ſeize aulnes vn quartier d'icelluy meſmes drap, & fut la forme d'icelle comme d'vn arc boutant, bien eſtachee ioyeuſement à deux belles boucles d'or, que prenoient deux crochetz d'eſmail, en vn chaſcun deſquelz eſtoit enchaſſee vne groſſe eſmeraugde de la groſſeur d'vne pomme d'orange. Car (ainſi que dict Orpheus libro de lapidibus, & Pline libro vltimo) elle a vertu erectiue & confortatiue du membre naturel. L'exiture de la braguette eſtoit à la longueur d'vne canne, deſchiquetee comme les chauſſes, auecques le damas bleu flottant comme dauant. Mais voyans la belle brodure de canetille, & les plaiſans entrelatz d'orfeuerie garniz de fins diamens, fins rubiz, fines turquoyſes, fines eſmeraugdes, & vnions Perſicques, vous l'euſſiez comparee à vne belle corne d'abondance, telle que voyez es antiquailles, & telle que donna Rhea es deux nymphes Adraſtea & Ida, nourrices de Iupiter. Touſiours gualante, ſucculente, reſudante, touſiours verdoyante, touſiours fleuriſſante, touſiours fructifiante, plene d'humeurs, plene de fleurs, plene de fruictz, plene de toutes delices. Ie aduoue dieu s'il ne la faiſoit bon veoir. Mais ie vous en expoſeray bien d'aduantaige au liure que i'ay faict De la dignité des braguettes. D'vn cas vous aduertis, que ſi elle eſtoit bien longue & bien ample, ſi eſtoit elle bien guarnie au dedans & bien auitaillee, en rien ne reſſemblant les hypocriticques braguettes d'vn tas de muguetz, qui ne ſont plenes que de vent, au grand intereſt du ſexe feminin.

Pour ſes ſouliers furent leuees quatre cens ſix aulnes de velours bleu cramoyſi, & furent deſchicquettez mignonement par lignes parallelles ioinctes en cylindres vniformes. Pour la quarreleure d'iceulx furent employez vnze cens peaulx de vache brune, taillee à queues de merluz.

Pour ſon ſaie furent leuez dix & huyt cens aulnes de velours bleu tainct en grene, brodé à l'entour de belles vignettes & par le mylieu de pinthes d'argent de canetille, encheueſtrees de verges d'or auecques force perles, par ce denotant qu'il ſeroit vn bon feſſepinthe en ſon temps.

Sa ceincture feut de troys cens aulnes & demye de cerge de ſoye, moytié blanche & moytié bleu, ou ie ſuis bien abuſé.

Son eſpee ne feut Valentienne, ny ſon poignard Sarragoſſoys, car ſon pere hayſſoit tous ces Indalgos Bourrachous marraniſez comme diables, mais il eut la belle eſpee de boys, & le poignart de cuir bouilly, pinctz & dorez comme vn chaſcun ſoubhaiteroit.

Sa bourſe fut faicte de la couille d'vn Oriflant, que luy donna Her Pracontal, proconſul de Libye.

Pour ſa robbe furent leuees neuf mille ſix cens aulnes moins deux tiers de velours bleu comme deſſus, tout porfilé d'or en figure diagonale, dont par iuſte perſpectiue yſſoit vne couleur innommee, telle que voyez es coulz des tourterelles, qui reſiouiſſoit merueilleuſement les yeulx des ſpectateurs.

Pour ſon bonnet furent leuees troys cens deux aulnes vng quart de velours blanc, & feut la forme d'icelluy large & ronde à la capacité du chief. Car son pere disoit que ces bonnetz à la Marrabeise faictz comme vne crouste de pasté porteroient quelque iour mal encontre à leurs tonduz.

Pour son plumart pourtoit vne belle grande plume bleue prinse d'vn Onocrotal du pays de Hircanie la sauluaige, bien mignonement pendente sus l'aureille droicte.

Pour son image auoit en vne platine d'or, pesant soixante & huyt marcz, vne figure d'esmail competent : en laquelle estoit pourtraict vn corps humain ayant deux testes, l'vne viree vers l'autre, quatre bras, quatre piedz, & deux culz, telz que dict Platon in symposio, auoir esté l'humaine nature à son commencement mystic : & au tour estoit escript en lettres Ioniques.

ΑΓΑΠΗ ΟΥ ΖΗΤΕΙ ΤΑ ΕΑΥΤΗΣ.

Pour porter au col, eut vne chaine d'or pesante vingt & cinq mille soixante & troys marcz d'or, faicte en forme de grosses bacces, entre lesquelles estoient en œuure gros Iaspes verds, engrauez & taillez en Dracons tous enuironnez de rayes & estincelles, comme les portoit iadis le roy Necepsos. Et descendoit iusque à la boucque du hault ventre. Dont toute sa vie en eut l'emolument tel que sçauent les medecins Gregoys.

Pour ses guands furent mises en œuure seize peaulx de lutins, & trois de loups guarous pour la brodure d'iceulx. Et de telle matiere lui feurent faictz par l'ordonnance des Cabalistes de Sainlouand.

Pour ses aneaulx (lesquelz voulut son pere qu'il portast pour renouueller le signe antique de noblesse) il eut au doigt indice de sa main gauche vne escarboucle grosse comme vn œuf d'austruche, enchassee en or de seraph bien mignonement. Au doigt medical d'icelle, eut vn aneau faict des quatre metaulx ensemble : en la plus merueilleuse façon, que iamais feuft veue, sans que l'assier froissast l'or, sans que l'argent foullast le cuyure. Le tout fut faict par le capitaine Chappuys, & Alcofribas son bon facteur. Au doigt medical de la dextre eut vn aneau faict en forme spirale, auquel estoient enchassez vn balay en perfection, vn diament en poincte, & vne esmeraulde de Physon, de pris inestimable. Car Hans Caruel, grand lapidaire du roy de Melinde, les estimoit à la valeur de soixante neuf millions huyt cens nonante & quatre mille dix & huyt moutons à la grand laine : autant l'estimerent les Fourques d'Auxbourq. .

Les couleurs & liuree de Gargantua.

Chapitre IX.

ES couleurs de Gargantua feurent blanc & bleu : comme cy deſſus auez peu lire. Et par icelles vouloit ſon pere qu'on entendiſt que ce luy eſtoit vne ioye celeſte. Car le blanc luy ſignifioit ioye, plaiſir, delices, & reſiouiſſance, & le bleu, choſes celeſtes.

I'entends bien que liſans ces motz, vous mocquez du vieil beuueur, & reputez l'expoſition des couleurs par trop indague, & abhorrente : & dictes que blanc ſignifie foy : & bleu, fermeté. Mais ſans vous mouuoir, courroucer, eſchaufer, ny alterer (car le temps eſt dangereux) reſpondez moy ſi bon vous ſemble. D'aultre contraincte ne vſeray enuers vous, ny aultres quelz qu'ilz ſoient. Seulement vous diray vn mot de la bouteille.

Qui vous meut? qui vous poinct? qui vous dict que blanc ſignifie foy : & bleu fermeté? Vn (dictes vous) liure trepelu qui ſe vend par les biſouars & porteballes, au tiltre : Le blaſon des couleurs. Qui l'a faict? Quiconques il ſoit, en ce a eſté prudent qu'il n'y a poinct mis ſon nom. Mais au reſte, ie ne ſcay quoy premier en luy ie doibue admirer, ou ſon oultrecuidance, ou ſa beſterie.

Son oultrecuidance, qui ſans raiſon, ſans cauſe, & ſans apparence, a auſé preſcripre de ſon autorité priuee quelles choſes ſeroient denotees par les couleurs : ce que eſt l'vſance des tyrans qui voulent leur arbitre tenir lieu de raiſon : non des ſaiges & ſcauans qui par raiſons manifeſtes contentent les lecteurs.

Sa beſterie : qui a exiſtimé que ſans aultres demonſtrations & argumens valables le monde reigleroit ſes deuiſes par ſes impoſitions badaudes.

De faict (comme dict le prouerbe, à cul de foyrad touſiours abonde merde) il a trouué quelque reſte de niays du temps des haultz bonnetz : leſquelz ont eu foy à ſes eſcripts. Et ſelon iceulx ont taillé leurs apophthegmes & dictez : en ont encheueſtré leurs muletz : veſtu leurs pages, eſcartelé leurs chauſſes, brodé leurs guandz : frangé leurs lictz : painct leurs enſeignes : compoſé chanſons : & (que pis eſt) faict impoſtures & laſches tours clandeſtinement entre les pudicques matrones.

En pareilles tenebres ſont comprins ces glorieux de court & tranſporteurs de noms : leſquelz voulens en leurs diuiſes ſignifier eſpoir, font protraire vne ſphere : des pennes d'oiſeaulx, pour poines : de l'ancholie, pour melancholie : la Lune bicorne, pour viure en croiſſant : vn banc rompu, pour bancque roupte : non & vn alcret, pour non durhabit : vn lict ſans ciel, pour vn licentié. Que ſont homonymies tant ineptes, tant fades, tant ruſticques & barbares, que l'on doiburoit atacher vne queue de renard au collet, & faire vn maſque d'vne bouze de vache à vn chaſcun d'iceulx qui en vouldroit dorenauant vſer en France apres la reſtitution des bonnes lettres.

Par mesmes raisons (si raisons les doibz nommer, & non resueries) serois ie paindre vn penier : denotant qu'on me faict pener. Et vn pot à moustarde, que c'est mon cueur à qui moult tarde. Et vn pot à pisser, c'est vn official. Et le fond de mes chausses, c'est vn vaisseau de petz. Et ma braguette, c'est le greffe des arrestz. Et vn estront de chien, c'est vn tronc de ceans, ou gist l'amour de m'amye.

Bien aultrement faisoient en temps iadis les saiges de Egypte, quand ilz escripuoient par lettres qu'ilz appelloient hieroglyphiques. Lesquelles nul n'entendoit qui n'entendist, & vn chascun entendoit qui entendist la vertu, proprieté, & nature des choses par icelles figurees. Desquelles Orus Apollon a en Grec composé deux liures, & Polyphile au songe d'amours en a d'auantaige exposé. En France vous en auez quelque transon en la deuise de monsieur l'Admiral : laquelle premier porta Octauian Auguste.

Mais plus oultre ne fera voile mon equif entre ces gouffres & guez mal plaisans. Ie retourne faire scale au port dont suis yssu. Bien ay ie espoir d'en escripre quelque iour plus amplement : & monstrer tant par raisons philosophicques, que par auctoritez receues & approuuees de toute ancienneté, quelles & quantes couleurs sont en nature : & quoy par vne chascune peut estre designé, si dieu me saulue le moulle du bonnet, c'est le pot au vin, comme disoit ma mere grand.

De ce qu'est signifié par les couleurs blanc & bleu.

Chapitre X.

E blanc doncques signifie ioye, soulas, & liesse : & non à tort le signifie, mais à bon droict & iuste tiltre. Ce que pourrez verifier si arriere mises voz affections, voulez entendre ce que presentement vous exposeray.

Aristoteles dict que supposent deux choses contraires en leur espece : comme bien & mal : vertu & vice : froid & chauld : blanc & noir : volupté & doleur : ioye & dueil, & ainsi de aultres, si vous les coublez en telle facon, q'vn contraire d'vne espece conuienne raisonnablement à l'vn contraire d'vne aultre, il est consequent que l'autre contraire compete auecques l'autre residu. Exemple : Vertus & Vice sont contraires en vne espece, aussy sont Bien & Mal. Si l'vn des contraires de la premiere espece conuient à l'vn de la seconde comme vertus & bien : car il est sceut que vertus est bonne, ainsi feront les deux residuz, qui sont mal & vice, car vice est mauluais.

Ceste reigle logicale entendue, prenez ces deux contraires, ioye & tristesse : puis ces deux, blanc & noir. Car ilz sont contraires physicalement. Si ainsi doncques eſt que noir ſignifie dueil, à bon droiƈt blanc ſignifiera ioye.

Et n'eſt ceſte ſignifiance par impoſition humaine inſtituee, mais receue par conſentement de tout le monde, que les philoſophes nomment ius gentium, droiƈt vniuerſel, valable par toutes contrees.

Comme aſſez ſcauez, que tous peuples, toutes nations (ie excepte les antiques Syracuſans & quelques Argiues : qui auoient l'ame de trauers) toutes langues, voulens exterieorement demonſtrer leur triſteſſe, portent habit de noir : & tout dueil eſt faiƈt par noir. Lequel conſentement vniuerſel n'eſt faiƈt que nature n'en donne quelque argument & raiſon : laquelle vn chaſcun peut ſoubdain par ſoy comprendre ſans aultrement eſtre inſtruiƈt de perſonne, laquelle nous appellons droiƈt naturel.

Par le blanc, à meſmes induƈtion de nature, tout le monde a entendu ioye, lieſſe, ſoulas, plaiſir, & deleƈtation.

Au temps paſſé les Thraces & Cretes ſignoient les iours bien fortunez & ioyeux, de pierres blanches : les triſtes & defortunez, de noires.

La nuyƈt n'eſt elle funeſte, triſte, & melancholieuſe? Elle eſt noire & obſcure par priuation. La clarté n'eſiouit elle toute nature? Elle eſt blanche plus que choſe que ſoit. A quoy prouuer ie vous pourrois renuoyer au liure de Laurens Valle contre Bartole, mais le teſmoignage euangelicque vous contentera. Math. xvij. eſt diƈt que à la transfiguration de noſtre ſeigneur : veſtimenta eius faƈta ſunt alba ſicut lux, ſes veſtemens ſeurent faiƈtz blancs comme la lumiere. Par laquelle blancheur lumineuſe donnoit entendre à ſes troys apoſtres l'idee & figure des ioyes eternelles. Car par la clarté ſont tous humains eſiouiz. Comme vous auez le dict d'vne vieille que n'auoit dens en gueulle, encores difoit elle Bona lux. Et Thobie, cap. v. quand il eut perdu la veue, lors que Raphael le falua, refpondit. Quelle ioye pourray ie auoir, qui poinct ne voy la lumiere du ciel? En telle couleur tefmoignerent les Anges la ioye de tout l'vniuers à la refurrection du faulueur, Joan. xx. & à fon afcenfion, Act. j. De femblable parure veit fainct Iean euangelifte Apocal. iiij. &. vij. les fideles veftuz en la celefte & beatifiee Hierufalem.

Lifez les hiftoires antiques tant Grecques que Romaines, vous trouuerez que la ville de Albe (premier patron de Rome) feut & conftruicte & appellee à l'inuention d'vne truye blanche.

Vous trouuerez que fi à aulcun, apres auoir eu des ennemis victoire, eftoit decreté qu'il entraft à Rome en eftat triumphant, il y entroit fur vn char tiré par cheuaulx blancs. Autant celluy qui y entroit en ouation. Car par figne ny couleur ne pouuoyent plus certainement exprimer la ioye de leur venue, que par la blancheur.

Vous trouuerez que Pericles duc des Atheniens voulut celle part de fes genfdarmes efquelz par fort eftoient aduenues les febues blanches, paffer toute la iournee en ioye, folas, & repos : ce pendent que ceulx de l'aultre part batailleroient. Mille aultres exemples & lieux à ce propos vous pourrois ie expofer, mais ce n'eft icy le lieu.

Moyennant laquelle intelligence pouez refouldre vn probleme, lequel Alexandre Aphrodife a reputé infoluble. Pourquoy le Leon, qui de fon feul cry & rugiffement efpouante tous animaulx, feulement crainct & reuere le coq blanc? Car (ainfi que dict Proclus lib. de facrificio & magia) c'eft par ce que la

prefence de la vertus du Soleil, qui eft l'organe &
promptuaire de toute lumiere terreftre & fyderale,
plus eft fymbolifante & competente au coq blanc :
tant pour icelle couleur que pour fa proprieté & ordre
fpecificque, que au Leon. Plus dict, que en forme
Leonine ont efté diables fouuent veuz, lefquelz à la
prefence d'vn coq blanc foubdainement font difparuz.

Ce eft la caufe pourquoy Galli (ce font les Francoys ainfi appellez par ce que blancs font naturellement comme laict, que les Grecz nomment gala) voluntiers portent plumes blanches fus leurs bonnetz. Car
par nature ilz font ioyeux, candides, gratieux & bien
amez : & pour leur fymbole & enfeigne ont la fleur
plus que nulle autre blanche, c'eft le lys.

Si demandez comment par couleur blanche nature
nous induict entendre ioye & lieffe : ie vous refponds,
que l'analogie & conformité eft telle. Car comme le
blanc exteriorement difgrege & efpart la veue, diffol-
uent manifeftement les efpritz vififz, felon l'opinion
de Ariftoteles en fes problemes, & des perfpectifz, &
le voyez par experience quand vous paffez les montz
couuers de neige : en forte que vous plaignez de ne
pouuoir bien reguarder, ainfi que Xenophon efcript
eftre aduenu à fes gens : & comme Galen expofe
amplement lib. x. de vfu partium : tout ainfi le cueur
par ioye excellente eft interiorement efpart, & patift
manifefte refolution des efperitz vitaulx. Laquelle
tant peut eftre acreue, que le cueur demoureroit
fpolié de fon entretien, & par confequent feroit la vie
eftaincte, par cefte perichairie, comme dict Galen
lib. xij. Metho. li. v. de locis affectis, & li. ij. de
fymptomaton caufis. Et comme eftre au temps paffé
aduenu tefmoignent Marc Tulle, li. j. Queftio.
Tufcul., Verrius, Ariftoteles, Tite Liue, apres la

bataille de Cannes, Pline, lib. vij. c. xxxij & liij. A. Gellius li. iij. xv. & aultres, à Diagoras Rodien, Chilo, Sophocles, Diony, tyrant de Sicile, Philippides, Philemon, Polycrata, Philiſtion, M. Iuuenti, & aultres qui moururent de ioye. Et comme dict Auicenne in ij. canone, & lib. de viribus cordis, du zaphran, lequel tant eſiouiſt le cueur qu'il le deſpouille de vie, ſi on en prend en doſe exceſſifue, par reſolution & dilatation ſuperflue. Icy voyez Alex. Aphrodiſien, lib. primo problematum c. xix. Et pour cauſe. Mais quoy, i'entre plus auant en ceſte matiere, que ne eſtabliſſois au commencement, icy doncques calleray mes voilles, remettant le reſte au liure en ce conſommé du tout. Et diray en vn mot que le bleu ſignifie certainement le ciel & choſes celeſtes, par meſmes ſymboles que le blanc ſignifioit ioye & plaiſir.

De l'adolefcence de Gargantua.

CHAPITRE XI.

ARGANTVA depuis les troys iufques à cinq ans feut nourry & inftitué en toute difcipline conuenente par le commandement de fon pere, & celluy temps paffa comme les petitz enfans du pays, c'eft affauoir à boyre, manger & dormir : à manger, dormir, & boyre : à dormir, boyre, & manger.

Toufiours fe vaultroit par les fanges, fe mafcaroyt le nez, fe chauffourroit le vifaige, aculoyt fes fouliers, baifloit fouuent aux moufches, & couroit voulentiers apres les parpaillons, defquelz fon pere tenoit l'empire. Il piffoit fur fes fouliers, il chyoit en fa chemife, il fe moufchoyt à fes manches, il mouruoit dedans fa foupe. Et patroilloit par tous lieux, & beuuoit en fa pantoufle, & fe frottoit ordinairement le ventre d'vn panier. Ses dens aguyfoit d'vn fabot, fes mains lauoit de potaige, fe pignoit d'vn goubelet, fe affeoyt entre deux felles le cul à terre, fe couuroyt d'vn fac mouillé, beuuoyt en mangeant fa fouppe, mangeoyt fa fouace fans pain, mordoyt en riant, rioyt en mordent, fouuent crachoyt on baffin, pettoyt

CHAPITRE XI.

de greyffe, piffoyt contre le foleil, fe cachoyt en l'eau pour la pluye, battoyt à froid, fongeoyt creux, faifoyt le fuccré, efcorchoyt le renard, difoit la patenoftre du cinge, retournoit à fes moutons, tournoyt les truies au foin, battoyt le chien deuant le lion, mettoyt la charrette deuant les beufz, fe grattoyt ou ne luy demangeoyt poinct, tiroit les vers du nez, trop embraffoyt & peu eftraignoyt, mangeoyt fon pain blanc le premier, ferroyt les cigalles, fe chatouilloyt pour fe faire rire, ruoyt trefbien en cuifine, faifoyt gerbe de feurre aux dieux, faifoyt chanter magnificat à matines, & le trouuoyt bien à propous, mangeoyt chous & chioyt pourree, cognoiffoyt mouches en laict, faifoyt perdre les pieds aux moufches, ratiffoyt le papier, chauffouroyt le parchemin, guaignoyt au pied, tiroyt au cheurotin, comptoyt fans fon houfte, battoyt les buiffons fans prandre les ozillons, croioyt que nues feuffent pailles d'arain, & que veffies feuffent lanternes, tiroyt d'vn fac deux mouftures, faifoyt de l'afne pour auoir du bren, de fon poing faifoyt vn maillet, prenoit les grues du premier fault, vouloyt que maille à maille on feift les haubergeons, de cheual donné toufiours reguardoyt en la gueulle, faultoyt du coq à l'afne, mettoyt entre deux verdes vne meure, faifoyt de la terre le fouffé, gardoyt la lune des loups. Si les nues tomboient efperòyt prandre les alouettes, faifoyt de neceffité vertus, faifoyt de tel pain fouppe, fe foucioyt auffi peu des raitz comme des tonduz. Tous les matins efcorchoyt le renard, les petitz chiens de fon pere mangeoient en fon efcuelle, luy de mefmes mangeoit auecques eux. Il leurs mordoit les aureilles, ilz luy graphinoient le nez : il leurs fouffloit au cul, ilz luy lefchoient les badigoinces.

Et sabez quey, hillotz? Que mau de pipe vous byre, ce petit paillard tousiours tastonoit ses gouuernantes cen dessus dessoubz, cen deuant derriere, harry bourriquet : & desia commencoyt exercer sa braguette, laquelle vn chascun iour ses gouuernantes ornoyent de beaulx boucquets, de beaulx rubans, de belles fleurs, de beaulx flocquars : & passoient leur temps à la faire reuenir entre leurs mains, comme vn magdaleon d'entraict. Puis s'esclaffoient de rire quand elle leuoit les aureilles, comme si le ieu leurs eust pleu.

L'vne la nommoit ma petite dille, l'autre ma pine, l'aultre ma branche de coural, l'autre mon bondon, mon bouchon, mon vibrequin, mon possouer, ma teriere, ma pendilloche, mon rude esbat roidde & bas, mon dressouoir, ma petite andoille vermeille, ma petite couille bredouille. Elle est à moy, disoit l'vne. C'est la mienne, disoit l'aultre. Moy, (disoit l'aultre) n'y auray ie rien? par ma foy, ie la couperay doncques. Ha couper, (disoit l'aultre) vous luy feriez mal, ma dame : coupez vous la chose aux enfans? Il seroyt monsieur sans queue.

Et pour s'esbatre comme les petitz enfans du pays, luy feirent vn beau virollet des aesles d'vn moulin à vent de Myrebalays.

Des cheuaulx factices de Gargantua.

CHAPITRE XII.

VIS affin que toute fa vie feuſt bon cheuaulcheur, l'on luy feiſt vn beau grand cheual de boys, lequel il faifoit penader, faulter, voltiger, ruer & dancer tout enſemble, aller le pas, le trot, l'entrepas, le gualot, les ambles, le hobin, le traquenard, le camelin & l'onagrier. Et luy faifoit changer de poil, comme font les moines de courtibaux felon les feftes : de bailbrun, d'alezan, de gris pommellé, de poil de rat, de cerf, de rouen, de vache, de zencle, de pecile, de pye, de leuce.

Luy mefmes d'vne groffe traine fift vn cheual pour la chaffe, vn aultre d'vn fuft de preffouer à tous les iours, & d'vn grand chaifne vne mulle auecques la houffe pour la chambre. Encores en eut il dix ou douze à relays, & fept pour la pofte. Et tous mettoit coucher aupres de foy.

Vn iour le feigneur de Painenfac vifita fon pere en gros train & apparat, auquel iour l'eftoient femblablement venuz veoir le duc de Francrepas & le comte de Mouilleuent. Par ma foy le logis feut

vn peu eſtroiſt pour tant de gens, & ſingulierement
les eſtables : donc le maiſtre d'hoſtel & fourrier
dudiſt ſeigneur de Painenſac, pour ſcauoir ſi ailleurs en la maiſon eſtoient eſtables vacques, s'adreſ-
ſerent à Gargantua ieune garſonnet, luy deman-
dans ſecrettement ou eſtoient les eſtables des grands
cheuaulx, penſans que voluntiers les enfans decellent
tout.

Lors il les mena par les grands degrez du chaſteau, paſſant par la ſeconde ſalle en vne grande gua-
lerie, par laquelle entrerent en vne groſſe tour, &
eulx montans par d'aultres degrez, diſt le fourrier
au maiſtre d'hoſtel, ceſt enfant nous abuſe, car les
eſtables ne ſont iamais au hault de la maiſon. C'eſt
(diſt le maiſtre d'hoſtel) mal entendu à vous. Car ie
ſcay des lieux à Lyon, à la Baſmette, à Chaiſnon &
ailleurs, ou les eſtables ſont au plus hault du logis,
ainſi peut eſtre que derriere y a yſſue au montouer.
Mais ie le demanderay plus aſſeurement. Lors demanda
à Gargantua. Mon petit mignon, ou nous menez vous?
A l'eſtable (diſt il) de mes grands cheuaulx. Nous
y ſommes tantoſt, montons ſeulement ces eſchal-
lons.

Puis les paſſant par vne aultre grande ſalle, les
mena en ſa chambre, & retirant la porte, voicy (diſt
il) les eſtables que demandez, voylà mon Genet,
voy là mon Guildin, mon Lauedan, mon Traquenard,
& les chargent d'vn gros liuier, ie vous donne (diſt
il) ce Phryzon, ie l'ay eu de Francfort, mais il ſera
voſtre, il eſt bon petit cheuallet, & de grand peine :
auecques vn tiercelet d'autour, demye douzaine d'heſ-
panolz & deux leuriers, vous voy là roy des Perdrys
& Lieures pour tout ceſt hyuer. Par ſainſt Iean
(dirent ilz) nous en ſommes bien, à ceſte heure auons

nous le moine. Ie le vous nye, dift il. Il ne fut troys iours a ceans.

Deuinez icy duquel des deux ilz auoyent plus matiere, ou de foy cacher pour leur honte, ou de ryre, pour le paffetemps.

Eulx en ce pas defcendens tous confus, il demanda. Voulez vous vne aubeliere? Qu'eft ce? difent ilz. Ce font (refpondit il) cinq eftroncz pour vous faire vne mufeliere.

Pour ce iourd'huy (dift le maiftre d'hoftel) fi nous fommes rouftiz, ia au feu ne bruflerons, car nous fommes lardez à poinct, en mon aduis. O petit mignon, tu nous as baillé foin en corne : ie te voirray quelque iour pape. Ie l'entendz (dift il) ainfi. Mais lors vous ferez papillon, & ce gentil papeguay fera vn papelard tout faict. Voyre, voyre, dift le fourrier.

Mais (dift Gargantua) diuinez combien y a de poincts d'agueille en la chemife de ma mere. Seize, dift le fourrier. Vous (dift Gargantua) ne dictes l'euangile. Car il y en a fens dauant & fens derriere, & les comptaftes trop mal. Quand? (dift le fourrier). A lors (dift Gargantua) qu'on feift de voftre nez vne dille, pour tirer vn muy de merde, & de voftre gorge vn entonnoir, pour la mettre en aultre vaiffeau : car les fondz eftoient efuentez. Cor Dieu (dift le maiftre d'hoftel) nous auons trouué vn caufeur. Monfieur le iafeur, dieu vous guard de mal, tant vous auez la bouche fraifche.

Ainfi defcendens à grand hafte, foubz l'arceau des degrez laifferent tomber le gros liuier, qu'il leurs auoit chargé : dont dift Gargantua. Que diantre vous eftes mauluais cheuaulcheurs : voftre courtault vous fault au befoing. Se il vous falloit aller d'icy à

Cahuſac, que aymeriez vous mieulx, ou cheuaulcher vn oyſon, ou mener vne truye en laiſſe ? l'aymerois mieulx boyre, diſt le fourrier.

Et ce diſant entrerent en la ſale baſſe, ou eſtoit toute la briguade : & racontans ceſte nouuelle hiſtoire, les feirent rire comme vn tas de mouſches.

*Comment Grandgoufier congneut l'efperit merueilleux
de Gargantua à l'inuention d'vn torchecul.*

Chapitre XIII.

vs la fin de la quinte annee
Grandgoufier retournant de la de-
faicte des Ganarriens vifita fon
filz Gargantua. Là fut refiouy
comme vn tel pere pouuoit eftre
voyant vn fien tel enfant. Et le
baifant & accollant l'interrogeoyt
de petitz propos pueriles en diuerfes fortes. Et beut
d'autant auecques luy & fes gouuernantes : efquelles
par grand foing demandoit entre aultres cas, fi elles
l'auoyent tenu blanc & neƈt. A ce Gargantua feift
refponfe qu'il y auoit donné tel ordre qu'en tout le
pays n'eftoit guarfon plus neƈt que luy. Comment
cela? dift Grandgoufier.

I'ay (refpondit Gargantua) par longue & curieufe
experience inuenté vn moyen de me torcher le cul,
le plus feigneurial, le plus excellent, le plus expedient que iamais feut veu. Quel? diƈt Grandgoufier.
Comme vous le raconteray (dift Gargantua) prefentement.

Ie me torchay vne foys d'vn cachelet de velours
de vne damoifelle : & le trouuay bon : car la mol-

lice de sa soye me causoit au fondement vne volupté bien grande.

Vne aultre foys d'vn chapron d'ycelles, & feut de mesmes.

Vne aultre foys d'vn cachecoul, vne aultre foys des aureillettes de satin cramoysi : mais la dorure d'vn tas de spheres de merde qui y estoient m'escorcherent tout le derriere : que le feu sainct Antoine arde le boyau cullier de l'orfebure qui les feist & de la damoiselle, que les portoit.

Ce mal passa me torchant d'vn bonnet de paige, bien emplumé à la Souice.

Puis fiantant derriere vn buisson, trouuay vn chat de Mars, d'icelluy me torchay, mais ses gryphes me exulcererent tout le perinee.

De ce me gueryz au lendemain me torchant des guands de ma mere bien parfumez de mauioin.

Puis me torchay de Saulge, de Fenoil, de Aneth, de Mariolaine, de roses, de feuilles de Courles, de Choulx, de Bettes, de Pampre, de Guymaulues, de Verbasce (qui est escarlatte de cul), de Lactues, & de fueilles de Espinards. Le tout me feist grand bien à ma iambe : de Mercuriale, de Persiguire, de Orties, de Consolde : mais i'en eu la caquesangue de Lombard. Dont feu gary me torchant de ma braguette.

Puis me torchay aux linceux, à la couuerture, aux rideaulx, d'vn coiffin, d'vn tapiz, d'vn verd, d'vne mappe, d'vne seruiette, d'vn mouschenez, d'vn peignouoir. En tout ie trouuay de plaisir plus que ne ont les roigneux quand on les estrille.

Voyre mais (dist Grandgousier) lequel torchecul trouuas tu meilleur? Ic y estois (dist Gargantua) & bien toust en scaurez le tu autem. Ie me torchay de

foin, de paille, de bauduffe, de bourre, de laine, de
papier : Mais

>Toufiours laiffe aux couillons efmorche,
>Qui fon bord cul de papier torche.

Quoy? dift Grandgoufier, mon petit couillon, as tu
prins au pot? veu que tu rimes defia? Ouy dea (refpondit Gargantua) mon roy, ie rime tant & plus : &
en rimant fouuent m'enrime. Efcoutez que dict noftre
retraict aux fianteurs,

>Chiart,
>Foirart,
>Petart,
>Brenous,
>Ton lard
>Chappart
>S'efpart
>Sus nous.
>Hordous
>Merdous
>Efgous,
>Le feu de fainct Antoine te ard :
>Sy tous
>Tes trous
>Efclous
>Tu ne torche auant ton depart.

En voulez vous d'aduentaige? Ouy dea, refpondift
Grandgoufier. Adoncq dift Gargantua.

RONDEAV.

>En chiant l'aultre hyer fenty
>La guabelle que à mon cul doibs,

L'odeur feut aultre que cuydois :
I'en feuz du tout empuanty.
O fi quelcun euft confenty
M'amener vne que attendoys
En chiant.
Car ie luy euffe affimenty
Son trou d'vrine, à mon lourdoys.
Cependant euft auec fes doigts
Mon trou de merde guarenty,
En chiant.

Or dictes maintenant que ie n'y fçay rien. Par la mer dé, ie ne les ay faict mie. Mais les oyant reciter à dame grand que voyez cy, les ay retenu en la gibbefiere de ma memoire.

Retournons (dift Grandgoufier) à noftre propos. Quel? (dift Gargantua) Chier? Non, dift Grandgoufier. Mais torcher le cul. Mais (dift Gargantua) voulez vous payer vn buffart de vin Breton fi ie vous foys quinault en ce propos? Ouy vrayement, dift Grandgoufier.

Il n'eft, dift Gargantua, poinct befoing torcher lè cul, finon qu'il y ayt ordure. Ordure n'y peut eftre fi on n'a chié : chier doncques nous fault dauant que le cul torcher. O (dift Grandgoufier) que tu as bon fens, petit guarfonnet. Ces premiers iours ie te feray paffer docteur en gaie fcience, par Dieu, car tu as de raifon plus que d'aage.

Or pourfuiz ce propos torcheculatif, ie t'en prie. Et par ma barbe, pour vn buffart tu auras foixante pippes, i'entends de ce bon vin Breton, lequel poinct ne croift en Bretaigne, mais en ce bon pays de Verron.

Ie me torchay apres (dift Gargantua) d'vn couurechief, d'vn aureiller, d'vgne pantophle, d'vgne

CHAPITRE XIII.

gibbeſſiere, d'vn panier. Mais ô le mal plaiſant torchecul. Puis d'vn chappeau. Et notez que des chappeaulx les vns ſont ras, les aultres à poil, les aultres veloutez, les aultres taffetaſſez, les aultres ſatinizez. Le meilleur de tous eſt celluy de poil. Car il faiɛt treſbonne abſterſion de la matiere fecale.

Puis me torchay d'vne poulle, d'vn coq, d'vn poulet, de la peau d'vn veau, d'vn lieure, d'vn pigeon, d'vn cormoran, d'vn ſac d'aduocat, d'vne barbute, d'vne coyphe, d'vn leurre.

Mais, concluent, ie dys & maintiens, qu'il n'y a tel torchecul que d'vn oyzon bien dumeté, pourueu qu'on luy tienne la teſte entre les iambes. Et m'en croyez ſus mon honneur. Car vous ſentez au trou du cul vne volupté mirificque, tant par la doulceur d'icelluy dumet, que par la chaleur temperee de l'oizon, laquelle facilement eſt communicquee au boyau culier & aultres inteſtines, iuſques à venir à la region du cueur & du cerueau. Et ne penſez que la beatitude des Heroes & ſemidieux qui ſont par les champs Elyſiens ſoit en leur Aſphodele ou Ambroſie, ou Neɛtar, comme diſent ces vieilles ycy. Elle eſt (ſelon mon opinion) en ce qu'ilz ſe torchent le cul d'vn oyzon. Et telle eſt l'opinion de maiſtre Iehan d'Eſcoſſe.

*Comment Gargantua feut inſtitué par
vn Sophiſte en lettres latines.*

CHAPITRE XIIII.

ES propos entenduz, le bon homme Grandgouſier fut rauy en admiration, conſiderant le hault ſens & merueilleux entendement de ſon filz Gargantua.
Et diſt à ſes gouuernantes, Philippe roy de Macedone congneut le bon ſens de ſon filz Alexandre, à manier dextrement vn cheual. Car ledict cheual eſtoit ſi terrible & efrené que nul auſoit monter deſſus : Par ce que à tous ſes cheuaucheurs il bailloit la ſaccade : à l'vn rompant le coul, à l'aultre les iambes, à l'aultre la ceruelle, à l'aultre les mandibules. Ce que conſiderant Alexandre en l'hippodrome (qui eſtoit le lieu ou l'on pourmenoit & voultigeoit les cheuaulx), aduiſa que la fureur du cheual ne venoit que de frayeur qu'il prenoit à ſon vmbre. Dont montant deſſus le feiſt courir encontre le Soleil, ſi que l'vmbre tumboit par derriere, & par ce moien rendit le cheual doulx à ſon vouloir. A quoy congneut ſon pere le diuin entendement qui en luy eſtoit, & le feiſt treſbien endoctriner par Ariſtoteles,

CHAPITRE XIIII.

qui pour lors eſtoit eſtimé ſus tous philoſophes de Grece.

Mais ie vous diz, qu'en ce ſeul propos que i'ay preſentement dauant vous tenu à mon filz Gargantua, ie congnois que ſon entendement participe de quelque diuinité : tant ie le voy agu, ſubtil, profund, & ſerain. Et paruiendra à degré ſouuerain de ſapience, s'il eſt bien inſtitué. Pourtant, ie veulx le bailler à quelque homme ſçauant pour l'endoctriner ſelon ſa capacité. Et n'y veulx rien eſpargner.

De faict, l'on luy enſeigna vn grand docteur ſophiſte, nommé maiſtre Thubal Holoferne, qui luy aprint ſa charte ſi bien qu'il la diſoit par cueur au rebours, & y fut cinq ans & troys mois, puis luy leut Donat, le Facet, Theodolet, & Alanus in parabolis : & y feut treze ans ſix moys & deux ſepmaines.

Mais notez que ce pendent il luy aprenoit à eſcripre Gotticquement, & eſcripuoit tous ſes liures. Car l'art d'impreſſion n'eſtoit encores en vſaige.

Et portoit ordinairement vn gros eſcriptoire peſant plus de ſept mille quintaulx, duquel le gualimart eſtoit auſſi gros & grand que les gros pilliers de Enay, & le cornet y pendoit à groſſes chaiſnes de fer, à la capacité d'vn tonneau de marchandiſe.

Puis luy leugt De modis ſignificandi auecques les commens de Hurtebize, de Faſquin, de Tropditeulx, de Gualehaul, de Iean le veau, de Billonio, Brelinguandus, & vn tas d'aultres, & y fut plus de dixhuyt ans & vnze moys. Et le ſceut ſi bien que au coupelaud il le rendoit par cueur à reuers. Et prouuoit ſus ſes doigtz à ſa mere que de modis ſignificandi non erat ſcientia.

Puis luy leugt le compoſt, ou il fut bien ſeize ans

& deux moys, lors que son dict precepteur mourut : Et fut l'an mil quatre cens & vingt, de la verolle que luy vint.

Apres en eut vn aultre vieux tousseux, nommé maistre Iobelin bridé, qui luy leugt Hugutio, Hebrard Grecisme, le doctrinal, les pars, le quid est, le supplementum, Marmotret de moribus in mensa seruandis, Seneca de quatuor virtutibus cardinalibus, Passauantus cum commento. Et Dormi secure pour les sestes. Et quelques aultres de semblable farine, à la lecture desquelz il deuint aussi saige qu'onques puis ne fourneasmes nous.

*Comment Gargantua fut mis
foubz aultres pedagoges.*

CHAPITRE XV.

tant fon pere aperceut que vrayement il eftudioit trefbien & y mettoit tout fon temps, touteffoys qu'en rien ne prouffitoit. Et que pis eft, en deuenoit fou, niays, tout refueux & raffoté.
Dequoy fe complaignant à Don Philippe des Marays, Viceroy de Papeligoffe, entendit que mieulx luy vauldroit rien n'aprendre, que telz liures foubz telz precepteurs aprendre. Car leur fçauoir n'eftoit que befterie, & leur fapience n'eftoit que moufles, abaftardifant les bons & nobles efperitz, & corrompent toute fleur de ieuneffe. Qu'ainfi foit, prenez (dift il) quelcun de ces ieunes gens du temps prefent, qui ait feulement eftudié deux ans, en cas qu'il ne ait meilleur iugement, meilleures parolles, meilleur propos que voftre filz, & meilleur entretien & honnefteté entre le monde, reputez moy à iamais vng taillebacon de la Brene. Ce que à Grandgoufier pleut trefbien, & commanda qu'ainfi feuft faict.

Au foir en foupant, ledict des Marays introduict

vn fien ieune paige de Villegongys, nommé Eudemon, tant bien teftonné, tant bien tiré, tant bien
efpouffeté, tant honnefte en fon maintien, que trop
mieulx refembloit quelque petit angelot qu'vn homme.
Puis dift a Grandgoufier :

Voyez vous ce ieune enfant? Il n'a encor douze
ans, voyons, fi bon vous femble, quelle difference y
a entre le fçauoir de vos refueurs mateologiens du
temps iadis & les ieunes gens de maintenant. L'effay
pleut à Grandgoufier, & commanda que le paige
propozaft.

Alors Eudemon demandant congié de ce faire
audict viceroy fon maiftre, le bonnet au poing, la
face ouuerte, la bouche vermeille, les yeulx affeurez,
& le reguard affis fuz Gargantua, auecques modeftie
iuuenile fe tint fus fes pieds, & commença le louer
& magnifier, premierement de fa vertus & bonnes
meurs, fecondement de fon fçauoir, tiercement de fa
nobleffe, quartement de fa beaulté corporelle. Et
pour le quint doulcement l'exhortoit à reuerer fon
pere en toute obferuance, lequel tant s'eftudioit à
bien le faire inftruire, en fin le prioit qu'il le voul-
fift retenir pour le moindre de fes feruiteurs. Car
aultre don pour le prefent ne requeroit des cieulx,
finon qu'il luy feuft faict grace de luy complaire en
quelque feruice agreable.

Le tout feut par icelluy proferé auecques geftes
tant propres, pronunciation tant diftincte, voix tant
eloquente, & langaige tant aorné & bien latin, que
mieulx refembloit vn Gracchus, vn Ciceron ou vn
Emilius du temps paffé, qu'vn iouuenceau de ce
fiecle.

Mais toute la contenence de Gargantua fut, qu'il
fe print à plorer comme vne vache, & fe cachoit le

viſaige de ſon bonnet, & ne fut poſſible de tirer de luy vne parolle, non plus qu'vn pet d'vn aſne mort.

Dont ſon pere fut tant courrouſſé, qu'il voulut occire maiſtre Iobelin. Mais ledict des Marays l'en-guarda par belle remonſtrance qu'il luy feiſt : en maniere que fut ſon ire moderee. Puis commanda qu'il feuſt payé de ſes guaiges, & qu'on le feiſt bien chopiner ſophiſticquement, ce faict qu'il allaſt à tous les diables. Au moins (diſoit il) pour le iourd'huy ne couſtera il gueres à ſon houſte, ſi d'auenture il mouroit ainſi ſou comme vn Angloys.

Maiſtre Iobelin party de la maiſon, conſulta Grandgouſier auecques le viceroy quel precepteur l'on luy pourroit bailler, & feut auiſé entre eulx que à ceſt office ſeroit mis Ponocrates, pedaguoge de Eudemon, & que tous enſemble iroient à Paris, pour congnoiſtre quel eſtoit l'eſtude des iouuenceaulx de France pour icelluy temps.

*Comment Gargantua fut enuoyé à Paris, & de l'enorme
iument qui le porta, & comment elle deffit
les moufches bouines de la Bauce.*

Chapitre XVI.

N cefte mefmes faifon Fayoles,
quart roy de Numidie, enuoya
du pays de Africque à Grandgoufier vne iument la plus enorme
& la plus grande que feut oncques
veue, & la plus monftreufe,
comme affez fçauez que Africque
aporte toufiours quelque chofe de noueau.
 Car elle eftoit grande comme fix Oriflans, & auoit
les pieds fenduz en doigtz, comme le cheual de Iules
Cefar, les aureilles ainfi pendentes comme les chieures
de Languegoth, & vne petite corne au cul. Au refte
auoit poil d'alezan touftade entreillizé de grizes pom-
melettes. Mais fus tout auoit la queue horrible. Car
elle eftoit poy plus poy moins groffe comme la pile
fainct Mars aupres de Langes : & ainfi quarree, auecques les brancars ny plus ny moins ennicrochez, que
font les efpicz au blé.
 Si de ce vous efmerueillez, efmerueillez vous d'aduantaige de la queue des beliers de Scythie : que
pefoit plus de trente liures, & des moutons de Surie,

CHAPITRE XVI.

esquelz fault (si Tenaud dict vray) affuster vne charrette au cul, pour la porter, tant elle est longue & pesante. Vous ne l'auez pas telle, vous aultres paillards de plat pays. Et fut amenee par mer en troys carracques & vn brigantin, iusques au port de Olone en Thalmondoys.

Lors que Grandgousier la veit, Voicy (dist il) bien le cas pour porter mon filz à Paris. Or ça, de par dieu, tout yra bien. Il sera grand clerc on temps aduenir. Si n'estoient messieurs les bestes, nous viurions comme clercs.

Au lendemain apres boyre (comme entendez) prindrent chemin, Gargantua son precepteur Ponocrates & ses gens, ensemble eulx Eudemon le ieune paige. Et par ce que c'estoit en temps serain & bien attrempé, son pere luy feist faire des botes fauues : Babin les nomme brodequins.

Ainsi ioyeusement passerent leur grand chemin : & tousiours grand chere : iusques au dessus de Orleans.

Au quel lieu estoit vne ample forest de la longueur de trente & cinq lieues, & de largeur dix & sept, ou enuiron. Icelle estoit horriblement fertile & copieuse en mousches bouines & freslons, de sorte que c'estoit vne vraye briguanderye pour les pauures iumens, asnes, & cheuaulx. Mais la iument de Gargantua vengea honnestement tous les oultrages en icelle perpetrees sus les bestes de son espece, par vn tour, duquel ne se doubtoient mie.

Car soubdain qu'ilz feurent entrez en la dicte forest : & que les freslons luy eurent liuré l'assault, elle desguaina sa queue : & si bien s'escarmouchant les esmoucha, qu'elle en abatit tout le boys, à tord, à trauers, deça, delà, par cy, par là, de long, de large, deſſus, deſſoubz, abatoit boys comme vn fauſ-cheur faiɑ̂ d'herbes. En ſorte que depuis n'y eut ne boys ne freſlons. Mais feut tout le pays reduiɑ̂ en campaigne.

Quoy voyant Gargantua, y print plaiſir bien grand, ſans aultrement s'en vanter. Et diſt à ſes gens. Ie trouue beau ce. Dont fut depuis appellé ce pays la Beauce : mais tout leur deſieuner feut par baiſler. En memoire de quoy encores de preſent les Gentilz hommes de Beauce deſieunent de baiſler, & s'en trouuent fort bien & n'en crachent que mieulx.

Finablement arriuerent à Paris. Auquel lieu ſe refraiſchit deux ou troys iours, faiſant chere lye auecques ſes gens, & s'enqueſtant quelz gens ſcauans eſtoient pour lors en la ville : & quel vin on y beuuoit.

*Comment Gargantua paya ſa bien venue es Pariſiens,
& comment il print les groſſes cloches
de l'egliſe noſtre Dame.*

Chapitre XVII.

VELQVES iours apres qu'ilz ſe
feurent refraichiz il viſita la ville :
& fut veu de tout le monde en
grande admiration. Car le peuple
de Paris eſt tant ſot, tant badault,
& tant inepte de nature, q'vn
baſteleur, vn porteur de rogatons,
vn mulet auecques ſes cymbales, vn vielleuz au
mylieu d'vn carrefour aſſemblera plus de gens, que
ne feroit vn bon preſcheur euangelicque.

Et tant moleſtement le pourſuyuirent, qu'il feut
contrainct ſoy repoſer ſuz les tours de l'egliſe noſtre
dame. Au quel lieu eſtant, & voyant tant de gens, à
l'entour de ſoy, diſt clerement :

Ie croy que ces marroufles voulent que ie leurs paye
icy ma bien venue & mon proficiat. C'eſt raiſon. Ie leur
voys donner le vin. Mais ce ne ſera que par rys.

Lors en ſoubriant deſtacha ſa belle braguette, &
tirant ſa mentule en l'air les compiſſa ſi aigrement,
qu'il en noya deux cens ſoixante mille quatre cens
dix & huyt. Sans les femmes & petiz enfans.

Quelque nombre d'iceulx euada ce piffefort à legiereté des pieds. Et quand furent au plus hault de l'vniuerfité, fuans, touffans, crachans, & hors d'halene, commencerent à renier & iurer, les vngs en cholere, les aultres par rys. Carymary, Carymara, par fainéte Mamye, nous fon baignez par rys, dont fut depuis la ville nommee Paris, laquelle au parauant on appelloit Leucece, comme dift Strabo lib. iiij. C'eft à dire en Grec, Blanchette, pour les blanches cuiffes des dames dudict lieu. Et par autant que à cefte nouuelle impofition du nom tous les affiftans iurerent chafcun les fainéts de fa paroiffe : les Parifiens, qui font faiétz de toutes gens & toutes pieces, font par nature & bons iureurs & bons iuriftes, & quelque peu oultrecuydez. Dont eftime Ioaninus de Barranco, Libro, de copiofitate reuerentiarum, que font diétz Parrhefiens en Grecifme, c'eft à dire fiers en parler.

Ce faiét, confidera les groffes cloches que eftoient efdiétes tours : & les feift fonner bien harmonieufement. Ce que faifant luy vint en penfee qu'elles feruiroient bien de campanes au coul de fa iument, laquelle il vouloit renuoier à fon pere toute chargee de froumaiges de Brye & de harans frays. De faiét, les emporta en fon logis.

Ce pendent vint vn commandeur iambonnier de fainét Antoine, pour faire fa quefte fuille : lequel pour fe faire entendre de loing, & faire trembler le lard au charnier, les voulut emporter furtiuement. Mais par honnefteté les laiffa, non par ce qu'elles eftoient trop chauldes, mais par ce qu'elles eftoient quelque peu trop pefantes à la portee. Cil ne fut pas celluy de Bourg. Car il eft trop de mes amys.

Toute la ville feut efmeue en fedition, comme

vous fçauez que à ce ils font tant faciles, que les nations eftranges s'efbahiffent de la patience des Roys de France, lefquelz aultrement par bonne iuftice ne les refrenent : veuz les inconueniens qui en fortent de iour en iour. Pleuft à dieu, que ie fceuffe l'officine en laquelle font forgez ces chifmes & monopoles, pour les mettre en euidence es confraries de ma paroiffe. Croyez que le lieu auquel conuint le peuple tout folfré & habaliné feut Nefle ou lors eftoit, maintenant n'eft plus, l'oracle de Lucece. Là feut propofé le cas, & remonftré l'inconuenient des cloches tranfportees.

Apres auoir bien ergoté pro & contra, feut conclud en Baralipton, que l'on enuoyroit le plus vieux & fuffifant de la faculté vers Gargantua pour luy remonftrer l'horrible inconuenient de la perte d'icelles cloches. Et nonobftant la remonftrance d'aulcuns de l'vniuerfité, qui alleguoient que cefte charge mieulx competoit à vn orateur, que à vn Sophifte, feut à ceft affaire efleu noftre maiftre Ianotus de Bragmardo.

Comment Ianotus de Bragmardo feut enuoyé pour recouurer de Gargantua les groſſes cloches.

Chapitre XVIII.

AISTRE Ianotus, tondu à la Ceſarine, veſtu de ſon lyripipion à l'antique, & bien antidoté l'eſtomac de coudignac de four, & eau beniſte de caue, ſe tranſporta au logis de Gargantua, touchant dauant ſoy troys vedeaulx à rouge muzeau, & trainant apres cinq ou ſix maiſtres inertes bien crottez à profit de meſnaige.

A l'entree les rencontra Ponocrates : & eut frayeur en ſoy, les voyant ainſi deſguiſez, & penſoit que feuſſent quelques maſques hors du ſens. Puis s'enqueſta à quelq'vn deſdictz maiſtres inertes de la bande, que queroit ceſte mommerie. Il luy feut reſpondu, qu'ilz demandoient les cloches leurs eſtre rendues.

Soubdain ce propos entendu, Ponocrates courut dire les nouuelles à Gargantua : affin qu'il feuſt preſt de la reſponce, & deliberaſt ſur le champ ce que eſtoit de faire. Gargantua admoneſté du cas appella à part Ponocrates ſon precepteur, Philotomie ſon maiſtre d'hoſtel, Gymnaſte ſon eſcuyer, & Eudemon, & fommairement confera auecques eulx fus ce que eſtoit tant à faire que à reſpondre.

Tous feurent d'aduis que on les menaſt au retraict du goubelet, & là on les feiſt boyre ruſtrement, & affin que ce touſſeux n'entraſt en vaine gloire pour à ſa requeſte auoir rendu les cloches, l'on mandaſt ce pendent qu'il chopineroit querir le Preuoſt de la ville, le Recteur de la faculté, le vicaire de l'egliſe : eſquelz dauant que le Sophiſte euſt propoſé ſa commiſſion, l'on deliureroit les cloches. Apres ce, iceulx preſens, l'on oyroit ſa belle harangue. Ce que fut faict, & les fuſdictz arriuez, le Sophiſte feut en plene ſalle introduict, & commença ainſi que s'enſuit en touſſant.

*La harangue de maiſtre Ianotus de Bragmardo, faicte
à Gargantua pour recouurer les cloches.*

Chapitre XIX.

HEN, hen, hen, Mna dies, Monſieur, Mna dies. Et vobis Meſſieurs. Ce ne ſeroyt que bon que nous rendiſſiez noz cloches, car elles nous font bien beſoing. Hen, hen, haſch. Nous en auions bien aultresfoys refuſé de bon argent de ceulx de Londres en Cahors, ſy auions nous de ceulx de Bourdeaulx en Brye, qui les vouloient achapter pour la ſubſtantificque qualité de la complexion elementaire, que eſt intronificquee en la terreſterité de leur nature quidditatiue pour extraneizer les halotz & les turbines ſuz noz vignes, vrayement non pas noſtres, mais d'icy aupres. Car ſi nous perdons le piot nous perdons tout, & ſens & loy. Si vous nous les rendez à ma requeſte, ie y guaigneray ſix pans de faulcices, & vne bonne paire de chauſſes, que me feront grand bien à mes iambes, ou ilz ne me tiendront pas promeſſe. Ho par Dieu, Domine, vne pair de chauſſes eſt bon. Et vir ſapiens non abhorrebit eam. Ha, ha, il n'a pas pair de chauſſes qui veult. Ie le ſçay bien quant eſt de moy. Aduiſez,

CHAPITRE XIX.

Domine : il y a dixhuyt iours que ie fuis à matagrabolifer cefte belle harangue. Reddite que funt Cefaris Cefari, & que funt dei deo. Ibi iacet lepus.

Par ma foy, Domine, fi voulez fouper auecques moy, in camera, par le corps Dieu, charitatis, nos faciemus bonum cherubin. Ego occidi vnum porcum, & ego habet bon vino. Mais de bon vin on ne peult faire mauluais latin.

Or fus, de parte dei, date nobis clochas noftras. Tenez, ie vous donne de par la faculté vng fermones de Vtino que vtinam vous nous baillez nos cloches. Vultis etiam pardonos? Per diem vos habebitis, & nihil poyabitis.

O Monfieur, Domine, clochidonnaminor nobis. Dea, eft bonum vrbis. Tout le monde s'en fert. Si voftre iument s'en trouue bien, auffi faict noftre faculté, que comparata eft iumentis infipientibus, & fimilis facta eft eis, pfalmo nefcio quo, fi l'auoys ie bien quotté en mon paperat, & eft vnum bonum Achilles, hen, hen, ehen, hafch.

Ça ie vous prouue que me les doibuez bailler. Ego fic argumentor.

Omnis clocha clochabilis in clocherio clochando, clochans clochatiuo, clochare facit clochabiliter clochantes. Parifius habet clochas. Ergo gluc, ha, ha, ha. C'eft parlé cela. Il eft in tertio prime en Darii ou ailleurs. Par mon ame, i'ay veu le temps que ie faifois diables de arguer. Mais de prefent ie ne fais plus que refuer. Et ne me fault plus dorenauant, que bon vin, bon lict, le dos au feu, le ventre à table, & efcuelle bien profonde.

Hay, domine, ie vous pry in nomine patris & filii & fpiritus fancti, Amen, que vous rendez noz cloches : & Dieu vous guard de mal, & noftre dame de fanté, qui vivit & regnat per omnia fecula feculorum, Amen. Hen, hafch, ehafch, grenhenhafch.

Verum enim vero quando quidem dubio procul. Edepol quoniam ita certe meus deus fidus, vne ville fans cloches eft comme vn aueugle fans bafton, vn afne fans cropiere, & vne vache fans cymbales. Iufques à ce que nous les ayez rendues nous ne cefferons de crier apres vous, comme vn aueugle qui a perdu fon bafton, de braifler, comme vn afne fans cropiere, & de bramer, comme vne vache fans cymbales.

Vn quidam latinilateur demourant pres l'hoftel Dieu, dift vne foys, allegant l'autorité d'vng Taponnus, ie faulx, c'eftoit Pontanus, poete feculier, qu'il defiroit qu'elles feuffent de plume, & le batail feuft d'vne queue de renard : pource qu'elles luy engendroient la chronique aux tripes du cerueau, quand il compofoit fes vers carminiformes. Mais nac petetin petetac, ticque, torche, lorne, il feut declairé hereticque. Nous les faifons comme de cire. Et plus n'en dict le depofant. Valete & plaudite. Calepinus recenfui.

*Comment le Sophiste emporta son drap, & comment
il eut proces contre les aultres maistres.*

Chapitre XX.

E Sophiste n'eut si toust acheué que Ponocrates & Eudemon s'esclafferent de rire tant profondement, que en cuiderent rendre l'ame à dieu, ne plus ne moins que Crassus voyant vn asne couillart qui mangeoit des chardons, & comme Philemon, voyant vn asne qui mangeoit les figues qu'on auoit apresté pour le disner, mourut de force de rire. Ensemble eulx, commença rire maistre Ianotus, à qui mieulx mieulx, tant que les larmes leurs venoient es yeulx, par la vehemente concution de la substance du cerueau : à laquelle furent exprimees ces humiditez lachrymales, & transcoullees iouxte les nerfz optiques. En quoy par eulx estoyt Democrite heraclitizant, & Heraclyte democritizant representé.

Ces rys du tout sedez, consulta Gargantua auecques ses gens sur ce qu'estoit de faire. Là feut Poncrates d'aduis qu'on feist reboyre ce bel orateur. Et veu qu'il leurs auoit donné de passetemps, & plus faict rire que n'eust Songecreux, qu'on luy baillast les dix pans de faulcice mentionnez en la ioyeufe harangue, auecques vne paire de chauffes, troys cens de gros boys de moulle, vingt & cinq muitz de vin, vn lict à triple couche de plume anferine, & vne efcuelle bien capable & profonde, lefquelles difoit eftre à fa vieilleffe neceffaires.

Le tout fut faift ainfi que auoit efté deliberé, excepté que Gargantua, doubtant que on ne trouuaft à l'heure chauffes commodes pour fes iambes : doubtant auffy de quelle façon mieulx duyroient audict orateur, ou à la martingualle, qui eft vn pont leuis de cul, pour plus aifement fianter, ou à la mariniere, pour mieulx foulaiger les roignons, ou à la Souice, pour tenir chaulde la bedondaine, ou à queue de merluz, de peur d'efchauffer les reins : luy feift liurer fept aulnes de drap noir, & troys de blanchet pour la doublure. Le boys feut porté par les guaingnedeniers, les maiftres es ars porterent les faulcices & efcuelles. Maiftre Ianot voulut porter le drap.

Vn defdictz maiftres, nommé maiftre Iouffe Bandouille, luy remonftroit que ce n'eftoit honefte ny decent à fon eftat, & qu'il le baillaft à quelq'vn d'entre eulx.

Ha (dift Ianotus) Baudet, Baudet, tu ne concluds poinct in modo & figura. Voylà dequoy feruent les fuppofitions, & parua logicalia. Panus pro quo fupponit? Confufe (dift Bandouille) & diftributiue. Ie ne te demande pas (dift Ianotus) Baudet, quomodo fupponit, mais pro quo : c'eft Baudet, pro tibiis meis. Et pour ce le porteray ie egomet, ficut fuppofitum portat adpofitum. Ainfi l'emporta en tapinois, comme feift Patelin fon drap.

Le bon feut quand le touffeux, glorieufement, en

plein acte tenu chez les Mathurins, requift fes chauffes & faulfices : car peremptoirement luy feurent
deniez, par autant qu'il les auoit eu de Gargantua,
felon les informations fur ce faictes. Il leurs remonftra que ce auoit efté de gratis, & de fa liberalité,
par laquelle ilz n'eftoient mie abfoubz de leurs pro-
meffes.

Ce nonobftant luy fut refpondu qu'il fe conten-
taft de raifon, & que aultre bribe n'en auroit.

Raifon? (dift Ianotus), nous n'en vfons poinct
ceans. Traiftres malheureux, vous ne valez rien. La
terre ne porte gens plus mefchans que vous eftes, ie
le fçay bien : ne clochez pas deuant les boyteux.
I'ay exercé la mefchanceté auecques vous. Par la
ratte Dieu, ie aduertiray le Roy des enormes abus
que font forgez ceans, & par vos mains & meneez.
Et que ie foye ladre s'il ne vous faict tous vifz
brufler comme bougres, traiftres, heretiques, & fe-
ducteurs, ennemys de dieu & de vertus.

A ces motz, prindrent articles contre luy, luy de
l'aultre cofté les feift adiourner. Somme, le proces
fut retenu par la court, & y eft encores. Les magif-
tres fur ce poinct feirent veu de ne foy defcroter,
maiftre Ianot auec fes adherens feift veu de ne fe
moufcher, iufques à ce qu'en feuft dict par arreft
definitif.

Par ces veuz font iufques à prefent demourez &
croteux & morueux, car la court n'a encores bien
grabelé toutes les pieces. L'arreft fera donné es pro-
chaines Calendes Grecques. C'eft à dire : iamais.
Comme vous fçauez qu'ilz font plus que nature, &
contre leurs articles propres. Les articles de Paris
chantent que dieu feul peult faire chofes infinies.
Nature rien ne faict immortel : car elle mect fin &

periode à toutes choses par elle produictes. Car omnia orta cadunt, &c. Mais ces aualleurs de frimars font les proces dauant eux pendens, & infiniz, & immortelz. Ce que faisans, ont donné lieu, & verifié le dict de Chilon Lacedemonien, consacré en Delphes, disant misere estre compaigne de proces, & gens playdoiens miserables. Car plus tost ont fin de leur vie, que de leur droict pretendu.

*L'eſtude de Gargantua, ſelon la diſcipline
de ſes precepteurs Sophiſtes.*

Chapitre XXI.

ES premiers iours ainſi paſſez &
les cloches remiſes en leur lieu,
les citoyens de Paris, par recon-
gnoiſſance de ceſte honneſteté, ſe
offrirent d'entretenir & nourrir
ſa iument tant qu'il luy plairoit.
Ce que Gargantua print bien à
gré. Et l'enuoyerent viure en la foreſt de Biere. Ie
croy qu'elle n'y ſoyt plus maintenant.

Ce faict, voulut de tout ſon ſens eſtudier à la
diſcretion de Ponocrates, mais icelluy pour le commencement ordonna, qu'il feroit à ſa maniere ac-
couſtumee : affin d'entendre par quel moyen en ſi
long temps ſes antiques precepteurs l'auoient rendu
tant fat, niays, & ignorant.

Il diſpenſoit doncques ſon temps en telle façon,
que ordinairement il s'eſueilloit entre huyt & neuf
heures, feuſt iour ou non : ainſi l'auoient ordonné
ſes regens antiques, alleguans ce que dict Dauid :
Vanum eſt vobis ante lucem ſurgere.

Puis ſe guambayoit, penadoit, & paillardoit parmy
le lict quelque temps, pour mieulx eſbaudir ſes eſperitz animaulx, & ſe habiloit ſelon la ſaiſon, mais

voluntiers portoit il vne grande & longue robbe de groſſe frize fourree de renards : apres ſe peignoit du peigne de Almain, c'eſtoit des quatre doigtz & le poulce. Car ſes precepteurs diſoient, que ſoy aultrement pigner, lauer, & nettoyer eſtoit perdre temps en ce monde.

Puis fiantoit, piſſoyt, rendoyt ſa gorge, rottoit, pettoyt, baiſloyt, crachoyt, touſſoyt, ſangloutoyt, eſternoit, & ſe moruoyt en archidiacre, & deſieunoyt pour abatre la rouzee & mauluais aer : belles tripes frites, belles charbonnades, beaulx iambons, belles cabirotades, & force ſoupes de prime.

Ponocrates luy remonſtroit, que tant ſoubdain ne debuoit repaiſtre au partir du lict, ſans auoir premierement faict quelque exercice. Gargantua reſpondit. Quoy? N'ay ie faict ſuffiſant exercice? Ie me ſuis vaultré ſix ou ſept tours parmy le lict, dauant que me leuer. Ne eſt ce aſſez? Le pape Alexandre ainſi faiſoit par le conſeil de ſon medicin Iuif : & veſquit iuſques à la mort, en deſpit des enuieux : mes premiers maiſtres me y ont acouſtumé, diſans que le deſieuner faiſoit bonne memoire, pourtant y beuuoient les premiers. Ie m'en trouue fort bien, & n'en diſne que mieulx.

Et me diſoit maiſtre Tubal (qui feut premier de ſa licence à Paris), que ce n'eſt tout l'aduantaige de courir bien touſt, mais bien de partir de bonne heure : auſſi n'eſt ce la ſanté totale de noſtre humanité, boyre à tas, à tas, à tas, comme canes : mais ouy bien de boyre matin.

Vnde verſus.

Leuer matin n'eſt poinct bon heur,
Boire matin eſt le meilleur.

Apres auoir bien à poinct defieuné, alloit à l'eglife, & luy pourtoit on dedans vn grand penier vn gros breuiaire empantophlé, pefant tant en greffe que en fremoirs & parchemin, poy plus poy moins, vnze quintaulx fix liures. Là oyoit vingt & fix ou trente meffes, ce pendent venoit fon difeur d'heures en place, empaletocqué comme vne duppe, & trefbien antidoté fon alaine à force fyrop vignolat. Auecques icelluy marmonnoit toutes fes kyrielles : & tant curieufement les efplufchoit qu'il n'en tomboit vn feul grain en terre.

Au partir de l'eglife, on luy amenoit fur vne traine à beufz vn faratz de patenoftres de fainct Claude, auffi groffes chafcune qu'eft le moulle d'vn bonnet, & fe pourmenant par les cloiftres, galeries ou iardin, en difoit plus que feze hermites.

Puis eftudioit quelque mefchante demye heure, les yeulx affis deffus fon liure, mais (comme dict le Comicque) fon ame eftoit en la cuyfine.

Piffant doncq plein vrinal fe affeoyt à table. Et par ce qu'il eftoit naturellement phlegmaticque, commençoit fon repas par quelques douzeines de iambons, de langues de beuf fumees, de boutargues, d'andouilles, & telz aultres auant coureurs de vin.

Ce pendent quatre de fes gens luy gettoient en la bouche l'vn apres l'autre continuement mouftarde à pleines palerees, puis beuuoit vn horrificque traict de vin blanc, pour luy foulaiger les roignons. Apres, mangeoit felon la faifon viandes à fon appetit, & lors ceffoit de manger quand le ventre luy tiroit.

A boyre n'auoit poinct fin, ny canon. Car il difoit que les metes & bournes de boyre eftoient quand la perfonne beuuant, le liege de fes pantoufles enfloit en hault d'vn demy pied.

Les Ieux de Gargantua.

Chapitre XXII.

VIS tout lordement grignotant d'vn tranſon de graces, ſe lauoit les mains de vin frais, s'eſcuroit les dens auec vn pied de porc, & deuiſoit ioyeuſement auec ſes gens : puis le verd eſtendu l'on deſployoit force chartes, force dez, & renfort de tabliers. Là iouoyt,

Au flux
A la prime
A la vole
A la pille
A la triumphe
A la Picardie
Au cent
A l'eſpinay
A la malheureuſe
Au fourby
A paſſe dix
A trente & vng
A pair & ſequence
A troys cens
Au malheureux

A la condemnade
A la charte virade
Au maucontent
Au lanſquenet
Au cocu
A qui a ſi parle
A pille, nade, iocque, fore
A mariaige
Au gay
A l'opinion
A qui faict l'vng faict l'aultre
A la ſequence
Aux luettes
Au tarau

CHAPITRE XXII.

A coquinbert qui gaigne perd
Au beliné
Au torment
A la ronfle
Au glic
Aux honneurs
A la mourre
Aux efchetz
Au renard
Aux marelles
Aux vafches
A la blanche
A la chance
A trois dez
Aux tables
A la nicnocque
Au lourche
A la renette
Au barignin
Au trictrac
A toutes tables
Aux tables rabatues
Au reniguebieu
Au forcé
Aux dames
A la babou
A primus fecundus
Au pied du coufteau
Aux clefz
Au franc du carreau
A pair ou non
A croix ou pille
Aux martres
Aux pingres
A la bille
Au fauatier
Au hybou
Au dorelot du lieure
A la tirelitantaine
A cochonnet va deuant
Aux pies
A la corne
Au beuf violé
A la cheueche
A ie te pinfe fans rire
A picoter
A deferrer l'afne
A la iautru
Au bourry bourry zou
A ie m'affis
A la barbe d'oribus
A la boufquine
A tire la broche
A la boutte foyre
A compere preftez moy voftre fac
A la couille de belier
A boute hors
A figues de Marfeille
A la moufque
A l'archer tru
A efcorcher le renard
A la ramaffe
Au croc madame
A vendre l'auoine
A fouffler le charbon
Aux refponfailles

Au iuge vif, & iuge mort
A tirer les fers du four
Au fault villain
Aux cailleteaux
Au boffu aulican
A fainct trouué
A pinfe morille
Au poirier
A pimpompet
Au triori
Au cercle
A la truye
A ventre contre ventre
Aux combes
A la vergette
Au palet
Au i'en fuis
A foucquet
Aux quilles
Au rapeau
A la boulle plate
Au vireton
Au picquarome
A rouchemerde
A angenart
A la courte boulle
A la griefche
A la recoquillette
Au caffepot
A montalent
A la pyrouete
Aux ionchees
Au court bafton
Au pyreuollet

A cline muzete
Au picquet
A la blancque
Au furon
A la feguete
Au chaftelet
A la rengee
A la fouffete
Au ronflart
A la trompe
Au moyne
Au tenebry
A l'efbahy
A la foulle
A la nauette
A feffart
Au ballay
A fainct Cofme ie te viens
 adorer
A efcharbot le brun
A ie vous prens fans verd
A bien & beau s'en va
 quarefme
Au chefne forchu
Au cheuau fondu
A la queue au loup
A pet en gueulle
A Guillemin baille my ma
 lance
A la brandelle
Au trefeau
Au bouleau
A la moufche
A la migne migne beuf

Au propous
A neuf mains
Au chapifou
Aux pontz cheuz
A colin bridé
A la grolle
Au cocquantin
A Colin maillard
A myrelimofle
A moufchart
Au crapault
A la croffe
Au pifton
Au bille boucquet
Aux roynes
Aux meftiers
A tefte à tefte becheuel
Au pinot
A male mort
Aux croquinolles
A lauer la coiffe ma dame
Au belufteau
A femer l'auoyne
A briffault
Au molinet
A defendo
A la vireuoufte
A la bacule
Au laboureur

A la cheueche
Aux efcoublettes enraigees
A la befte morte
A monte monte l'efchelette
Au pourceau mory
A cul fallé
Au pigonnet
Au tiers
A la bourree
Au fault du buiffon
A croyzer
A la cutte cache
A la maille bourfe en cul
Au nid de la bondree
Au paffauant
A la figue
Aux petarrades
A pillemouftarde
A cambos
A la recheute
Au picandeau
A crocquetefte
A la grolle
A la grue
A taillecoup
Aux nazardes
Aux allouettes
Aux chinquenaudes

Apres auoir bien ioué, feffé, paffé & beluté temps, conuenoit boire quelque peu, c'eftoient vnze peguadz pour homme, & foubdain apres bancqueter, c'eftoit fus vn beau banc, ou en beau plein lict s'eftendre

& dormir deux ou troys heures fans mal penfer, ny mal dire.

Luy efueillé fecouoit vn peu les aureilles : ce pendent eftoit apporté vin frais, là beuuoyt mieulx que iamais.

Ponocrates luy remonftroit, que c'eftoit mauuaife diete, ainfi boyre apres dormir. C'eft (refpondift Gargantua) la vraye vie des peres. Car de ma nature ie dors fallé : & le dormir m'a valu autant de iambon.

Puis commençoit eftudier quelque peu, & patenoftres en auant, pour lefquelles mieulx en forme expedier, montoit fus vne vieille mulle, laquelle auoit feruy neuf Roys : ainfi marmotant de la bouche & dodelinant de la tefte, alloit veoir prendre quelque connil aux filletz.

Au retour fe tranfportoit en la cuyfine pour fçauoir quel rouft eftoit en broche.

Et fouppoit trefbien par ma confcience, & voluntiers conuioit quelques beuueurs de fes voifins, auec lefquelz beuuant d'autant, comptoient des vieux iufques es nouueaulx.

Entre aultres auoit pour domefticques les feigneurs du Fou, de Gouruille, de Grignault & de Marigny.

Apres fouper venoient en place les beaux euangiles de boys, c'eft à dire force tabliers, ou le beau flux, vn, deux, troys, ou à toutes reftes pour abreger, ou bien alloient veoir les garfes d'entour, & petitz banquetz parmy, collations & arrierecollations. Puis dormoit fans defbrider, iufques au lendemain huict heures.

Comment Gargantua feut institué par Ponocrates en telle discipline, qu'il ne perdoit heure du iour.

Chapitre XXIII.

VAND Ponocrates congneut la vitieuse maniere de viure de Gargantua, delibera aultrement le instituer en lettres, mais pour les premiers iours le tolera : considerant que nature ne endure mutations soubdaines, sans grande violence.

Pour doncques mieulx son œuure commencer, supplia vn sçauant medicin de celluy temps, nommé maistre Theodore : à ce qu'il consideraft si possible estoit remettre Gargantua en meilleure voye. Lequel le purgea canonicquement auec Elebore de Anticyre, & par ce medicament luy nettoya toute l'alteration & peruerse habitude du cerueau. Par ce moyen aussi Ponocrates luy feist oublier tout ce qu'il auoit apris soubz ses antiques precepteurs, comme faisoit Thimoté à ses disciples qui auoient esté instruictz soubz aultres musiciens.

Pour mieulx ce faire, l'introduisoit es compaignies des gens sçauans, que là estoient, à l'emulation desquelz luy creust l'esperit & le desir de estudier aultrement & se faire valoir.

Apres en tel train d'eſtude le miſt qu'il ne perdoit heure quelconcques du iour : ains tout ſon temps conſommoit en lettres & honeſte ſçauoir.

Se eſueilloit doncques Gargantua enuiron quatre heures du matin. Ce pendent qu'on le frotoit, luy eſtoit leue quelque pagine de la diuine eſcripture haultement & clerement auec pronunciation competente à la matiere, & à ce eſtoit commis vn ieune paige natif de Baſché, nommé Anagnoſtes. Selon le propos & argument de ceſte leçon, ſouuentesfoys ſe adonnoit à reuerer, adorer, prier, & ſupplier le bon Dieu : duquel la lecture monſtroit la maieſté & iugemens merueilleux.

Puis alloit ès lieux ſecretz faire excretion des digeſtions naturelles. Là ſon precepteur repetoit ce que auoit eſté leu : luy expoſant les poinctz plus obſcurs & difficiles.

Eulx retornans conſideroient l'eſtat du ciel, ſi tel eſtoit comme l'auoient noté au ſoir precedent : & quelz ſignes entroit le ſoleil, auſſi la lune, pour icelle iournee.

Ce faict, eſtoit habillé, peigné, teſtonné, accouſtré, & parfumé, durant lequel temps on luy repetoit les leçons du iour d'auant. Luy meſmes les diſoit par cueur : & y fondoit quelques cas practicques & concernens l'eſtat humain, leſquelz ilz eſtendoient aulcunes foys iuſques deux ou troys heures, mais ordinairement ceſſoient lors qu'il eſtoit du tout habillé.

Puis par troys bonnes heures luy eſtoit faicte lecture.

Ce faict, yſſoient hors, touſiours conferens des propoz de la lecture : & ſe deſportoient en Bracque ou es prez, & iouoient à la balle, à la paulme,

CHAPITRE XXIII.

à la pile trigone, galentement fe exercens les corps comme ilz auoient les ames au parauant exercé.

Tout leur ieu n'eftoit qu'en liberté : car ilz laiffoient la partie quant leur plaifoit, & ceffoient ordinairement lors que fuoient parmy le corps, ou eftoient aultrement las. Adoncq eftoient trefbien effuez, & frottez, changeoient de chemife : & doulcement fe pourmenans alloient veoir fy le difner eftoit preft. Là attendens recitoient clerement & eloquentement quelques fentences retenues de la leçon.

Ce pendent monfieur l'appetit venoit, & par bonne oportunité s'affeoient à table.

Au commencement du repas eftoit leue quelque hiftoire plaifante des anciennes proueffes : iufques à ce qu'il euft prins fon vin. Lors (fi bon fembloit) on continuoit la lecture : ou commenceoient à diuifer ioyeufement enfemble, parlans pour les premiers moys de la vertus, proprieté, efficace, & nature, de tout ce que leur eftoit feruy à table. Du pain, du vin, de l'eau, du fel, des viandes, poiffons, fruictz, herbes, racines, & de l'apreft d'icelles. Ce que faifant aprint en peu de temps tous les paffaiges à ce competens en Pline, Athené, Diofcorides, Iullius pollux, Galen, Porphyre, Opian, Polybe, Heliodore, Ariftoteles, Ælian, & aultres. Iceulx propos tenus, faifoient fouuent pour plus eftre affeurez, apporter les liures fufdictz à table. Et fi bien & entierement retint en fa memoire les chofes dictes, que pour lors n'eftoit medicin, qui en fceuft à la moytié tant comme il faifoit.

Apres deuifoient des leçons leues au matin, & paracheuant leur repas par quelque confection de cotoniat, s'ecouroit les dens auecques vn trou de Lentifce, fe lauoit les mains & les yeulx de belle eaue fraifche : & rendoient graces à dieu par quelques beaulx canticques faictz à la louange de la munificence & benignité diuine. Ce faict, on apportoit des chartes, non pour iouer, mais pour y apprendre mille petites gentilleffes, & inuentions nouuelles. Lefquelles toutes yffoient de Arithmetique.

En ce moyen entra en affection de icelle fcience numerale, & tous les iours apres difner & fouper y paffoit temps auffi plaifantement, qu'il fouloit en dez ou es chartes. A tant fceut d'icelle & theoricque & practicque, fi bien que Tunftal Angloys, qui en auoit amplement efcript, confeffa que vrayement en comparaifon de luy il n'y entendoit que le hault Alemant.

Et non feulement d'icelle, mais des aultres fciences mathematicques, comme Geometrie, Aftronomie, & Muficque. Car attendens la concoction & digeftion de fon paft, ilz faifoient mille ioyeux inftrumens & figures Geometricques, & de mefmes praticquoient les canons Aftronomicques. Apres fe efbaudiffoient à chanter muficalement à quatre & cinq parties, ou fus vn theme à plaifir de gorge.

Au reguard des inftrumens de muficque, il aprint iouer du luc, de l'efpinette, de la harpe, de la flutte de Alemant & à neuf trouz, de la viole, & de la facqueboutte.

Cefte heure ainfi employee, la digeftion paracheuee, fe purgoit des excremens naturelz : puis fe remettoit à fon eftude principal par troys heures ou d'auantaige : tant à repeter la lecture matutinale, que à pourfuyure le liure entreprins, que auffi à efcripre & bien traire & former les antiques & Romaines lettres.

Ce faict, yffoient hors leur hoftel : auecques eulx

vn ieune gentilhomme de Touraine nommé l'efcuyer Gymnafte, lequel luy montroit l'art de cheualerie.

Changeant doncques de veftemens montoit fus vn courfier, fus vn rouffin, fus vn genet, fus vn cheual barbe, cheual legier : & luy donnoit cent quarieres, le faifoit voltiger en l'air, franchir le foffé, faulter le palys, court tourner en vn cercle, tant à dextre comme à feneftre.

Là rompoit non la lance, car c'eft la plus grande refuerye du monde, dire, I'ay rompu dix lances en tournoy, ou en bataille : vn charpentier le feroit bien, mais louable gloire eft d'vne lance auoir rompu dix de fes ennemys.

De fa lance doncq afferee, verde, & roide, rompoit vn huys, enfonçoit vn harnoys, acculloyt vne arbre, enclauoyt vn aneau, enleuoit vne felle d'armes, vn aubert, vn gantelet.

Le tout faifoit armé de pied en cap. Au reguard de fanfarer & faire les petitz popifmes fus vn cheual, nul ne le feift mieulx que luy. Le voltigeur de Ferrare n'eftoit q'vn finge en comparaifon. Singulierement eftoit aprins à faulter haftiuement d'vn cheual fus l'aultre fans prendre terre, et nommoit on ces cheuaulx defultoyres, & de chafcun coufté, la lance au poing, monter fans eftriuiers, & fans bride guider le cheual à fon plaifir. Car telles chofes feruent à difcipline militaire.

Vn aultre iour fe exerceoit à la hafche. Laquelle tant bien coulloyt, tant verdement de tous pics referroyt, tant foupplement aualloit en taille ronde, qu'il feut paffé cheualier d'armes en campaigne, & en tous effays.

Puis branfloit la picque, facquoit de l'efpee à deux mains, de l'efpee baftarde, de l'efpagnole, de la dague, & du poignard, armé, non armé, au boucler, à la cappe, à la rondelle.

Couroit le cerf, le cheureuil, l'ours, le dain, le sanglier, le lieure, la perdrys, le faisant, l'otarde. Iouoit à la grosse balle, & la faisoit bondir en l'air, autant du pied, que du poing.

Luctoit : couroit : saultoit : non à troys pas vn sault, non à cloche pied, non au sault d'alemant. Car (disoit Gymnaste) telz saulx sont inutiles, & de nul bien en guerre, mais d'vn sault persoit vn fossé, volloit sus vne haye, montoit six pas encontre vne muraille, & rampoit en ceste facon à vne fenestre de la haulteur d'vne lance.

Nageoit en parfonde eau, à l'endroict, à l'enuers, de cousté, de tout le corps, des seulz pieds, vne main en l'air, en laquelle tenant vn liure transpassoit toute la riuiere de Seine sans icelluy mouiller, & tyrant par les dens son manteau, comme faisoit Iules Cesar : puis d'vne main entroit par grande force en basteau, d'icelluy se gettoit de rechief en l'eaue la teste premiere, sondoit le parfond, creuzoyt les rochiers, plongeoit es abysmes & goufres. Puis icelluy basteau tournoit, gouuernoit : menoit hastiuement, lentement, à fil d'eau, contre cours, le retenoit en pleine escluse, d'vne main le guidoit, de l'autre s'escrimoit auec vn grand auiron, tendoit le vele, montoit au matz par les traictz, couroit sus les brancquars, adioustoit la boussole, contreuentoit les bulines, bendoit le gouuernail.

Issant de l'eau roidement montoit encontre la montaigne, & deualloit aussi franchement, grauoit es arbres comme vn chat, saultoit de l'vne en l'aultre comme vn escurieux : abastoit les gros rameaulx comme vn aultre Milo : auec deux poignards asserez

& deux poinſons eſprouuez, montoit au hault d'vne maiſon comme vn rat, deſcendoit puis du hault en bas en telle compoſition des membres, que de la cheute n'eſtoit aulcunement greué.

Ieƈtoit le dart, la barre, la pierre, la iaueline, l'eſpieu, la halebarde : enfonceoit l'arc, bandoit es reins les fortes arbaleſtes de paſſe, viſoit de l'arqueboufe à l'œil, affeuſtoit le canon, tyroit à la butte, au papeguay, du bas en mont, d'amont en val, deuant, de couſté, en arriere, comme les Parthes.

On luy atachoit vn cable en quelque haulte tour, pendent en terre : par icelluy auecques deux mains montoit, puis deualoit ſy roidement, & ſy aſſeurement, que plus ne pourriez parmy vn pré bien egualle.

On luy mettoit vne groſſe perche apoyee à deux arbres, à icelle ſe pendoit par les mains, & d'icelle alloit & venoit ſans des pieds à rien toucher, que à grande courſe on ne l'euſt peu aconcepuoir.

Et pour ſe exercer le thorax & pulmon crioit comme tous les diables. Ie l'ouy vne foys appelant Eudemon depuis la porte ſainƈt Viƈtor iuſques à Mont matre. Stentor n'eut oncques telle voix à la bataille de Troye.

Et pour gualentir les nerfz, on luy auoit faiƈt deux groſſes ſaulmones de plomb, chaſcune du poys de huyt mille ſept cens quintaulx, leſquelles il nommoit alteres. Icelles prenoit de terre en chaſcune main & les eleuoit en l'air au deſſus de la teſte, & les tenoit ainſi ſans ſoy remuer troys quars d'heure & dauantaige, que eſtoit vne force inimitable.

Iouoit aux barres auecques les plus forſ. Et quand le poinƈt aduenoit, ſe tenoit ſus ſes pieds tant roiddement qu'il ſe abandonnoit es plus aduentureux en cas qu'ilz le feiffent mouuoir de fa place, comme iadis faifoit Milo. A l'imitation duquel auffi tenoit vne pomme de grenade en fa main, & la donnoit à qui luy pourroit oufter.

Le temps ainfi employé, luy froté, nettoyé, & refraifchy d'habillemens, tout doulcement retournoit, & paffans par quelques prez, ou aultres lieux herbuz, vifitoient les arbres & plantes, les conferens auec les liures des anciens qui en ont efcript, comme Theophrafte, Diofcorides, Marinus, Pline, Nicander, Macer, & Galen, & en emportoient leurs plenes mains au logis : defquelles auoit la charge vn ieune page nommé Rhizotome, enfemble des marrochons, des pioches, cerfouettes, beches, tranches, & aultres inftrumens requis à bien arborizer.

Eulx arriuez au logis, ce pendent qu'on apreftoit le fouper, repetoient quelques paffaiges de ce qu'auoit efté leu & s'affeoient à table.

Notez icy que fon difner eftoit fobre & frugal, car tant feulement mangeoit pour refrener les aboys de l'eftomach, mais le foupper eftoit copieux & large. Car tant en prenoit que luy eftoit de befoing à foy entretenir & nourrir. Ce que eft la vraye diete prefcripte par l'art de bonne & feure medicine, quoy qu'vn tas de badaulx medicins herfelez en l'officine des Sophiftes confeillent le contraire.

Durant icelluy repas eftoit continuee la leçon du difner, tant que bon fembloit : le refte eftoit confommé en bons propous tous lettrez & vtiles.

Apres graces rendues fe adonnoient à chanter muficalement, à iouer d'inftrumens harmonieux : ou de ces petitz paffetemps qu'on faict es chartes, es dez, & guobeletz : & là demouroient faifans grand chere & s'efbaudiffans aulcunesfoys iufques à l'heure de dormir : quelque foys alloient vifiter les compaignies des gens lettrez, ou de gens que euffent veu pays eftranges.

En pleine nuict, dauant que foy retirer, alloient au lieu de leur logis le plus defcouuert veoir la face du ciel : & là notoient les cometes fy aulcunes eftoient, les figures, fituations, afpectz, oppofitions, & coniunctions des aftres.

Puis auec fon precepteur recapituloit briefuement à la mode des Pythagoricques tout ce qu'il auoit leu, veu, fceu, faict, & entendu au decours de toute la iournee.

Si prioient dieu le createur en l'adorant, & ratifiant leur foy enuers luy, & le glorifiant de fa bonté immenfe : & luy rendant grace de tout le temps paffé, fe recommandoient à fa diuine clemence pour tout l'aduenir. Ce faict, entroient en leur repous.

*Comment Gargantua employoit le temps
quand l'air eſtoit pluuieux.*

Chapitre XXIIII.

'IL aduenoit que l'air feuſt pluuieux & intemperé, tout le temps dauant difner eſtoit employé comme de couſtume, excepté qu'il faifoit allumer vn beau & clair feu, pour corriger l'intemperie de l'air. Mais apres difner, en lieu des exercitations, ilz demouroient en la maifon, & par maniere de Apotherapic s'efbatoient à boteler du foin, à fendre & fcier du boys, & à batre les gerbes en la grange. Puys eſtudioient en l'art de painƈture, & fculpture : ou reuocquoient en vfage l'anticque ieu des tables, ainfi qu'en a efcript Leonicus, & comme y ioue noſtre bon amy Lafcaris.

En y iouant recoloient les paffaiges des auteurs anciens es quelz eſt faiƈte mention où prinfe quelque metaphore fus iceluy ieu. Semblablement ou alloient veoir comment on tiroit les metaulx ou comment on fondoit l'artillerye : ou alloient veoir les lapidaires, orfeures & tailleurs de pierreries, ou les Alchymiſtes & monoyeurs, ou les haultelifliers, les tiffotiers, les velotiers, les horologiers, miralliers, Imprimeurs,

CHAPITRE XXIIII.

organiftes, tinturiers, & aultres telles fortes d'ou-
uriers, & par tout donnans le vin, aprenoient, & confideroient l'induftrie & inuention des meftiers.

Alloient ouir les leçons publicques, les actes folen-
nelz, les repetitions, les declamations, les playdoiez
des gentilz aduocatz, les concions des prefcheurs
euangeliques.

Paffoit par les falles & lieux ordonnez pour l'efcrime, & là contre les maiftres effayoit de tous baf-
tons, & leurs monftroit par euidence, que aultant
voyre plus en fçauoit que iceulx.

Et au lieu de arborifer, vifitoient les bouticques
des drogueurs, herbiers & apothecaires, & foigneu-
fement confideroient les fruictz, racines, fueilles,
gommes, femences, axunges peregrines, enfemble
auffi comment on les adulteroit.

Alloit veoir les bafteleurs, treiectaires & theria-
cleurs, & confideroit leurs geftes, leurs rufes, leurs
fobreffaulx, & beau parler : fingulierement de ceulx
de Chaunys en Picardie, car ilz font de nature grands
iafeurs & beaulx bailleurs de bailliuernes en matiere
de cinges verds.

Eulx retournez pour foupper, mangeoient plus fo-
brement que es aultres iours, & viandes plus defic-
catiues & extenuantes : affin que l'intemperie humide
de l'air, communicqué au corps par neceffaire confi-
nité, feuft par ce moyen corrigee & ne leurs feuft
incommode par ne foy eftre exercitez, comme auoient
de couftume.

Ainfi fut gouuerné Gargantua, & continuoit ce
proces de iour en iour, profitant comme entendez
que peut faire vn ieune homme fcelon fon aage de
bon fens, en tel exercice ainfi continué. Lequel combien que femblaft pour le commencement difficile, en

la continuation tant doulx fut, legier, & deleƈtable, que mieulx reſſembloit vn paſſetemps de roy, que l'eſtude d'vn eſcholier.

Toutesfoys, Ponocrates pour le ſeiourner de ceſte vehemente intention des eſperitz, aduiſoit vne foys le moys quelque iour bien clair & ſerain, auquel bougeoient au matin de la ville, & alloient ou à Gentily, ou à Boloigne, ou à Montrouge, ou au pont Charanton, ou à Vanues, ou à ſainƈt Clou. Et là paſſoient toute la iournee à faire la plus grande chere dont ilz ſe pouuoient aduiſer : raillans, gaudiſſans, beuuans d'aultant, iouans, chantans, danſans, ſe voytrans en quelque beau pré, deniceans des paſſereaulx, prenans des cailles, peſchans aux grenoilles, & eſcreuiſſes.

Mais encores que icelle iournee feuſt paſſee ſans liures & leƈtures, poinƈt elle n'eſtoit paſſee ſans proffit. Car en beau pré ilz recoloient par cueur quelques plaiſans vers : de l'agriculture de Virgile : de Heſiode : du Ruſticque de Politian : deſcripuoient quelques plaiſans epigrammes en latin : puis les mettoient par rondeaux & ballades en langue Françoyſe.

En banquetant, du vin aiſgué ſeparoient l'eau, comme l'enſeigne Cato de re ruſt. & Pline, auecques vn guobelet de Lyerre : lauoient le vin en plain baſſin d'eau, puis le retiroient auec vn embut : faiſoient aller l'eau d'vn verre en aultre : baſtiſſoient pluſieurs petitz engins automates : c'eſt à dire : ſoy mouuens eulx meſmes.

Comment feut meu entre les fouaciers de Lerné, & ceulx du pays de Gargantua le grand debat, dont furent faictes groſſes guerres.

CHAPITRE XXV.

N ceſtuy temps qui fut la ſaiſon de vendanges au commencement de automne, les bergiers de la contree eſtoient à guarder les vines, & empeſcher que les eſtourneaux ne mangeaſſent les raiſins. Onquel temps les fouaciers de Lerné paſſoient le grand quarroy menans dix ou douze charges de fouaces à la ville.

Leſdictz bergiers les requirent courtoiſement leurs en bailler pour leur argemt, au pris du marché.

Car notez que c'eſt viande celeſte, manger à deſieuner raiſins auec fouace fraiſche, meſmement des pineaulx, des fiers, des muſcadeaulx, de la bicane, & des foyrars pour ceulx qui ſont conſtipez de ventre. Car ilz les font aller long comme vn vouge : & ſouuent cuidans peter ilz ſe conchient, dont ſont nommez les cuideurs des vendanges.

A leur requeſte ne feurent aulcunement enclinez les fouaciers, mais (que pis eſt) les oultragerent grandement, les appellans Trop diteulx, Breſchedens,

Plaisans rousseaulx, Galliers, Chienlictz, Auerlans, Limessourdes, Faictneans, Friandeaulx, Bustarins, Taluassiers, Rienneuaulx, Rustres, Challans, Hapelopins, Trainneguainnes, gentilz Flocquetz, Copieux, Landores, Malotruz, Dendins, Baugears, Tezez, Gaubregeux, Goguelus, Claquedens, Boyers d'etrons, Bergiers de merde, & aultres telz epithetes diffamatoires, adioustans que poinct à eulx n'apartenoit manger de ces belles fouaces : mais qu'ilz se debuoient contenter de gros pain ballé, & de tourte.

Auquel oultraige vn d'entr'eulx, nommé Frogier, bien honneste homme de sa personne, & notable bacchelier, respondit doulcement. Depuis quand auez vous prins cornes, qu'estes tant rogues deuenuz? Dea, vous nous en souliez volontiers bailler, & maintenant y refusez? Ce n'est faict de bons voisins, & ainsi ne vous faisons nous, quand venez icy achapter nostre beau frument, duquel vous faictes voz gasteaux & fouaces : encores par le marché, vous eussions nous donné de noz raisins : mais par la mer dé, vous en pourriez repentir, & aurez quelque iour affaire de nous, lors nous ferons enuers vous à la pareille, & vous en soubuienne.

Adoncq Marquet grand bastonnier de la confrairie des fouaciers luy dist. Vrayement tu es bien acresté à ce matin : tu mengeas hersoir trop de mil. Vien ça, vien ça, ie te donneray de ma fouace. Lors Forgier en toute simplesse approcha, tirant vn vnzain de son baudrier, pensant que Marquet luy deust depofcher de ses fouaces, mais il luy bailla de son fouet à trauers les iambes si rudement que les noudz y apparoissoient : puis voulut gaigner à la fuyte : mais Forgier s'escria au meurtre, & à la force tant qu'il peut, enſemble luy getta vn gros tribard qu'il portoit ſoubz ſon eſcelle, & le attainct par la ioincture coronale de la teſte, ſus l'artere crotaphique, du couſté dextre : en telle ſorte que Marquet tomba de ſa iument : mieulx ſembloit homme mort que vif.

Ce pendent les meſtaiers, qui là aupres challoient les noiz, accoururent auec leurs grandes gaules & frapperent ſus ces fouaciers comme ſus ſeigle verd. Les autres bergiers & bergieres, ouyans le cry de Forgier, y vindrent auec leurs fondes & braſſiers, & les ſuyuirent à grands coups de pierres tant menuz qu'il ſembloit que ce feuſt greſle. Finablement les aconceurent, & ouſterent de leurs fouaces enuiron quatre ou cinq douzeines, toutesfois ilz les payerent au pris acouſtumé, & leurs donnerent vn cens de quecas, & troys panerees de francs aubiers. Puis les fouaciers ayderent à monter Marquet, qui eſtoit villainement bleſſé, & retournerent à Lerné ſans pourſuiure le chemin de Pareillé, menaſſans fort & ferme les bouiers, bergiers, & meſtayers de Seuillé & de Synays.

Ce faict, & bergiers & bergieres feirent chere lye auecques ces fouaces & beaulx raiſins, & ſe rigollerent enſemble au ſon de la belle bouzine : ſe mocquans de ces beaulx fouaciers glorieux, qui auoient trouué male encontre, par faulte de s'eſtre ſeignez de la bonne main au matin. Et auec gros raiſins chenins eſtuuerent les iambes de Forgier mignonnement, ſi bien qu'il feut tantoſt guery.

Comment les habitans de Lerné par le commandement de Picrochole leur roy assallirent au despourueu les bergiers de Gargantua.

Chapitre XXVI.

ES fouaciers retournez à Lerné, soubdain dauant boire ny manger se transporterent au capitoly, & là dauant leur roy nommé Picrochole, tiers de ce nom, proposerent leur complainte, monstrans leurs paniers rompuz, leurs bonnetz foupiz, leurs robbes dessirees, leurs fouaces destroussees, & singulierement Marquet blessé enormement, disans le tout auoir esté faict par les bergiers & mestaiers de Grandgousier, pres le grand carroy par de là Seuillé.

Lequel incontinent entra en courroux furieux, & sans plus oultre se interroguer quoy ne comment, feist crier par son pays ban & arriere ban, & que vn chascun sur peine de la hart conuint en armes en la grand place, deuant le chasteau, à heure de midy.

Pour mieulx confermer son entreprise, enuoya sonner le tabourin à l'entour de la ville : luy mesmes ce pendent qu'on aprestoit son disner, alla

CHAPITRE XXVI.

faire affufter fon artillerie, defployer fon enfeigne & oriflant, & charger force munitions, tant de harnoys d'armes que de gueulles.

En difnant bailla les commiffions & feut par fon edict conftitué le feigneur Trepelu fus l'auantguarde, en laquelle furent contez feize mille quatorze hacquebutiers, trente cinq mille & vnze auanturiers.

A l'artillerie fut commis le grand efcuyer Toucquedillon, en laquelle feurent contees neuf cens quatorze groffes pieces de bronze, en canons, doubles canons, bafelicz, ferpentines, couleuurines, bombardes, faulcons, paffeuolans, fpiroles, & aultres pieces. L'arriereguarde feut baillee au duc Racquedenare. En la bataille fe tint le roy & les princes de fon royaulme.

Ainfi fommairement acouftrez, dauant que fe mettre en voye, enuoyerent troys cens cheuaulx legiers foubz la conduicte du capitaine Engouleuent, pour defcouurir le pays, & fçauoir fi embuche aulcune eftoyt par la contree. Mais apres auoir diligemment recherché trouuerent tout le pays à l'enuiron en paix & filence, fans affemblee quelconque.

Ce que entendent Picrochole commenda q'vn chafcun marchaft foubz fon enfeigne haftiuement.

Adoncques fans ordre & mefure prindrent les champs les vns parmy les aultres, gaftans & diffipans tout par ou ilz paffoient, fans efpargner ny pauure ny riche, ny lieu facré ny prophane : emmenoient beufz, vaches, thoreaux, veaulx, geniffes, brebis, moutons, cheures & boucqs : poulles, chappons, poulletz, oyfons, iards, oyes : porcs, truyes, guoretz : abaftans les noix, vendeangeans les vignes, emportans les feps, croullans tous les fruictz des arbres. C'eſtoit vn defordre incomparable de ce qu'ilz faifoient.

Et ne trouuerent perfonne qui leurs reſiſtaſt, mais vn chafcun fe mettoit à leur mercy, les fuppliant eſtre traictez plus humainement, en confideration de ce qu'ilz auoient de tous temps eſté bons & amiables voiſins, & que iamais enuers eulx ne commirent exces ne oultraige, pour ainſi foubdainement eſtre par iceulx mal vexez, & que dieu les en puniroit de brief. Es quelles remonſtrances rien plus ne refpondoient, ſi non qu'ilz leurs vouloient aprendre à manger de la fouace.

*Comment vn moine de Seuillé saulua le clos
de l'abbaye du sac des ennemys.*

Chapitre XXVII.

ANT feirent & tracasserent pillant & larronnant, qu'ilz arriuerent à Seuillé : & detrousserent hommes & femmes, & prindrent ce qu'ilz peurent, rien ne leurs feut ne trop chault ne trop pesant. Combien que la peste y feust par la plus grande part des maisons, ilz entroient par tout, rauissoient tout ce qu' estoit dedans, & iamais nul n'en print dangier. Qui est cas assez merueilleux, car les curez, vicaires, prescheurs, medicins, chirugiens & apothecaires, qui alloient visiter, penser, guerir, prescher & admonester les malades, estoient tous mors de l'infection, & ces diables pilleurs & meurtriers oncques n'y prindrent mal. Dont vient cela, messieurs? Pensez y, ie vous pry.

Le bourg ainsi pillé, se transporterent en l'abbaye auecques horrible tumulte : mais la trouuerent bien reserree & fermee : dont l'armee principale marcha oultre vers le gué de Vede : exceptez sept enseignes de gens de pied & deux cens lances qui là resterent

& rompirent les murailles du cloz affin de guafter toute la vendange.

Les pauures diables de moines ne fçauoient auquel de leurs fainɛts fe vouer. A toutes aduentures feirent fonner ad capitulum capitulantes : là feut decreté qu'ilz feroient vne belle proceffion, renforcee de beaulx prefchans & letanies contra hoftium infidias, & beaulx refponds pro pace.

En l'abbaye eftoit pour lors vn moine clauftrier nommé frere Iean des entommeures, ieune guallant, frifque, de hayt, bien à dextre, hardy, aduentureux, deliberé : hault, maigre, bien fendu de gueule, bien aduantagé en nez, beau defpefcheur d'heures, beau defbrideur de meffes, beau defcroteur de vigiles : pour tout dire fommairement, vray moyne fi oncques en feut depuys que le monde moynant moyna de moynerie. Au refte, clerc iufques es dents en matiere de breuiaire.

Icelluy entendent le bruyt que faifoyent les ennemys par le cloz de leur vine, fortit hors pour veoir ce qu'ilz faifoient. Et aduifant qu'ilz vendangoient leur cloz, au quel eftoyt leur boyte de tout l'an fondee, retourne au cueur de l'eglife ou eftoient les aultres moynes tous eftonnez comme fondeurs de cloches, lefquelz voyant chanter ini, nim, pe, ne, ne, ne, ne, ne, ne, tum, ne, num, num, ini, i, mi, i, mi, co, o, ne, no, o, o, ne, no, ne, no, no, no, rum, ne, num, num. C'eft, dift il, bien chien chanté. Vertus Dieu, que ne chantez vous : A dieu paniers, vendanges font faiɛtes? Ie me donne au Diable, s'ilz ne font en noftre cloz, & tant bien couppent & feps & raifins qu'il n'y aura, par le corps Dieu, de quatre annees que halleboter dedans. Ventre fainɛt Iacques, que boyrons nous ce pendent, nous aultres pauures diables? Seigneur Dieu, da mihi potum.

Lors dift le prieur clauftral. Que fera ceft hyurogne icy? Qu'on me le mene en prifon. Troubler ainfi le feruice diuin?

Mais : (dift le moyne) le feruice du vin faifons tant qu'il ne foit troublé, car vous mefmes, monfieur le prieur, aymez boyre du meilleur. Sy faict tout homme de bien, iamais homme noble ne hayft le bon vin : c'eft vn apophthegme monachal. Mais ces refponds que chantez ycy ne font par Dieu poinct de faifon.

Pour quoy font noz heures en temps de moiffons & vendenges courtes, en l'Aduent & tout hyuer longues?

Feu de bonne memoire frere Macé Peloffe, vray zelateur (ou ie me donne au Diable) de noftre religion, me dift, il m'en foubuient, que la raifon eftoyt, affin qu'en cefte faifon nous facions bien ferrer & faire le vin, & qu'en hyuer nous le humons.

Efcoutez meffieurs vous aultres, qui aymez le vin, le corps Dieu, fy me fuyuez : car hardiment que fainct Antoine me arde fy ceulx taftent du pyot qui n'auront fecouru la vigne. Ventre Dieu, les biens de l'eglife? Ha, non, non. Diable, fainct Thomas l'Anglois voulut bien pour yceulx mourir, fi ie y mouroys ne feroys ie fainct de mefmes? Ie n'y mourray ia pourtant, car c'eft moy qui le foys es aultres.

Ce difant mift bas fon grand habit, & fe faifift du bafton de la Croix, qui eftoyt de cueur de cormier, long comme vne lance, rond à plain poing, & quelque peu femé de fleurs de lys toutes prefque effacees. Ainfi fortit en beau fayon, mift fon froc en efcharpe, & de fon bafton de la Croix donna fy brufquement fus les ennemys qui fans ordre ne enfeigne, ne trompette, ne tabourin, parmy le cloz vendangoient. Car les porteguydons & portenfeignes auoient mys leurs guidons & enfeignes l'orée des murs, les tabourineurs auoient defoncé leurs tabourins d'vn coufté, pour les emplir de raifins, les trompettes eftoient chargez de mouffines : chafcun eftoyt defrayé. Il chocqua doncques fi roydement fus eulx fans dyre guare, qu'il les renuerfoyt comme porcs, frapant à tors & à trauers à vieille efcrime.

Es vns efcarbouilloyt la ceruelle, es aultres rompoyt bras & iambes, es aultres deflochoyt les fpondyles du coul, es aultres demoulloyt les reins, aualloyt le nez, pofchoyt les yeulx, fendoyt les mandibules, enfonçoyt les dens en la gueule, defcroulloyt les omoplates, fphaceloyt les greues, defgondoit les ifchies, debezilloit les fauciles.

Si quelq'vn fe vouloyt cafcher entre les fepes plus efpes, à icelluy freuffoit toute l'arefte du douz : & l'efrenoit comme vn chien.

Si aulcun fauluer fe vouloyt en fuyant, à icelluy faifoyt voler la tefte en pieces par la commiffure lambdoide.

Sy quelq'vn grauoyt en vne arbre penfant y eftre en feureté, icelluy de fon bafton empaloyt par le fondement.

Si quelq'vn de fa vieille congnoiffance luy crioyt. Ha, frere Iean, mon amy, frere Iean, ie me rend. Il t'eft (difoyt il) bien force. Mais enfemble tu rendras l'ame à tous les Diables. Et foubdain luy donnoit dronos. Et fi perfonne tant feuft efprins de temerité qu'il luy vouluft refifter en face, là monftroyt il la force de fes mufcles. Car il leurs tranfperçoyt la poictrine par le mediaftine & par le cueur : à d'aultres, donnant fuz la faulte des couftes, leurs fubuertiſſoyt l'eſtomach, & mouroient ſoubdainement, es aultres tant fierement frappoyt par le nombril qu'il leurs faiſoyt ſortir les tripes, es aultres parmy les couillons perſoyt le boyau cullier. Croiez que c'eſtoit le plus horrible ſpectacle qu'on veit oncques.

Les vns cryoient ſaincte Barbe,
Les aultres ſainct George,
Les aultres ſaincte Nytouche,
Les aultres noſtre Dame de Cunault. De Laurette. De bonnes nouuelles. De la Lenou. De Riuiere.

. Les vngs ſe vouoyent à ſainct Iacques, les aultres au ſainct Suaire de Chambery, mais il bruſla troys moys apres ſi bien qu'on n'en peut ſauluer vn ſeul brin.

Les aultres à Cadouyn.
Les aultres à ſainct Iean d'Angely.
Les aultres à ſainct Eutrope de Xainctes, à ſainct Meſmes de Chinon, à ſainct Martin de Candes, à ſainct Clouaud de Sinays : es reliques de Laurezay : & mille aultres bons petitz ſainctz.

Les vngs mouroient ſans parler, les aultres parloient ſans mourir : les vngs mouroient en parlant, les aultres parloient en mourant.

Les aultres crioient à haulte voix confeſſion, confeſſion. Confiteor. Miserere. In manus.

Tant fut grand le cris des naurez que le prieur de l'abbaye auec tous ſes moines ſortirent. Leſquelz quand apperceurent ces pauures gens ainſi ruez parmy la vigne & bleſſez à mort, en confeſſerent quelques vngs. Mais ce pendent que les prebſtres ſe amuſoient à confeſſer, les petitz moinetons coururent au lieu ou eſtoit frere Iean, & luy demanderent en quoy il vouloit qu'ilz luy aydaſſent ?

A quoy reſpondit, qu'ilz eſguorgetaſſent ceulx qui

estoient portez par terre. Adoncques laiſſans leurs grandes cappes ſus vne trcille au plus pres, commencerent eſgourgeter, & acheuer ceulx qu'il auoit deſia meurtriz. Sçauez vous de quelz ferremens? A beaulx gouuetz, qui ſont petitz demy couſteaux dont les petitz enfans de noſtre pays cernent les noix.

Puis à tout ſon baſton de croix guaingna la breche qu'auoient faict les ennemys. Aulcuns des moinetons emporterent les enſeignes & guydons en leurs chambres pour en faire des iartiers. Mais quand ceulx qui s'eſtoient confeſſez vouleurent ſortir par icelle breſche, le moyne les aſſommoit de coups, diſant, ceux cy ſont confes & repentans & ont guaigné les pardons : ilz s'en vont en Paradis auſſy droict comme vne faucille, & comme eſt le chemin de Faye. Ainſi par ſa proueſſe furent deſconfiz tous ceulx de l'armee qui eſtoient entrez dedans le clous, iuſques au nombre de treze mille ſix cens vingt & deux, ſans les femmes & petitz enfanz, cela s'entend touſiours.

Iamais Maugis hermite ne ſe porta ſy vaillamment à tout ſon bourdon contre les Sarraſins, des quelz eſt eſcript es geſtes des quatre filz Haymon, comme feiſt le moine à l'encontre des ennemys auec le baſton de la croix.

Comment Picrochole print d'aſſault la roche Clermauld
& le regret & difficulté que feiſt Grandgouſier
de entreprendre guerre.

Chapitre XXVIII.

E pendent que le moine s'eſcarmouchoit comme auons dict contre ceulx qui eſtoient entrez le clous, Picrochole à grande haſtiueté paſſa le gué de Vede auec ſes gens & aſſaillit la roche Clermauld, au quel lieu ne luy feut faicte reſiſtance quelconques, & par ce qu'il eſtoit ia nuict delibera en icelle ville ſe heberger ſoy & ſes gens, & refraiſchir de ſa cholere pungitiue.

Au matin print d'aſſault les boulleuars & chaſteau & le rempara treſbien : & le proueut de munitions requiſes penſant là faire ſa retraicte ſi d'ailleurs eſtoit aſſailly. Car le lieu eſtoit fort & par art & par nature à cauſe de la ſituation, & aſſiete.

Or laiſſons les là, & retournons à noſtre bon Gargantua qui eſt à Paris bien inſtant à l'eſtude de bonnes lettres & exercitations athletiques, & le vieux bon homme Grandgouſier ſon pere, qui apres ſouper ſe chauffe les couilles à vn beau clair & grand feu, & attendent graiſler des chaſtaines, eſcript au foyer auec vn baſton bruſlé d'vn bout, dont on eſcharbotte le feu : faiſant à ſa femme & famille de beaulx contes du temps iadis.

Vn des bergiers qui gardoient les vignes, nommé Pillot, ſe tranſporta deuers luy en icelle heure, & raconta entierement les exces & pillaiges que faiſoit Picrochole Roy de Lerné en ſes terres & dommaines, & comment il auoit pillé, gaſté, ſaccagé tout le pays, excepté le clous de Seuillé, que frere Iean des entommeures auoit ſaulué à ſon honneur, & de preſent eſtoit lediƈt roy en la roche Clermauld : & là en grande inſtance ſe remparoit, luy & ſes gens.

Holos, holos, diſt Grandgouſier, qu'eſt cecy, bonnes gens? Songe ie, ou ſi vray eſt ce qu'on me diƈt? Picrochole, mon amy ancien, de tout temps, de toute race & alliance, me vient il aſſaillir? Qui le meut? Qui le poinƈt? Qui le conduiƈt? Qui l'a ainſi conſeillé? Ho, ho, ho, ho, ho. Mon dieu mon ſaulueur, ayde moy, inſpire moy, conſeille moy à ce qu'eſt de faire.

Ie proteſte, ie iure dauant toy : ainſi me ſoys tu fauorable, ſy iamais à luy deſplaiſir, ne à ſes gens dommaige, ne en ſes terres ie feis pillerie, mais bien au contraire ie l'ay ſecouru de gens, d'argent, de faueur & de conſeil, en tous cas que ay peu congnoiſtre ſon aduentaige. Qu'il me ayt doncques en ce poinƈt oultraigé, ce ne peut eſtre que par l'eſprit maling. Bon dieu, tu congnois mon couraige, car à toy rien ne peut eſtre celé. Si par cas il eſtoit deuenu furieux, & que pour luy rehabilliter ſon cerueau tu me l'euſſe icy enuoyé, donne moy & pouuoir, & ſçauoir le rendre au ioug de ton ſainƈt vouloir par bonne diſcipline.

Ho, ho, ho, mes bonnes gens, mes amys, & mes

feaulx feruiteurs, fauldra il que ie vous empefche à me y ayder? Las, ma vieilleffe ne requerroit dorenauant que repous, & toute ma vie n'ay rien tant procuré que paix. Mais il fault, ie le voy bien, que maintenant de harnoys ie charge mes pauures efpaules laffes & foibles, & en ma main tremblante ie preigne la lance & la maffe, pour fecourir & guarantir mes pauures fubiectz. La raifon le veult ainfi, car de leur labeur ie fuis entretenu, & de leur fueur ie fuis nourry moy, mes enfans & ma famille.

Ce non obftant, ie n'entreprendray guerre, que ie n'aye effayé tous les ars & moyens de paix, là ie me refolus.

Adoncques feift conuocquer fon confeil & propoufa l'affaire tel comme il eftoit. Et fut conclud qu'on enuoiroit quelque homme prudent deuers Picrochole, fçauoir pourquoy ainfi foubdainement eftoit party de fon repous, & enuahy les terres, es quelles n'auoit droict quicquonques. D'auantaige, qu'on enuoyaft querir Gargantua & fes gens, affin de maintenir le pays, & defendre à ce befoing. Le tout pleut à Grandgoufier, & commenda que ainfi feuft faict. Dont fus l'heure enuoya le Bafque fon laquays querir à toute diligence Gargantua. Et luy efcripuoit comme s'enfuit.

*Le teneur des lettres que Grandgousier
escripuoit à Gargantua.*

Chapitre XXIX.

A ferueur de tes estudes requeroit
que de long temps ne te reuocasse
de cestuy philosophicque repous,
sy la confiance de noz amys &
anciens confederez n'eust de present frustré la seureté de ma vieillesse. Mais puis que telle est ceste
fatale destinee, que par iceulx soye inquieté, es quelz
plus ie me repousoye, force me est te rappeler au
subside des gens & biens qui te sont par droict naturel assiez.

Car ainsi comme debiles sont les armes au dehors,
si le conseil n'est en la maison : aussi vaine est l'estude
& le conseil inutile, qui en temps oportun par vertus
n'est executé & à son effect reduict.

Ma deliberation n'est de prouocquer, ains de
apaiser : d'assaillir, mais defendre : de conquester,
mais de guarder mes feaulx subiectz & terres here-
ditaires. Es quelles est hostillement entré Picrochole,
sans cause ny occasion, & de iour en iour poursuit
sa furieuse entreprinse auecques exces non tolerables
à personnes liberes.

CHAPITRE XXIX. 113

Ie me fuis en deuoir mis pour moderer fa cholere tyrannicque, luy offrent tout ce que ie penfois luy pouoir eftre en contentement, & par plufieurs foys ay enuoyé amiablement deuers luy pour entendre en quoy, par qui, & comment il fe fentoit oultragé, mais de luy n'ay eu refponce que de voluntaire deffiance, & que en mes terres pretendoit feulement droict de bien feance. Dont i'ay congneu que dieu eternel l'a laiffé au gouuernail de fon franc arbitre & propre fens, qui ne peult eftre que mefchant fy par grace diuine n'eft continuellement guidé : & pour le contenir en office & reduire à congnoiffance me l'a icy enuoyé à moleftes enfeignes.

Pourtant, mon filz bien aymé, le plus toft que faire pouras, ces lettres veues, retourne à diligence fecourir non tant moy (ce que toutesfoys par pitié naturellement tu doibs) que les tiens, lefquelz par raifon tu peuz fauluer & guarder. L'exploict fera faict à moindre effufion de fang que fera poffible. Et fi poffible eft par engins plus expediens, cauteles, & ruzes de guerre, nous fauluerons toutes les ames : & les enuoyerons ioyeux à leurs domiciles.

Trefchier filz, la paix de Chrift noftre redempteur foyt auecques toy. Salue Ponocrates, Gymnafte, & Eudemon de par moy. Du vingtiefme de Septembre.

Ton pere, Grandgoufier.

Comment Vlrich Gallet fut enuoyé deuers Picrochole.

Chapitre XXX.

ES lettres dictees & fignees, Grandgoufier ordonna que Vlrich Gallet, maiftre de fes requeftes, homme faige & difcret, duquel en diuers & contentieux affaires il auoit efprouué la vertus & bon aduis, allaft deuers Picrochole, pour luy remonftrer ce que par eux auoit efté decreté.

En celle heure partit le bon homme Gallet, & paffé le gué demanda au meufnier, de l'eftat de Picrochole : lequel luy feift refponce que fes gens ne luy auoient laiffé ny coq ny geline, & qu'ilz s'eftoient enferrez en la roche Clermauld, & qu'il ne luy confeilloit poinct de proceder oultre de peur du guet, car leur fureur eftoit enorme. Ce que facilement il creut, & pour celle nuict herbergea auecques le meufnier.

Au lendemain matin, fe tranfporta auecques la trompette à la porte du chafteau, & requift es guardes, qu'ilz le feiffent parler au roy pour fon profit.

Les parolles annoncees au roy, ne confentit aulcunement qu'on luy ouurift la porte, mais fe tranfporta fus le boleuard & dift à l'embaffadeur : Qui a il de nouueau? que voulez vous dire? Adoncques l'embaffadeur propoufa comme s'enfuit.

La Harangue faicte par Gallet à Picrochole.

Chapitre XXXI.

LVS iuste cause de douleur naistre ne peut entre les humains, que si du lieu dont par droicture esperoient grace & beneuolence, ilz recepuent ennuy & dommaige. Et non sans cause (combien que sans raison) plusieurs venuz en tel accident, ont ceste indignité moins estimé tolerable, que leur vie propre, & en cas que par force ny aultre engin ne l'ont peu corriger, se font eulx mesmes priuez de ceste lumiere.

Doncques merueille n'est si le roy Grandgousier mon maistre est à ta furieuse & hostile venue saisy de grand desplaisir & perturbé en son entendement : merueille seroit si ne l'auoient esmeu les exces incomparables, qui en ses terres, & subiectz ont esté par toy, & tes gens commis, es quelz n'a esté obmis exemple aulcun d'inhumainité. Ce que luy est tant grief de soy par la cordiale affection de laquelle tousiours a chery ses subiectz, que à mortel homme plus estre ne sçauroit. Toutesfoys sus l'estimation humaine plus grief luy est, en tant que par toy, & les tiens ont esté ces griefz, & tords faictz, qui de toute memoire &

ancienneté auiez, toy & tes peres, vne amitié auecques luy & tous fes enceftres conceu, laquelle iufques à prefent, comme facree, enfemble auiez inuiolablement maintenue, guardee, & entretenue, fi bien que non luy feulement, ny les fiens, mais les nations Barbares, Poicteuins, Bretons, Manfeaux, & ceulx qui habitent oultre les ifles de Canarre & Ifabella, ont eftimé auffi facile demollir le firmament, & les abyfmes eriger au deffus des nues, que defemparer voftre alliance : & tant l'ont redoubtee en leurs entreprinfes, que n'ont iamais auzé prouoquer, irriter, ny endommaiger l'vng, par crainéte de l'aultre.

Plus y a. Cefte facree amitié tant a emply ce ciel, que peu de gens font auiourd'huy habitans par tout le continent & ifles de l'Ocean, qui ne ayent ambitieufement afpiré eftre receuz en icelle à pactes par vous mefmes conditionnez : autant eftimans voftre confederation que leurs propres terres, & dommaines. En forte que de toute memoire n'a efté prince ny ligue tant efferee, ou fuperbe, qui ait auzé courir fus, ie ne dis poinct voz terres, mais celles de voz confederez. Et fi par confeil precipité ont encontre eulx attempté quelque cas de nouuelleté, le nom & tiltre de voftre alliance entendu, ont foubdain defifté de leurs entreprinfes. Quelle furie doncques te efmeut maintenant, toute alliance brifee, toute amitié conculquee, tout droict trefpaffé, enuahir hoftilement fes terres, fans en rien auoir efté par luy ny les fiens endommaigé, irrité, ny prouocqué? Ou eft foy? Ou eft loy? Ou eft raifon? Ou eft humanité? Ou eft crainéte de dieu? Cuyde tu ces oultraiges eftre recellés es efperitz eternelz, & au Dieu fouuerain, qui eft iufte retributeur de noz entreprinfes? Si le cuyde, tu te trompe, car toutes chofes viendront à fon iugement. Sont ce fatales destinees, ou influences des astres qui voulent mettre fin à tes ayzes & repous? Ainsi ont toutes choses leur fin & periode. Et quand elles sont venues à leur poinct suppellatif, elles sont en bas ruinees, car elles ne peuuent long temps en tel estat demourer. C'est la fin de ceulx qui leurs fortunes & prosperitez ne peuuent par raison & temperance moderer. Mais si ainsi estoit pheé, & deust ores ton heur & repos prendre fin, failloit il que ce feust en incommodant à mon Roy celluy par lequel tu estois estably? Si ta maison debuoit ruiner, failloit il qu'en sa ruine elle tombast suz les atres de celluy qui l'auoit aornee? La chose est tant hors les metes de raison, tant abhorrente de sens commun, que à peine peut elle estre par humain entendement conceue, & iusques à ce demourera non croiable entre les estrangiers, que l'effect asseuré & tesmoigné leur donne à entendre que rien n'est ny sainct, ny sacré à ceulx qui se sont emancipez de dieu & raison, pour suyure leurs affections peruerses. Si quelque tort eust esté par nous faict en tes subiectz, & dommaines, si par nous eust esté porté faueur à tes mal vouluz, si en tes affaires ne té eussions secouru, si par nous ton nom & honneur eust esté blessé : Ou pour mieulx dire : si l'esperit calumniateur tentant à mal te tirer eust par fallaces especes, & phantasmes ludificatoyres mis en ton entendement que enuers toy eussions faict chose non digne de nostre ancienne amitié : Tu debuois premier enquerir de la verité, puis nous en admonester. Et nous eussions tant à ton gré satisfaict, que eusse eu occasion de toy contenter. Mais (ô dieu eternel) quelle est ton entreprinse? Vouldroys tu, comme tyrant perfide, pillier ainsi, & dissiper le royaulme de mon maistre? Le as tu esprouué tant ignaue, & stupide, qu'il ne voulust : ou tant destitué de gens, d'argent, de conseil, & d'art militaire, qu'il ne peust resister à tes iniques assaulx?

Depars d'icy presentement, & demain pour tout le iour soye retiré en tes terres, sans par le chemin faire aulcun tumulte ne force. Et paye mille bezans d'or pour les dommaiges que as faict en ces terres. La moytié bailleras demain, l'aultre moytié payeras es Ides de May prochainement venant : nous delaissant ce pendent pour houltaige les ducs de Tournemoule, de Basdefesses, & de Menuail, ensemble le prince de Gratelles, & le viconte de Morpiaille.

*Comment Grandgousier pour achapter
paix feist rendre les fouaces.*

CHAPITRE XXXII.

tant se teut le bon homme Gallet,
mais Picrochole à tous ses propos
ne respond aultre chose, sinon.
Venez les querir, venez les querir. Ilz ont belle couille & molle.
Ilz vous brayeront de la fouace.
Adoncques retourne vers
Grandgousier, lequel trouua à genous, teste nue,
encliné en vn petit coing de son cabinet, priant
dieu, qu'il vouzist amollir la cholere de Picrochole,
& le mettre au poinct de raison, sans y proceder
par force. Quand veit le bon homme de retour,
il luy demanda. Ha, mon amy, mon amy, quelles
nouuelles m'apportez vous? Il n'y a, dist Gallet,
ordre : cest homme est du tout hors du sens &
delaissé de dieu. Voyre mais, dist Grandgousier,
mon amy, quelle cause pretend il de cest exces?

Il ne me a, dist Gallet, cause queconques exposé. Sinon qu'il m'a dict en cholere quelques motz
de fouaces. Ie ne sçay si l'on auroit poinct faict oultrage à ses fouaciers. Ie le veulx, dist Grandgousier, bien entendre dauant qu'aultre chose deliberer

fur ce que feroit de faire. Alors manda fçauoir de ceft affaire : & trouua pour vray qu'on auoit prins par force quelques fouaces de fes gens, & que Marquet auoit repceu vn coup de tribard fus la tefte. Toutesfoys que le tout auoit efté bien payé, & que ledict Marquet auoit premier bleffé Forgier de fon fouet par les iambes. Et fembla à tout fon confeil que en toute force il fe doibuoit deffendre.

Ce non oftant, dift Grandgoufier, puis qu'il n'eft queftion que de quelques fouaces, ie effayeray le contenter, car il me defplaift par trop de leuer guerre. Adoncques s'enquefta combien on auoit prins de fouaces, & entendent quatre ou cinq douzaines, commenda qu'on en feift cinq charretees en icelle nuict, & que l'vne feuft de fouaces faictes à beau beurre, beau moyeux d'eufz, beau faffran, & belles efpices, pour eftre diftribuees à Marquet, & que pour fes intereftz, il luy donnoit fept cens mille & troys Philippus pour payer les barbiers qui l'auroient penfé, & d'abondant luy donnoit la meftayrie de la Pomardiere à perpetuité franche pour luy & les fiens. Pour le tout conduyre & paffer fut enuoyé Gallet. Lequel par le chemin feift cuillir pres de la fauloye force grands rameaux de cannes & rouzeaux, & en feift armer autour leurs charrettes, & chafcun des chartiers : luy mefmes en tint vn en fa main : par ce voulant donner à congnoiftre qu'ilz ne demandoient que paix & qu'ilz venoient pour l'achapter.

Eulx venuz à la porte requirent parler à Picrochole de par Grandgoufier. Picrochole ne voulut oncques les laiffer entrer, ny aller à eulx parler, & leur manda qu'il eftoit empefché, mais qu'ilz diffent ce qu'ilz vouldroient au capitaine Toucquedillon, lequel affuftoit quelque piece fus les murailles.

Adonc luy dict le bon homme. Seigneur, pour vous retirer de tout ce debat & oufter toute excufe que ne retournez en noftre premiere alliance, nous vous rendons prefentement les fouaces, dont eft la controuerfe. Cinq douzaines en prindrent noz gens : elles feurent trefbien payees, nous aimons tant la paix que nous en rendons cinq charrettes : defquelles cefte icy fera pour Marquet, qui plus fe plainct.
D'aduantaige, pour le contenter entierement, voy là fept cens mil & trois Philippus que ie luy liure, & pour l'intereft qu'il pourroit pretendre, ie luy cede la meftayrie de la Pomardiere, à perpetuité pour luy & les fiens poffedable en franc alloy : voyez cy le contract de la tranfaction. Et pour dieu viuons dorenauant en paix, & vous retirez en voz terres ioyeufement : cedans cefte place icy, en laquelle n'auez droict quelconques, comme bien le confeffez. Et amis comme par auant. Toucquedillon raconta le tout à Picrochole, & de plus en plus enuenima fon couraige lui difant : Ces ruftres ont belle paour. Par dieu, Grandgoufier fe conchie, le pouure beuueur, ce n'eft fon art aller en guerre, mais ouy bien vuider les flafcons. Ie fuis d'opinion que retenons ces fouaces & l'argent, & au refte nous haftons de remparer icy & pourfuiure noftre fortune. Mais penfent ilz bien auoir affaire à vne duppe, de vous paiftre de ces fouaces? Voy là que c'eft, le bon traictement & la grande familiarité que leurs auez par cy dauant tenue, vous ont rendu enuers eulx contemptible. Oignez villain, il vous poindra. Poignez villain, il vous oindra. Ça, ça, ça, dift Picrochole, fainct Iacques, ilz en auront : faictez ainfi qu'auez dict.
D'vne chofe, dift Toucquedillon, vous veux ie aduertir. Nous fommes icy affez mal auituaillez, &

pourueuz maigrement des harnoys de gueule. Si Grandgoufier nous mettoit fiege, des à prefent m'en irois faire arracher les dents toutes, feulement que troys me reftaffent, autant à voz gens comme à moy, auec icelles nous n'auangerons que trop à manger noz munitions. Nous, dift Picrochole, n'aurons que trop mangeailles. Sommes nous icy pour manger ou pour batailler? Pour batailler vrayement, dift Toucquedillon. Mais de la panfe vient la dance. Et ou faim regne, force exule. Tant iafer, dift Picrochole. Saififfez ce qu'ilz ont amené. Adoncques prindrent argent & fouaces & beufz & charrettes, & les renuoyerent fans mot dire, fi non que plus n'aprochaffent de fi pres pour la caufe qu'on leur diroit demain. Ainfi fans rien faire retournerent deuers Grandgoufier, & luy conterent le tout : adiouftans qu'il n'eftoit aulcun efpoir de les tirer à paix, finon à viue & forte guerre.

Comment certains gouuerneurs de Picrochole par conseil precipité le mirent au dernier peril.

Chapitre XXXIII.

ES fouaces destrouffees, comparurent dauant Picrochole les duc de Menuail, comte Spadaffin, & capitaine Merdaille, & luy dirent. Cyre, auiourd'huy nous vous rendons le plus heureux, plus cheualeureux prince qui oncques feuft depuis la mort de Alexandre Macedo. Couurez, couurez vous, dift Picrochole. Grand mercy (dirent ilz) Cyre, nous fommes à noftre debuoir.

Le moyen eft tel, vous laifferez icy quelque capitaine en garnifon auec petite bande de gens, pour garder la place, laquelle nous femble affez forte, tant par nature, que par les rampars faictz à voftre inuention. Voftre armee partirez en deux, comme trop mieulx l'entendez.

L'vne partie ira ruer fur ce Grandgoufier, & fes gens. Par icelle fera de prime abordee facilement desconfi. Là recouurerez argent à tas. Car le vilain en a du content : vilain, difons nous, par ce que vn noble prince n'a iamais vn fou. Thefaurizer, eft faict de vilain.

CHAPITRE XXXIII. 125

L'aultre partie ce pendent tirera vers Onys, Sanctonge, Angomoys, & Gafcoigne : enfemble Perigot, Medoc & Elanes. Sans refiftence prendront villes, chafteaux, & fortereffes. A Bayonne, à fainct Iean de Luc, & Fontarabie fayzirez toutes les naufs, & couftoyant vers Galice, & Portugal, pillerez tous les lieux maritimes, iufques à Vlifbonne, ou aurez renfort de tout equipage requis à vn conquerent.
Par le corbieu Hefpaigne fe rendra, car ce ne font que Madourrez. Vous pafferez par l'eftroict de Sibyle, & là erigerez deux colomnes plus magnificques que celles de Hercules, à perpetuelle memoire de voftre nom. Et fera nommé ceftuy deftroict la mer Picrocholine.
Paffee la mer Picrocholine, voicy Barberouffe qui fe rend voftre efclaue. Ie (dift Picrochole) le prendray à mercy. Voyre (dirent ilz) pourueu qu'il fe face baptifer. Et oppugnerez les royaulmes de Tunic, de Hippes, Argiere, Bone, Corone, hardiment toute Barbarie. Paffant oultre retiendrez en voftre main Maiorque, Minorque, Sardaine, Corficque, & aultres ifles de la mer Ligufticque & Baleare.
Couftoyant à gaufche, dominerez toute la Gaule Narbonicque, Prouence, & Allobroges, Genes, Florence, Lucques, & à dieu feas Rome. Le pauure monfieur du pape meurt defia de peur. Par ma foy (dift Picrochole) ie ne luy baiferay ia fa pantoufle. Prinze Italie, voyla Naples, Calabre, Appoulle & Sicile toutes à fac, & Malthe auec. Ie vouldrois bien que les plaifans cheualiers iadis Rhodiens vous refiftaffent, pour veoir de leur vrine.
Ie iroys (dift Picrochole) voluntiers à Laurette.
Rien, rien, dirent ilz, ce fera au retour. De là prendrons Candie, Cypre, Rhodes & les ifles Cyclades,

& donnerons sus la Moree. Nous la tenons. Sainct Treignan, dieu gard Hierusalem, car le Soubdan n'est pas comparable à vostre puissance. Ie (dist il) feray doncques bastir le temple de Salomon. Non, dirent ilz, encores, attendez vn peu : ne soyez iamais tant soubdain à voz entreprinses.

Sçauez vous que disoit Octauian Auguste? Festina lente. Il vous conuient premierement auoir l'Asie minor, Carie, Lycie, Pamphile, Celicie, Lydie, Phrygie, Mysie, Betune, Charaziè, Satalie, Samagarie, Castamena, Luga, Sauasta : iusques à Euphrates. Voyrons nous, dist Picrochole, Babylone & le mont Sinay? Il n'est, dirent ilz, ia besoing pour ceste heure. N'est ce pas assez tracassé dea, auoir transfreté la mer Hircane, cheuauché les deux Armenies, & les troys Arabies? Par ma foy, dist il, nous sommes affolez. Ha, pauures gens. Quoy? (dirent ilz) Que boyrons nous par ces desers? Car Iulian Auguste & tout son oust y moururent de soif, comme l'on dict. Nous (dirent ilz) auons ia donné ordre à tout. Par la mer Siriace vous auez neuf mille quatorze grands naufz chargees des meilleurs vins du monde, elles arriuerent à Iaphes. Là se sont trouuez vingt & deux cens mille chameaulx, & seize cens Elephans, lesquelz aurez prins à vne chasse enuiron Sigeilmes, lors que entrastes en Libye : & d'abondant eustes toute la Garauane de la Mecha. Ne vous fournirent ilz de vin à suffisance?

Voyre mais, dist il, nous ne beumes poinct frais. Par la vertus, dirent ilz, non pas d'vn petit poisson, vn preux, vn conquerent, vn pretendent & aspirant à l'empire vniuers, ne peut tousiours auoir ses aizes.

Dieu soit loué que estes venu vous & voz gens

faufz & entiers iufques au fleuue du Tigre. Mais, dift il, que faict ce pendent la part de noftre armee qui defconfit ce villain humeux Grangoufier? Ilz ne chomment pas (dirent ilz) nous les rencontrerons tantoft. Ilz vous ont pris Bretaigne, Normandie, Flandres, Haynault, Brabant, Artoys, Hollande, Selande: ilz ont paffé le Rhein par fus le ventre des Suices & Lanfquenetz, & part d'entre eulx ont dompté Luxembourg, Lorraine, la Champaigne, Sauoye iufques à Lyon, auquel lieu ont trouué voz garnifons retournans des conqueftes nauales de la mer Mediterannee. Et fe font reaffemblez en Boheme, apres auoir mis à fac Soueue, Vuitemberg, Bauieres, Auftriche, Morauie & Stirie. Puis ont donné fierement enfemble fus Lubek, Noruuerge, Suueden, Rich, Dace, Gotthie, Engroneland, les Eftrelins, iufques à la Mer Glaciale. Ce faict, conquefterent les ifles Orchades, & fubiuguerent Efcoffe, Angleterre, & Irlande. De là nauigans par la mer fabuleufe, & par les Sarmates, ont vaincu & dominé Pruffie, Polonie, Lituanie, Ruffie, Valache, la Tranffiluane & Hongrie, Bulgarie, Turquie, & font à Conftantinoble. Allons nous, dift Picrochole, rendre à eulx le plus touft, car ie veulx eftre auffi empereur de Thebizonde. Ne tuerons nous pas tous ces chiens Turcs & Mahumetiftes? Que diable, dirent ilz, ferons nous doncques?

Et donnerez leurs biens & terres à ceulx qui vous auront feruy honneftement. La raifon (dift il) le veult, c'eft equité. Ie vous donne la Carmaigne, Surie, & toute Paleftine. Ha, dirent ilz, Cyre, c'eft du bien de vous : grand mercy. Dieu vous face bien toufiours profperer. Là prefent eftoit vn vieux gentilhomme efprouué en diuers hazars,

& vray routier de guerre, nomme Echephron, lequel ouyant ces propos dift. I'ay grand peur que toute cefte entreprinfe fera femblable à la farce du pot au laict, duquel vn cordouannier fe faifoit riche par refuerie : puis, le pot caffé, n'eut de quoy difner. Que pretendez vous par ces belles conqueftes? Quelle fera la fin de tant de trauaulx & trauerfes? Ce fera, dift Picrochole, que nous retournez repouferons à noz aifes. Dont dift Echephron, & fi par cas iamais n'en retournez? Car le voyage eft long & perilleux. N'eft ce mieulx que des maintenant nous repoufons, fans nous mettre en ces hazars. O, dift Spadaffin, par dieu, voicy vn bon refueux, mais allons nous cacher au coing de la cheminee : & là paffons auec les dames noftre vie & noftre temps à enfiller des perles, ou à filler comme Sardanapalus. Qui ne fe aduenture n'a cheual ny mule, ce dift Salomon. Qui trop (dift Echephron) fe aduenture, perd cheual & mule, refpondit Malcon. Bafte, dift Picrochole, paffons oultre. Ie ne crains que ces diables de legions de Grandgoufier, ce pendent que nous fommes en Mefopotamie, s'ilz nous donnoient fus la queue, quel remede? Tres bon, dift Merdaille, vne belle petite commiffion, laquelle vous enuoirez es Moscouites, vous mettra en camp pour vn moment quatre cens cinquante mille combatans d'eflite. O, fi vous me y faictes voftre lieutenant, ie tueroys vn pigne pour vn mercier. Ie mors, ie rue, ie frappe, ie attrape, ie tue, ie renye. Sus, fus, dict Picrochole, qu'on defpefche tout, & qui me ayme fi me fuyue.

*Comment Gargantua laiſſa la ville de Paris pour
ſecourir ſon païs & comment Gymnaſte
rencontra les ennemys.*

CHAPITRE XXXIIII.

N ceſte meſmes heure Gargantua
qui eſtoyt yſſu de Paris ſoubdain
les lettres de ſon pere leues, ſus
ſa grand iument venant, auoit ia
paſſé le pont de la nonnain, luy,
Ponocrates, Gymnaſte & Eudemon, leſquelz pour le ſuiure
auoient prins cheuaulx de poſte : le reſte de ſon
train venoit à iuſtes iournees, amenent tous ſes liures
& inſtrument philoſophicque. Luy arriué à Pa-
rillé, fut aduerty par le meſtayer de Gouguet,
comment Picrochole s'eſtoit remparé à la Rocheclermauld, & auoit enuoyé le capitaine Tripet auec
groſſe armee aſſaillir le boys de Vede, & Vaugaudry,
& qu'ilz auoient couru la poulle, iuſques au preſ-
ſouer Billard : & que c'eſtoit choſe eſtrange & difficile à croyre des exces qu'ilz faiſoient par le pays.
Tant qu'il luy feiſt paour, & ne ſçauoit bien que
dire ny que faire. Mais Ponocrates luy conſeilla
qu'ilz ſe tranſportaſſent vers le ſeigneur de la Vauguyon, qui de tous temps auoit eſté leur amy &

confederé, & par luy feroient mieulx aduifez de tous affaires, ce qu'ilz feirent incontinent, & le trouuerent en bonne deliberation de leur fecourir : & feut de opinion que il enuoyroit quelq'vn de fes gens pour defcouurir le pays & fçauoir en quel eftat eftoient les ennemys, affin de y proceder par confeil prins fcelon la forme de l'heure prefente. Gymnafte fe offrit d'y aller, mais il feut conclud, que pour le meilleur il menaft auecques foy quelq'vn qui congneuft les voyes & deftorfes, & les riuieres de l'entour.

Adoncques partirent luy & Prelinguand, efcuyer de Vauguyon, & fans effroy efpierent de tous couftez. Ce pendent Gargantua fe refraifchit, & repeut quelque peu auecques fes gens, & feift donner à fa iument vn picotin d'auoyne, c'eftoient foifante & quatorze muys troys boiffeaux. Gymnafte & fon compaignon tant cheuaucherent qu'ilz rencontrerent les ennemys tous efpars & mal en ordre, pillans & defrobans tout ce qu'ilz pouoient : & de tant de loing qu'ilz l'aperceurent, accoururent fus luy à la foulle pour le deftroufer. Adonc il leurs cria, meffieurs, ie fuys pauure Diable, ie vous requiers qu'ayez de moy mercy. I'ay encores quelque efcu, nous le boyrons, car c'eft aurum potabile, & ce cheual icy fera vendu pour payer ma bien venue : cela faict, retenez moy des voftres, car iamais homme ne fceut mieulx prendre, larder, rouftir, & aprefter, voyre, par Dieu, demembrer, & gourmander poulle que moy qui fuys icy, & pour mon proficiat ie boy à tous bons compaignons. Lors defcouurit fa ferriere, & fans mettre le nez dedans, beuuoit affez honneftement. Les maroufles le regardoient, ouurans la gueule d'vn grand pied, & tirans les langues comme leuriers en attente de boyre apres : mais Tripet le capitaine fus ce poinct accourut veoir que c'eſtoit.

A luy Gymnaſte offrit ſa bouteille, diſant. Tenez, capitaine, beuuez en hardiment, i'en ay faict l'eſſay, c'eſt vin de la Faye moniau.

Quoy, diſt Tripet, ce gautier icy ſe guabele de nous. Qui es tu? Ie ſuis (diſt Gymnaſte) pauure Diable. Ha, diſt Tripet, puis que tu es pauure Diable, c'eſt raiſon que paſſes oultre, car tout pauure Diable paſſe par tout ſans peage ny gabelle, mais ce n'eſt de couſtume que pauures Diables ſoient ſi bien monſtez : pourtant, monſieur le Diable, deſcendez, que ie aye le rouſſin, & ſi bien il ne me porte, vous maiſtre Diable, me porterez. Car i'ayme fort qu'vn Diable tel m'emporte.

Comment Gymnaste foupplement tua le capitaine Tripet, & aultres gens de Picrochole.

Chapitre XXXV.

ES motz entenduz, aulcuns d'entre eulx commencerent auoir frayeur, & se seignoient de toutes mains, pensans que ce feust vn Diable desguisé, & quelq'vn d'eulx, nommé Bon Ioan, capitaine des franctopins, tyra ses heures de sa braguette & cria assez hault¹, Agios ho theos. Si tu es de Dieu sy parle, sy tu es de l'aultre sy t'en va. Et pas ne s'en alloit, ce que entendirent plusieurs de la bande, & departoient de la compaignie, le tout notant & considerant Gymnaste. Pourtant feist semblant descendre de cheual, & quand feut pendent du cousté du montouer, feist soupplement le tour de l'estriuiere, son espee bastarde au cousté, & par dessoubz passé, se lança en l'air, & se tint des deux piedz sus la scelle, le cul tourné vers la teste du cheual. Puis dist. Mon cas va au rebours. Adoncq en tel poinct qu'il estoit feist la guambade sus vn pied, & tournant à senestre, ne faillit oncq de rencontrer sa propre assiete sans en rien varier.   Dont dist Tripet, Ha, ne feray pas cestuy là pour ceste heure, &

pour caufe.   Bren, dift Gymnafte, i'ay failly, ie voys defaire ceftuy fault.   Lors par grande force & agilité feift en tournant à dextre la gambade comme dauant. Ce faict, mift le poulce de la dextre fus l'arçon de la fcelle, & leua tout le corps en l'air, fe fouftenant tout le corps fus le mufcle, & nerf dudict poulce : & ainfi fe tourna troys foys, à la quatriefme fe renuerfant tout le corps fans à rien toucher fe guinda entre les deux aureilles du cheual, foudant tout le corps en l'air fus le poulce de la feneftre : & en ceft eftat feift le tour du moulinet, puis frappant du plat de la main dextre fus le meillieu de la felle, fe donna tel branle qu'il fe affift fus la crope, comme font les damoifelles.   Ce faict, tout à l'aife paffe la iambe droicte par fus la felle, & fe mift en eftat de cheuaucheur, fus la croppe. Mais (dift il) mieulx vault que ie me mette entre les arfons : adoncq, fe appoyant fus les poulces des deux mains à la crope dauant foy, fe renuerfa cul fus tefte en l'air, & fe trouua entre les arfons en bon maintien, puis d'vn fobrefault leua tout le corps en l'air, & ainfi fe tint piedz ioinctz entre les arfons, & là tournoya plus de cent tours, les bras eftenduz en croix, & crioit ce faifant à haulte voix.   I'enrage, diables, i'enrage, i'enrage, tenez moy, diables, tenez moy, tenez.   Tandis qu'ainfi voltigeoit, les marroufles en grand efbahiffement difoient l'vng à l'autre. Par la mer dé, c'eft vn lutin, ou vn diable ainfi deguifé. Ab hofte maligno libera nos, domine : & fuyoient à la route, regardans darriere foy, comme vn chien qui emporte vn plumail. Lors Gymnafte voyant fon aduantaige defcend de cheual : defguaigne fon efpee, & à grands coups chargea fus les plus huppés, & les ruoit à grands monceaulx bleffez, naurez, &

meurtriz, sans que nul luy resistast, pensans que ce feust vn diable affamé, tant par les merueilleux voltigemens qu'il auoit faict, que par les propos que luy avoit tenu Tripet, en l'appellant pauure diable. Si non que Tripet en trahison luy voulut fendre la ceruelle de son espee lansquenette, mais il estoit bien armé, & de cestuy coup ne sentit que le chargement, & soubdain se tournant, lancea vn estoc volant audict Tripet, & ce pendent que icelluy se couuroit en hault, luy tailla d'vn coup l'estomac, le colon, & la moytié du foye, dont tomba par terre, & tombant rendit plus de quatre potees de souppes, & l'ame meslée parmy les souppes. Ce faict, Gymnaste se retyre, considerant que les cas de hazart iamais ne fault poursuyure iusques à leur periode : & qu'il conuient à tous cheualiers reuerentement traicter leur bonne fortune, sans la molester ny gehainer. Et monstant sus son cheual luy donne des esperons, tyrant droict son chemin vers la Vauguyon, & Prelinguand auecques luy.

*Comment Gargantua demollit le chasteau du Gué
de vede, & comment ilz passerent le Gué.*

CHAPITRE XXXVI.

ENV que fut, raconta l'estat onquel auoit trouué les ennemys & du Stratageme qu'il auoit faict, luy seul contre toute leur caterue, afferment que ilz n'estoient que maraulx, pilleurs & brigans, ignorans de toute discipline militaire, & que hardiment ilz se missent en voye, car il leurs seroit tresfacile de les assommer comme bestes.

Adoncques monta Gargantua sus sa grande iument, accompaigné comme dauant auons dict. Et trouuant en son chemin vn hault & grand arbre, (lequel communement on nommoit l'arbre de sainct Martin, pource qu'ainsi estoit creu vn bourdon que iadis sainct Martin y planta) dist. Voicy ce qu'il me failloit. Cest arbre me seruira de bourdon & de lance. Et l'arrachit facilement de terre, & en ousta les rameaux, & le para pour son plaisir. Ce pendent sa iument pissa pour se lascher le ventre : mais ce fut en telle abondance qu'elle en feist sept lieues de deluge, & deriua tout le pissat au gué de Vede, & tant l'enfla deuers le fil de l'eau, que toute ceste bande des

ennemys furent en grand horreur noyez, exceptez
aulcuns qui auoient prins le chemin vers les coufteaux à gauche. Gargantua venu à l'endroict du
boys de Vede feut aduifé par Eudemon que dedans
le chafteau eftoit quelque refte des ennemys, pour
laquelle chofe fçauoir Gargantua s'efcria tant qu'il
peut. Eftez vous là, ou n'y eftez pas? Si vous y
eftez, n'y foyez plus : fi n'y eftez, ie n'ay que dire.
Mais vn ribauld canonnier, qui eftoit au machicoulys,
luy tyra vn coup de canon, & le attainct par la
temple dextre furieufement : toutesfoys ne luy feift
pource mal en plus que s'il luy euft getté vne prune.
Qu'eft ce là ? dift Gargantua. Nous gettez vous icy
des grains de raifins? La vendange vous couftera
cher : penfant de vray que le boulet feuft vn grain
de raifin. Ceulx qui eftoient dedans le chafteau
amuzez à la pille, entendant le bruit, coururent aux
tours, & fortereffes, & luy tirerent plus de neuf mille
vingt & cinq coups de faulconneaux, & arquebouzes,
vifans tous à fa tefte : & fi menu tiroient contre luy
qu'il s'efcria. Ponocrates mon amy, ces moufches
icy me aueuglent, baillez moy quelque rameau de
ces faulles pour les chaffer. Penfant des plombees &
pierres d'artillerie que feuffent moufches bouines.
Ponocrates l'aduifa que n'eftoient aultres moufches
que les coups d'artillerye que l'on tiroit du chafteau.

Alors chocqua de fon grand arbre contre le chafteau, & à grans coups abaftit & tours, & fortereffes,
& ruyna tout par terre. Par ce moyen feurent tous
rompuz, & mis en pieces ceulx qui eftoient en icelluy. De là partans arriuerent au pont du moulin,
& trouuerent tout le gué couuert de corps mors, en
telle foulle qu'ilz auoient enguorgé le cours du moulin, & c'eftoient ceulx qui eftoient peritz au deluge

vrinal de la iument. Là feurent en penfement comment ilz pourroient paffer, veu l'empefchement de ces cadaures. Mais Gymnafte dift. Si les diables y ont paffé, ie y pafferay fort bien. Les diables (dift Eudemon) y ont paffé pour en emporter les ames damnees. Sainct Treignan (dift Ponocrates) par doncques confequence neceffaire il y paffera. Voyre, voyre, dift Gymnafte, ou ie demoureray en chemin. Et donnant des efperons à fon cheual paffa franchement oultre, fans que iamais fon cheual euft fraieur des corps mors. Car il l'auoit acouftumé (felon la doctrine de Ælian) à ne craindre les armes ny corps mors. Non en tuant les gens, comme Diomedes tuoyt les Traces, & Vlyffes mettoit les corps de fes ennemys es pieds de fes cheuaulx, ainfi que raconte Homere : mais en luy mettant vn phantofme parmy fon foin, & le faifant ordinairement paffer fus icelluy quand il luy bailloit fon auoyne. Les troys aultres le fuyuirent fans faillir, excepté Eudemon, duquel le cheual enfoncea le pied droict iufques au genoil dedans la pance d'vn gros & gras villain qui eftoit là noyé à l'enuers, & ne le pouoit tirer hors : ainfi demouroit empeftré, iufques à ce que Gargantua du bout de fon bafton enfondra le refte des tripes du villain en l'eau, ce pendent que le cheual leuoit le pied. Et (qui eft chofe merueilleufe en Hippiatrie) feut ledict cheual guery d'vn furot qu'il auoit en celluy pied, par l'atouchement des boyaux de ce gros marroufle.

Comment Gargantua foy peignant faifoit tomber de fes cheueulx les boulletz d'artillerye.

CHAPITRE XXXVII.

ssvz la riue de Vede, peu de temps apres aborderent au chafteau de Grandgouzier, qui les attendoit en grand defir. A fa venue ilz le feftoyerent à tour de bras : iamais on ne veit gens plus ioyeux, car Supplementum Supplementi chronicorum dict que Gargamelle y mourut de ioye : ie n'en fçay rien de ma part, & bien peu me foucie ny d'elle ny d'aultre. La verité fut que Gargantua fe refraifchiffant d'habillemens, & fe teftonnant de fon pigne (qui eftoit grand de cent cannes, appoincté de grandes dents de Elephans toutes entieres) faifoit tomber à chafcun coup plus de fept balles de bouletz qui luy eftoient demourez entre fes cheueulx à la demolition du boys de Vede. Ce que voyant Grandgoufier fon pere, penfoit que feuffent pous, & luy dift. Dea, mon bon filz, nous as tu aporté iufques icy des efparuiers de Montagu? Ie n'entendoys que là tu feiffe refidence. Adonc Ponocrates refpondit. Seigneur, ne penfez que ie l'aye mis au colliege de pouillerie qu'on nomme Montagu,

mieulx le eusse voulu mettre entre les guenaux de sainct Innocent, pour l'enorme cruaulté & villennie que ie y ay congneu. Car trop mieulx sont traictez les forcez entre les Maures & Tartares, les meurtriers en la prison criminelle, voyre certes les chiens en voftre maifon, que ne font ces malautruz audict colliege. Et fi i'eftoys roy de Paris, le diable m'emport fi ie ne metoys le feu dedans & faifoys brufler & principal & regens, qui endurent cefte inhumanité dauant leurs yeulx eftre exercee.

Lors leuant vn de ces boulletz, dift. Ce font coups de canon que n'a guyeres a repceu voftre filz Gargantua paffant dauant le boys de Vede, par la trahifon de vos ennemys. Mais ilz en eurent telle recompenfe qu'ilz font tous periz en la ruine du chafteau : comme les Philiftins par l'engin de Sanfon, & ceulx que opprima la tour de Siloé, defquelz eft efcript, Luce xiij. Iceulx ie fuis d'aduis que nous pourfuyuons ce pendent que l'heur eft pour nous.

Car l'occafion a tous fes cheueulx au front, quand elle eft oultre paffée, vous ne la pouez plus reuocquer, elle eft chauue par le darriere de la tefte, & iamais plus ne retourne.

Vrayement, dift Grandgoufier, ce ne fera pas à cefte heure, car ie veulx vous feftoyer pour ce foir, & foyez les trefbien venuz. Ce dict, on aprefta le foupper & de furcroift feurent rouftiz feze beufz, troys geniffes, trente & deux veaux, foixante & troys cheureaux moiffonniers, quatre vingt quinze moutons, troys cens gourretz de laict à beau mouft, vnze vingt perdrys, fept cens becaffes, quatre cens chappons de Loudunoys & Cornouaille, fix mille poulletz & autant de pigeons, fix cens gualinottes, quatorze cens leuraux, troys cens & troys hoftardes, & mille fept cens hutau-

deaux : de venaiſon l'on ne peut tant ſoubdain recouurir, fors vnze ſangliers qu'enuoya l'abbé de
Turpenay, & dix & huict beſtes fauues que donna le
ſeigneur de Grandmont : enſemble ſept vingt faiſans
qu'enuoya le ſeigneur des Eſſars, & quelques douzaines de Ramiers, de oiſeaux de riuiere, de Cer-
celles, Buours, Courles, Pluuiers, Francolys, Craüans,
Tyranſons, Vanereaux, Tadournes, pochecullieres,
pouacres, Hegronneaux, Foulques, Aigrettes, Ci-
guoingnes, Cannes petieres, Oranges, Flammans, (qui
ſont phœnicopteres) Terrigoles, poulles de Inde, force
Coſcoſſons, & renfort de potages. Sans poinct de faulte
y eſtoit de viures abondance, & feurent apreſtez
honneſtement par Fripeſaulce, Hoſchepot & Pille-
uerius, cuiſiniers de Grandgouſier. Ianot, Micquel
& Verrenet apreſterent fort bien à boyre.

Comment Gargantua mangea en fallade fix pelerins.

Chapitre XXXVIII.

E propos requiert, que racontons ce qu'aduint à fix pelerins qui venoient de fainct Sebaftien, pres de Nantes, & pour foy herberger celle nuict de peur des ennemys s'eftoient muffez au iardin deffus les poyzars entre les choulx & lectues. Gargantua fe trouua quelque peu alteré & demanda fi l'on pourroit trouuer de lectues pour faire fallade. Et entendent qu'il y en auoit des plus belles & grandes du pays, car elles eftoient grandes comme pruniers ou noyers, y voulut aller luy mefmes, & en emporta en fa main ce que bon luy fembla, enfemble emporta les fix pelerins, lefquelz auoient fi grand paour, qu'ilz ne aufoient ny parler ny touffer.

Les lauant doncques premierement en la fontaine, les pelerins difoient en voix baffe l'vn à l'aultre. Qu'eft il de faire? Nous noyons icy entre ces lectues. Parlerons nous? mais fi nous parlons il nous tuera comme efpies. Et comme ilz deliberoient ainfi, Gargantua les mift auecques fes lectues dedans vn plat de la maifon, grand comme la tonne de Cifteaulx, &

auecques huille, & vinaigre & sel, les mangeoit pour soy refraichir dauant souper, & auoit ia engoullé cinq des pelerins, le sixiesme estoit dedans le plat, caché soubz vne lectue, excepté son bourdon qui apparoissoit au dessus.

Lequel voyant Grandgousier dist à Gargantua. Ie croy que c'est là vne corne de limasson, ne le mangez poinct.

Pour quoy? dist Gargantua. Ilz sont bons tout ce moys. Et tyrant le bourdon, ensemble enleua le pelerin & le mangeoit tresbien. Puis beut vn horrible traict de vin pineau, & attendirent que l'on apprestast le souper. Les pelerins ainsi deuorez se tirerent hors les meulles de ses dents le mieulx que faire peurent, & pensoient qu'on les eust mys en quelque basse fousse des prisons. Et lors que Gargantua beut le grand traict, cuyderent noyer en sa bouche, & le torrent du vin presque les emporta au gouffre de son estomach : toutesfoys saultans auec leurs bourdons comme font les micquelotz, se mirent en franchise l'oree des dentz. Mais par malheur l'vn d'eux tastant auecques son bourdon le pays à sçauoir s'ilz estoient en sceureté, frappa rudement en la faulte d'vne dent creuze, & ferut le nerf de la mandibule, dont feist tresforte douleur à Gargantua, & commença crier de raige qu'il enduroit. Pour doncques se soulaiger du mal, feist aporter son curedentz, & sortant vers le noyer grollier vous denigea messieurs les pelerins.

Car il arrapoit l'vn par les iambes, l'aultre par les espaules, l'aultre par la bezace, l'aultre par la foilluze, l'aultre par l'escharpe, & le pauure haire qui l'auoit feru du bourdon, le accrochea par la braguette, toutesfoys ce luy fut vn grand heur, car il luy percea vne boffe chancreuze, qui le martyrifoit depuis le temps qu'ilz eurent paffé Ancenys.

Ainfi les pelerins denigez s'en fuyrent à trauers la plante à beau trot, & appaifa la douleur. En laquelle heure feut appellé par Eudemon pour foupper, car tout eftoit preft. Ie m'en voys doncques (dift il) piffer mon malheur. Lors piffa fi copieufement, que l'vrine trancha le chemin aux pelerins, & furent contrainctz paffer la grande boyre. Paffans de là par l'oree de la touche en plain chemin, tomberent tous, excepté Fournillier, en vne trape qu'on auoit faict pour prandre les loups à la trainnee. Dont efcapperent moyennant l'induftrie dudict Fournillier, qui rompit tous les lacz & cordages.

De là iffus, pour le refte de celle nuyct coucherent en vne loge pres le Couldray. Et là feurent reconfortez de leur malheur par les bonnes parolles d'vn de leur compaignie nommé Lafdaller, lequel leur remonftra que cefte aduenture auoit efté predicte par Dauid, Pf. Cum exurgerent homines in nos, forte viuos deglutiffent nos, quand nous feufmes mangez en falade au grain du fel. Cum irafceretur furor eorum in nos, forfitan aqua abforbuiffet nos, quand il beut le grand traict. Torrentem pertranfiuit anima noftra, quand nous paffames la grande boyre. Forfitan pertranfiffet anima noftra aquam intolerabilem, de fon vrine, dont il nous tailla le chemin. Benedictus dominus qui non dedit nos in captionem dentibus eorum. Anima noftra, ficut paffer, erepta eft de laqueo venantium, quand nous tombafmes en la trape. Laqueus contritus eft, par Fournillier, & nos liberati fumus. Adiutorium noftrum, &c.

Comment le moyne feut feſtoyé par Gargantua,
& des beaulx propos qu'il tint en ſouppant.

CHAPITRE XXXIX.

VAND Gargantua feut à table & la premiere poincte des morceaux feut baufree, Grandgouſier commença raconter la ſource & la cauſe de la guerre meue entre luy & Picrochole, & vint au poinct de narrer comment frere Ien des entommeurs auoit triumphé à la defence du clous de l'abbaye, & le loua au deſſus des proueſſes de Camille, Scipion, Pompee, Ceſar, & Themiſtocles.
Adoncques requiſt Gargantua que fus l'heure feuſt enuoyé querir, affin qu'auecques luy on conſultaſt de ce qu'eſtoit à faire. Par leur vouloir l'alla querir ſon maiſtre d'hoſtel, & l'admena ioyeuſement auecques ſon baſton de croix ſus la mulle de Grandgouſier. Quand il feut venu, mille chareſſes, mille embraſſemens, mille bons iours feurent donnez. Hes, frere Ian mon amy, frere Ian mon grand couſin, frere Ian de par le diable, l'acollee, mon amy. A moy la braſſee. Cza, couillon, que ie te eſrene de force de t'acoller. Et frere Ian de rigoller. Iamais homme ne feut tant courtoys ny gracieux. Cza,

cza, dist Gargantua, vne escabelle icy aupres de moy, à ce bout. Ie le veulx bien (dist le Moyne) puis qu'ainsi vous plaist. Page, de l'eau : boute, mon enfant, boute, elle me refraischira le faye. Baille icy que ie guargarize. Deposita cappa, dist Gymnaste, oustons ce froc. Ho, par dieu (dist le Moyne) mon gentil homme, il y a vn chapitre in statutis ordinis : auquel ne plairoit le cas. Bren (dist Gymnaste) bren, pour vostre chapitre. Ce froc vous romp les deux espaules. Mettez bas. Mon amy (dist le moyne) laisse le moy : car par dieu ie n'en boy que mieulx. Il me faict le corps tout ioyeux. Si ie le laisse, messieurs les pages en feront des iarretieres : comme il me feut faict vne foys à Coulaines. D'auantaige, ie n'auray nul appetit. Mais si en cest habit ie m'assys à table, ie boiray, par dieu, & à toy, & à ton cheual. Et de hayt. Dieu guard de mal la compaignie. Ie auoys souppé. Mais pour ce ne mangeray ie poinct moins. Car i'ay vn estomac paué, creux comme la botte sainct Benoist, tousiours ouuert comme la gibbessiere d'vn aduocat. De tous poissons, fors que la tanche, prenez l'aesle de la Perdrys, ou la cuisse d'vne Nonnain : n'est ce falotement mourir quand on meurt le caiche roidde? Nostre prieur ayme fort le blanc de chappon. En cela (dist Gymnaste) il ne semble poinct aux renars : car des chappons, poules, pouletz qu'ilz prenent, iamais ne mangent le blanc. Pourquoy? (dist le moine) Par ce (respondit Gymnaste) qu'ils n'ont poinct de cuisiniers à les cuyre. Et s'ilz ne sont competentement cuitz ilz demeurent rouges & non blancs. La rougeur des viandes est indice qu'elles ne sont assez cuytes. Exceptez les gammares & escriuices que l'on cardinalize à la cuyte. Feste Dieu Bayart, dist le moyne, l'enfermier de nostre abbaye n'a doncques la tefte bien cuyte, car il a les yeulx rouges comme vn iadeau de vergne. Cefte cuiffe de Leurault eft bonne pour les goutteux.

A propos truelle, pourquoy eft ce que les cuiffes d'vne damoizelle font toufiours fraifches? Ce problefme (dift Gargantua) n'eft ny en Ariftoteles, ny en Alexandre Aphrodifé, ny en Plutarque. C'eft (dift le Moyne) pour trois caufes : par lefquelles vn lieu eft naturellement refraifchy. Primo : pour ce que l'eau decourt tout du long. Secundo : pour ce que c'eft vn lieu vmbrageux, obfcur, & tenebreux, auquel iamais le Soleil ne luift. Et tiercement, pour ce qu'il eft continuellement efuenté des ventz du trou de bize, de chemife, & d'abondant de la braguette. Et de hayt. Page, à la humerie. Crac, crac, crac. Que dieu eft bon, qui nous donne ce bon piot. l'aduoue dieu, fi i'euffe efté au temps de Iefuchrift, i'euffe bien engárdé que les iuifz ne l'euffent prins au iardin de Oliuet. Enfemble le diable me faille fi i'euffe failly de coupper les iarretz à meffieurs les Apoftres qui fuyrent tant lafchement apres qu'ilz eurent bien fouppé, & laifferent leur bon maiftre au befoing. Ie hayz plus que poizon vn homme qui fuyt quand il fault iouer des coufteaux. Hon, que ie ne fuis roy de France pour quatre vingtz ou cent ans. Par dieu, ie vous metroys en chien courtault les fuyars de Pauye. Leur fiebure quartaine. Pourquoy ne mouroient ilz là plus toft que laiffer leur bon prince en cefte neceffité? N'eft il meilleur & plus honorable mourir vertueufement bataillant, que viure fuyant villainement? Nous ne mangerons gueres d'oyfons cefte annee. Ha, mon amy, baille de ce cochon. Diauol, il n'y a plus de mouft. Germiuauit radix Ieffe. Ie

CHAPITRE XXXIX.

renye ma vie, ie meurs de foif. Ce vin n'eſt des pires. Quel vin beuuiez vous à Paris? Ie me donne au diable, ſi ie n'y tins plus de ſix moys pour vn temps maiſon ouuerte à tous venens. Congnoiſ-fez vous frere Claude des haulx Barrois? O le bon compaignon que c'eſt. Mais quelle mouſche l'a pic-qué? Il ne faiĉt rien que eſtudier de puis ie ne ſçay quand. Ie n'eſtudie poinĉt de ma part. En noſtre abbaye nous ne eſtudions iamais, de peur des auri-peaux. Noſtre feu abbé diſoit que c'eſt choſe monſtrueuſe veoir vn moyne ſçauant. Par dieu, monſieur mon amy, magis magnos clericos non ſunt magis magnos ſapientes. Vous ne veiſtes oncques tant de lieures comme il y en a ceſte annee. Ie n'ay peu recouurir ny Aultour, ny tiercelet de lieu du monde. Monſieur de la Bellonniere m'auoit promis vn Lanier, mais il m'eſcripuit n'a gueres qu'il eſtoit de-uenu patays. Les perdris nous mangeront les au-reilles meſouan. Ie ne prens poinĉt de plaiſir à la ton-nelle. Car ie y morfonds. Si ie ne cours, ſi ie ne tracaſſe, ie ne ſuis poinĉt à mon aize. Vray eſt que ſaultant les hayes & buiſſons, mon froc y laiſſe du poil. I'ay recouuert vn gentil leurier. Ie donne au diable ſi luy eſchappe lieure. Vn lacquays le menoit à monſieur de Mauleurier : ie le deſtrouſſay : feis ie mal? Nenny, frere Iean (diſt Gymnaſte) nenny, de par tous les diables, nenny. Ainſi, diſt le moyne, à ces diables, ce pendent qu'ilz durent.

Vertus dieu, qu'en euſt faiĉt ce boyteux? Le cor dieu, il prent plus de plaiſir quand on luy faiĉt preſent d'vn bon couble de beufz. Comment (diſt Ponocrates) vous iurez, frere Iean?

Ce n'eſt (diſt le moyne) que pour orner mon lan-gaige. Ce ſont couleurs de rethorique Ciceroniane.

*Pourquoy les Moynes sont refuys du monde,
& pourquoy les vngs ont le nez
plus grand que les aultres.*

Chapitre XXXX.

oy de chriſtian (diſt Eudemon) ie entre en grande reſuerie conſiderant l'honneſteté de ce moyne. Car il nous eſbaudiſt icy tous. Et comment doncques eſt ce qu'on rechaſſe les moynes de toutes bonnes compaignies : les appellans Trouble feſte, comme abeilles chaſſent les freſlons d'entour leurs rouſches? Ignauum fucos pecus (dict Maro) a preſepibus arcent. A quoy reſpondit Gargantua. Il n'y a rien ſi vray que le froc, & la cogule tire à ſoy les opprobres, iniures & maledictions du monde, tout ainſi comme le vent dict Cecias attire les nues. La raiſon peremptoire eſt : par ce qu'ilz mangent la merde du monde, c'eſt à dire les pechez, & comme machemerdes l'on les reiecte en leurs retraictz : ce ſont leurs conuentz & abbayes, ſeparez de conuerſation politicque comme ſont les retraictz d'vne maiſon. Mais ſi entendez pourquoy vn cinge en vne famille eſt touſiours mocqué & herſelé, vous entendrez pourquoy les moynes ſont

de tous refuys, & des vieux & des ieunes. Le cinge ne guarde poinct la maifon, comme vn chien : il ne tire pas l'aroy, comme le beuf : il ne produict ny laict, ny laine, comme la brebis : il ne porte pas le faiz, comme le cheual.

Ce qu'il faict eft tout conchier & degafter, qui eft la caufe pourquoy de tous repceoyt mocqueries & baftonnades.

Semblablement vn moyne (i'entends de ces ocieux moynes) ne laboure, comme le paifant : ne garde le pays, comme l'homme de guerre : ne guerift les malades, comme le medicin : ne prefche ny endoctrine le monde, comme le bon docteur euangelicque & pedagoge : ne porte les commoditez & chofes neceffaires à la republicque, comme le marchant. Ce eft la caufe pourquoy de tous font huez & abhorrys. Voyre mais (dift Grandgoufier) ilz prient dieu pour nous. Rien moins (refpondift Gargantua).

Vray eft qu'ilz moleftent tout leur voifinage à force de trinqueballer leurs cloches.

(Voyre, dift le Moyne, vne meffe, vnes matines, vnes vefpres bien fonnez, font à demy dictes). Ilz marmonnent grand renfort de legendes & pfeaulmes nullement par eulx entenduz. Ilz content force patenoftres entrelardees de longs Aue Mariaz, fans y penfer ny entendre. Et ce ie appelle mocquedieu, non oraifon. Mais ainfi leurs ayde dieu s'ilz prient pour nous, & non par paour de perdre leurs miches & fouppes graffes. Tous vrays Chriftians, de tous eftatz, en tous lieux, en tous temps prient dieu, & l'efperit prie & interpelle pour iceulx : & dieu les prent en grace. Maintenant tel eft noftre bon frere Iean. Pourtant chafcun le foubhaite en fa compaignie.

Il n'eſt poinct bigot, il n'eſt poinct deſſiré, il eſt honeſte, ioyeux, deliberé, bon compaignon.

Il trauaille, il labeure, il defent les opprimez, il conforte les affligez, il ſubuient es ſouffreteux, il garde les clous de l'abbaye. Ie foys (diſt le moyne) bien d'aduantaige. Car en deſpeſchant nos matines & anniuerſaires on cueur, enſemble ie fois des chordes d'arbaleſte, ie polys 'des matraz & guarrotz, ie foys des retz & des poches à prendre les connis. Iamais ie ne ſuis oiſif. Mais or cza, à boyre, à boyre, cza. Aporte le fruict. Ce ſont chaſtaignes du boys d'Eſ-trocz. Auec bon vin nouueau, voy vous là compo-ſeur de petz. Vous n'eſtez encores ceans amouſtillez? Par dieu ie boy à tous guez, comme vn cheual de promoteur. Gymnaſte luy diſt. Frere Iean, ouſtez ceſte rouppie que vous pend au nez. Ha, ha (diſt le Moyne), ferois ie en dangier de noyer, veu que ſuis en l'eau iuſques au nez? Non, non. Quare? Quia elle en ſort bien, mais poinct n'y entre. Car il eſt bien antidoté de pampre.

O mon amy, qui auroit bottes d'hyuer de tel cuir, hardiment pourroit il peſcher aux huytres. Car iamais ne prendroient eau. Pourquoy (diſt Gar-gantua) eſt ce que frere Iean a ſi beau nez? Par ce (reſpondit Grandgouſier) que ainſi dieu l'a voulu, lequel nous faict en telle forme & telle fin, ſelon ſon diuin arbitre, que faict vn potier ſes vaiſſeaulx.

Par ce (diſt Ponocrates) qu'il feut des premiers à la foyre des nez. Il print des plus beaulx & plus grands. Trut auant (diſt le moyne) ſelon vraye Philoſophie monaſticque, c'eſt par ce que ma nour-rice auoit les tetins moletz, en la laictant mon nez y enfondroit comme en beurre, & là s'eſleuoit & croiſſoit comme la paſte dedans la met.

Les durs tetins de nourrices font les enfans camuz Mais guay, guay, ad formam nafi cognofcitur ad te leuaui. Ie ne mange iamais de confitures. Page, à la humerie. Item, roufties.

*Comment le moyne feiſt dormir Gargantua,
& de ſes heures & breuiaire.*

Chapitre XXXXI.

E ſouper acheué, conſulterent ſus l'affaire inſtant, & feut conclud que enuiron la minuict ilz ſortiroient à l'eſcarmouche pour ſçauoir quel guet & diligence faiſoient leurs ennemys. En ce pendent, qu'ilz ſe repoſeroient quelque peu pour eſtre plus frais.   Mais Gargantua ne pouoit dormir en quelque façon qu'il ſe miſt.
Dont luy diſt le moyne. Ie ne dors iamais bien à mon aiſe, ſinon quand ie ſuis au ſermon, ou quand ie prie Dieu.   Ie vous ſupplye, commençons vous & moy les ſept pſeaulmes pour veoir ſi tantoſt ne ſerez endormy.

L'inuention pleut treſbien à Gargantua.

Et commenceant le premier pſeaulme, ſus le poinct de Beati quorum, s'endormirent & l'vn & l'aultre.
Mais le moyne ne faillit oncques à s'eſueiller auant la minuict, tant il eſtoit habitué à l'heure des matines clauſtralles.   Luy eſueillé tous les aultres eſueilla, chantant à pleine voix la chanſon. Ho, Regnault, reueille toy, veille, O Regnault re-

ueille toy. Quand tous furent efueillez, il dict. Meffieurs, l'on dict, que matines commencent par touffer, & fouper par boyre. Faifons au rebours, commençons maintenant noz matines, par boyre, & de foir à l'entree de foupper nous toufferons à qui mieulx mieulx. Dont dift Gargantua. Boyre fi toft apres le dormir? Ce n'eft vefcu en diete de medicine. Il fe fault premier efcurer l'eftomach des fuperfluitez & excremens.

C'eft, dift le moyne, bien mediciné.

Cent diables me faultent au corps s'il n'y a plus de vieulx hyurognes, qu'il n'y a de vieulx medicins. I'ay compofé auecques mon appetit en telle paction, que toufiours il fe couche auecques moy, & à cela ie donne bon ordre le iour durant : auffy auecques moy il fe lieue. Rendez tant que vouldrez voz cures, ie m'en voys apres mon tyrouer. Quel tyrouer (dift Gargantua) entendez vous? Mon breuiaire, dift le Moyne. Car tout ainfi que les faulconniers dauant que paiftre leurs oyfeaux les font tyrer quelque pied de poulle, pour leurs purger le cerueau des phlegmes, & pour les mettre en appetit, ainfi prenant ce ioyeux petit breuiaire au matin, ie m'efcure tout le poulmon, & voy me là preft à boyre.

A quel vfaige (dift Gargantua) dictez vous ces belles heures? A l'vfaige (dift le moyne) de Fecan, à troys pfeaulmes & troys leçons, ou rien du tout qui ne veult. Iamais ie ne me affubiectis à heures : les heures font faictez pour l'homme, & non l'homme pour les heures. Pourtant ie foys des miennes à guife d'eftriuieres, ie les acourcis ou allonge quand bon me femble. Breuis oratio penetrat celos, longa potatio euacuat fcyphos.

Ou eft efcript cela? Par ma foy (dift Ponocrates)

ie ne fçay, mon petit couillauft, mais tu vaulx trop. En cela (dift le Moyne) ie vous reffemble. Mais Venite apotemus. L'on aprefta carbonnades à force & belles fouppes de primes, & beut le moyne à fon plaifir.

Aulcuns lui tindrent compaignie, les aultres s'en deporterent. Apres, chafcun commença foy armer & accouftrer. Et armerent le moyne contre fon vouloir, car il ne vouloit aultres armes que fon froc dauant fon eftomach, & le bafton de la croix en fon poing. Toutesfoys à leur plaifir feut armé de pied en cap, & monté fus vn bon courfier du royaulme, & vn gros braquemart au coufté. Enfemble Gargantua, Ponocrates, Gymnafte, Eudemon, & vingt & cinq des plus aduentureux de la maifon de Grandgoufier, tous armez à l'aduantaige, la lance au poing, montez comme fainct George : chafcun ayant vn harquebouzier en crope.

*Comment le Moyne donne couraige à ſes compaignons,
 & comment il pendit à vne arbre.*

CHAPITRE XLII.

R s'en vont les nobles champions
à leur aduenture, bien deliberez
d'entendre quelle rencontre fauldra pourſuyure, & de quoy ſe fauldra contregarder, quand viendra
la iournée de la grande & horrible bataille.   Et le Moyne leur
donne couraige, diſant. Enfans, n'ayez ny paour ny
doubte. Ie vous conduiray ſeurement. Dieu & ſainct
Benoiſt ſoient auecques nous. Si i'auoys la force de
meſmes le couraige, par la mort bieu ie vous les
plumeroys comme vn canart. Ie ne crains rien fors
l'artillerie. Toutesfoys ie ſçay quelque oraiſon, que
m'a baillé le ſoubſecretain de noſtre abbaye, laquelle
guarentiſt la perſonne de toutes bouches à feu. Mais
elle ne me profitera de rien. Car ie n'y adiouſte
poinct de foy. Toutesfoys mon baſton de croix fera
diables.   Par dieu, qui fera la cane de vous aultres, ie me donne au diable ſi ie ne le fays moyne en
mon lieu & l'encheueſtre de mon froc. Il porte medicine à couhardiſe de gens. Auez point ouy parler
du leurier de monſieur de Meurles, qui ne valloit

rien pour les champs? Il luy mift vn froc au col :
par le corps dieu, il n'efchappoit ny lieure ny regnard deuant luy, & que plus eft couurit toutes
les chiennes du pays, qui auparauant eftoit efrené,
& frigidis & de maleficiatis. Le Moyne difant ces parolles en cholere paffa foubz vn noyer tyrant vers
la faullaye, & embrocha la vifiere de fon heaulme à
la roupte d'vne groffe branche du noyer. Ce non obftant donna fierement des efperons à fon cheual, lequel eftoit chaftouilleur à la poincte, en maniere que
le cheual bondit en auant, & le moyne voulant def-
faire fa vifiere du croc, lafche la bride, & de la
main fe pend aux branches : ce pendent que le cheual
fe defrobe deffoubz luy.

Par ce moyen demoura le Moyne pendent au
noyer, & criant à l'aide & au meurtre, proteftant
auffi de trahifon. Eudemon premier l'aperceut, &
appellant Gargantua. Sire, venez & voyez Abfalon
pendu. Gargantua venu confidera la contenence du
moyne : & la forme dont il pendoit, & dift à Eudemon. Vous auez mal rencontré le comparant à
Abfalon. Car Abfalon fe pendit par les cheueux,
mais le moyne ras de tefte s'eft pendu par les aureilles. Aydez moy (dift le Moyne) de par le diable.
N'eft il pas bien le temps de iazer? Vous me
femblez les prefcheurs decretaliftes, qui difent que
quiconques voira fon prochain en dangier de mort,
il le doibt fus peine d'excommunication trifulce
plus tout admonnefter de foy confeffer & mettre en
eftat de grace que de luy ayder.

Quand doncques ie les voiray tombez en la riuiere, & preftz d'eftre noyez, en lieu de les aller
querir & bailler la main, ie leur feray vn beau &
long fermon de contemptu mundi, & fuga feculi : &

lors qu'ilz feront roides mors, ie les iray pefcher. Ne bouge (dift Gymnafte) mon mignon, ie te voys querir, car tu es gentil petit monachus. Monachus in clauftro non valet oua duo, fed quando eft extra, bene valet triginta. I'ay veu des pendus plus de cinq cens, mais ie n'en veis oncques qui euft meilleure grace en pendilant, & fi ie l'auoys auffi bonne ic vouldroys ainfi pendre toute ma vye. Aurez vous (dift le Moyne) tantoft affez prefché? Aidez moy de par dieu, puis que de par l'aultre ne voulez. Par l'habit que ie porte, vous en repentirez, tempore & loco prelibatis. Allors defcendit Gymnafte de fon cheual, & montant au noyer fouleua le moyne par les gouffetz d'vne main, & de l'aultre deffift fa vifiere du croc de l'arbre, & ainfi le laiffa tomber en terre, & foy apres. Defcendu que feut, le Moyne fe deffift de tout fon arnoys, & getta l'vne piece apres l'aultre parmy le champ, & reprenant fon bafton de la croix remonta fus fon cheual, lequel Eudemon auoit retenu à la fuite. Ainfi s'en vont ioyeufement tenans le chemin de la faullaye.

*Comment l'escharmouche de Picrochole feut rencontré
par Gargantua. Et Comment le Moyne tua
le capitaine Tyrauant, & puis fut
prisonnier entre les ennemys.*

Chapitre XLIII.

ICROCHOLE, à la relation de ceulx qui auoient euadé à la roupte lors que Tripet fut eftripé, feut efprins de grand courroux, ouyant que les diables auoient couru fuz fes gens, & tint fon confeil toute la nuict, au quel Haftiueau & Toucquedillon conclurent que fa puiffance eftoit telle qu'il pourroit defaire tous les diables d'enfer s'ilz y venoient. Ce que Picrochole ne croyoit du tout, auffy ne s'en defioit il.

Pourtant enuoya foubz la conduicte du conte Tyrauant, pour defcouurir le pays, feize cens cheualiers tous montez fus cheuaulx legiers, en efcarmoufche, tous bien afpergez d'eau benifte, & chafcun ayant pour leur figne vne eftolle en efcharpe, à toutes aduentures, s'ilz rencontroient les diables, que par vertus tant de cefte eau Gringorienne, que des eftolles, yceulx feiffent difparoir & efuanouyr.   Coururent doncques iufques pres la Vau Guyon & la maladerye, mais oncques ne trouuerent perfonne à qui parler, dont repafferent par le deffus, & en la loge & tugure paftoral, pres le Couldray, trouuerent les cinq pelerins. Lefquelz liez & baffouez emmenerent, comme s'ilz feuffent efpies, non obftant les exclamations, adiurations, & requeftes qu'ilz feiffent. Defcendus de là vers Seuillé, furent entenduz par Gargantua. Lequel dift à fes gens. Compaignons, il y a icy rencontre & font en nombre trop plus dix foys que nous. Chocquerons nous fus eulx? Que diable (dift le moyne) ferons nous doncq? Eftimez vous les hommes par nombre, & non par vertus & hardieffe?

Puis s'efcria. Chocquons, diables, chocquons. Ce que entendens les ennemys penfoient certainement que feuffent vrays diables, dont commencerent fuyr à bride auallee, excepté Tyrauant, lequel coucha fa lance en l'arreft, & en ferut à toute oultrance le moyne au milieu de la poictrine, mais rencontrant le froc horrifique, reboufcha par le fer, comme fi vous frappiez d'vne petite bougie contre vne enclume. Adoncq le moyne auec fon bafton de croix luy donna entre col & collet fus l'os Acromion fi rudement qu'il l'eftonna : & feit perdre tout fens & mouement, & tomba es piedz du cheual.

Et voyant l'eftolle qu'il portoit en efcharpe, dift à Gargantua. Ceulx cy ne font que prebftres, ce n'eft q'vn commencement de moyne : par fainct Iean, ie fuis moyne parfaict, ie vous en tueray comme de moufches. Puis le grand gualot courut apres, tant qu'il atrapa les derniers & les abbaftoit comme feille, frapant à tors & à trauers. Gymnafte interrogua fus l'heure Gargantua s'ilz les debuoient pourfuyure.
A quoy dift Gargantua. Nullement. Car felon vraye difcipline militaire, iamais ne fault mettre fon ennemy

en lieu de defefpoir. Par ce que telle neceffité luy multiplie fa force, & accroift le couraige, qui ia eftoit deiect & failly. Et n'y a meilleur remede de falut à gens eftommiz & recreuz que de ne efperer falut aulcun. Quantes victoires ont efté tollues des mains des vaincqueurs par les vaincuz, quand ilz ne fe font contentés de raifon : mais ont attempté du tout mettre à internition & deftruire totallement leurs ennemys, fans en vouloir laiffer vn feul pour en porter les nouuelles. Ouurez toufiours à voz ennemys toutes les portes & chemins, & plus toft leurs faictes vn pont d'argent, affin de les renuoyer. Voyre mais (dift Gymnafte) ilz ont le moyne. Ont ilz (dift Gargantua) le moyne? Sus mon honneur, que ce fera à leur dommaige. Mais affin de furuenir à tous azars, ne nous retirons pas encores, attendons icy en filence. Car ie penfe ia affez congnoiftre l'engin de noz ennemys : ilz fe guident par fort non par confeil. Iceulx ainfi attendens foubz les noiers, ce pendent le moyne pourfuyuoit chocquant tous ceulx qu'il rencontroit fans de nully auoir mercy. Iufque à ce qu'il rencontra vn cheualier qui portoit en crope vn des pauures pelerins, & là, le voulent mettre à fac, s'efcria le pelerin. Ha, monfieur le priour mon amy, monfieur le priour, fauuez moy, ie vous en prie. Laquelle parolle entendue fe retournerent arriere les ennemys, & voyans que là n'eftoit que le moyne, qui faifoit ceft efclandre, le chargerent de coups, comme on faict vn afne de boys, mais de tout rien ne fentoit, mefmement quand ilz frapoient fus fon froc, tant il auoit la peau dure. Puis le baillerent à guarder à deux archiers, & tournans bride ne veirent perfonne contre eulx, dont exftimerent que Gargantua eftoit fuy auecques fa bande. Adoncques coururent vers les Noyrettes tant roiddement qu'ilz peurent pour les rencontrer, & laifferent là le moyne feul auecques des archiers de guarde. Gargantua entendit le bruit, & henniffement des cheuaulx, & dift à fes gens. Compaignons, i'entends le trac de noz ennemys, & ia apperçoy aulcuns d'iceulx qui viennent contre nous à la foulle. Serrons nous icy, & tenons le chemin en bon ranc : par ce moyen nous les pourrons recepuoir à leur perte & à noftre honneur.

*Comment le Moyne se deffist de ses guardes,
& comment l'escarmouche de Picrochole
feut deffaicte.*

Chapitre XLIIII.

E Moyne, les voyant ainsi departir en desordre, coniectura qu'ilz alloient charger sus Gargantua & ses gens, & se contristoit merueilleusement de ce qu'il ne les pouoit secourir. Puis aduisa la contenence de ses deux archiers de guarde, lesquelz eussent voluntiers couru apres la troupe pour y butiner quelque chose & tousiours regardoient vers la vallee en laquelle ilz descendoient.

Daduantaige syllogisoit disant. Ces gens icy sont bien mal exercez en faictz d'armes. Car oncques ne me ont demandé ma foy, & ne me ont ousté mon braquemart.

Soubdain apres tyra son dict braquemart, & en ferut l'archier qui le tenoit à dextre, luy coupant entierement les venes iugulaires, & arteres spagitides du col, auecques le guarguareon, iusques es deux adenes : & retirant le coup, luy entreouurit la mouelle spinale entre la seconde & tierce vertebre. La tomba l'archier tout mort. Et le moyne, detournant fon cheual à gauche courut fus l'aultre, lequel voyant fon compaignon mort & le moyne aduentaigé fus foy cryoit à haulte voix. Ha, monfieur le priour ie me rendz, monfieur le priour, mon bon amy, monfieur le priour. Et le moyne cryoit de mefmes. Monfieur le pofteriour, mon amy, monfieur le pofteriour, vous aurez fus voz pofteres. Ha (difoit l'archier) monfieur le priour, mon mignon, monfieur le priour, que dieu vous face abbé. Par l'habit (difoit le moyne) que ie porte, ie vous feray icy cardinal. Renfonnez vous les gens de religion? Vous aurez vn chapeau rouge à cefte heure de ma main. Et l'archier cryoit. Monfieur le priour, monfieur le priour, monfieur l'abbé futeur, monfieur le cardinal, monfieur le tout. Ha, ha, hes, non, Monfieur le priour, mon bon petit feigneur le priour, ie me rends à vous. Et ie te rends (dift le moyne) à tous les diables. Lors d'vn coup luy tranchit la tefte, luy coupant le teft fus les os petrux, & enleuant les deux os bregmatis & la commiffure fagittale auecques grande partie de l'os coronal, ce que faifant luy tranchit les deux meninges, & ouprit profondement les deux pofterieurs ventricules du cerueau, & demoura le craine pendent fus les efpaules à la peau du pericrane par derriere, en forme d'vn bonnet doctoral, noir par deffus, rouge par dedans. Ainfi tomba roidde mort en terre. Ce faict, le Moyne donne des efperons à fon cheual & pourfuyt la voye que tenoient les ennemys, lefquelz auoient rencontré Gargantua & fes compaignons au grand chemin, & tant eftoient diminuez au nombre pour l'enorme meutre que y auoit faict Gargantua auecques fon grand arbre, Gymnafte, Ponocrates, Eudemon, & les aultres, qu'ilz commençoient foy retirer à dili-

gence, tous effrayez & perturbez de fens & entendement comme s'ilz veiffent la propre efpece & forme
de mort dauant leurs yeulx.

Et comme vous voyez vn afne, quand il a au cul
vn œftre Iunonicque, ou vne mouche qui le poinct,
courir ça & là fans voye ny chemin, gettant fa charge
par terre, rompant fon frain & renes, fans aulcunement refpirer ny prandre repos, & ne fçayt on qui
le meut, car l'on ne veoit rien qui le touche. Ainfi
fuyoient ces gens de fens defprouueuz, fans fçauoir
caufe de fuyr : tant feulement les pourfuit vne ter-
reur Panice laquelle auoient conceue en leurs ames.

Voyant le moyne que toute leur penfee n'eftoit fi
non à guaigner au pied, defcend de fon cheual, &
monte fus vne groffe roche qui eftoit fus le chemin,
& auecques fon grand braquemart, frappoit fus ces
fuyars à grand tour de bras fans fe faindre ny
efpargner. Tant en tua & mift par terre, que
fon braquemart rompit en deux pieces. Adoncques
penfa en foy mefmes que c'eftoit affez maffacré &
tué, & que le refte debuoit efchapper pour en porter
les nouuelles. Pourtant faifit en fon poing vne hafche
de ceulx qui là gifoient mors, & fe retourna de rechief fus la roche, paffant temps à veoir fouyr les
ennemys, & cullebuter entre les corps mors, excepté
que à tous faifoit laiffer leurs picques, efpees, lances
& hacquebutes, & ceulx qui portoient les pelerins
liez, il les mettoit à pied & deliuroit leurs cheuaulx
aux dictz pelerins, les retenent auecques foy l'oree de
la haye, & Toucquedillon, lequel il retint prifonnier.

Comment le moyne amena les pelerins, & les bonnes parolles que leur dist Grangousier.

Chapitre XLV.

ESTE escarmouche paracheuee se retyra Gargantua auecques ses gens excepté le Moyne, & sus la poincte du iour se rendirent à Grandgousier, lequel en son lict prioit dieu pour leur salut & victoire. Et les voyant tous saultz & entiers les embrassa de bon amour, & demanda nouuelles du moyne. Mais Gargantua luy respondit que sans doubte leurs ennemys auoient le moyne. Ilz auront (dist Grandgousier) doncques male encontre. Ce que auoit esté bien vray. Pourtant encores est le prouerbe en vsaige, de bailler le moyne à quelcun. Adoncques commenda qu'on aprestast tresbien à desieuner, pour les refraischir. Le tout apresté l'on appella Gargantua, mais tant luy greuoit de ce que le moyne ne comparoit aulcunement, qu'il ne vouloit ny boyre ny manger. Tout soubdain le moyne arriue, & des la porte de la basse court, s'escria. Vin frays, vin frays, Gymnaste mon amy. Gymnaste sortit & veit que c'estoit frere Ian qui amenoit cinq pelerins, & Toucquedillon prison-

nier. Dont Gargantua fortit au dauant, & luy feirent le meilleur recueil que peurent, & le menerent dauant Grandgoufier, lequel l'interrogea de toute fon aduenture. Le moyne luy difoit tout : & comment on l'auoit prins, & comment il s'eftoit deffaict des archiers, & la boucherie qu'il auoit faict par le chemin, & comment il auoit recouuert les pelerins, & amené le capitaine Toucquedillon.

Puis fe mirent à bancqueter ioyeufement tous enfemble. Ce pendent Grandgoufier interrogeoit les pelerins, de quel pays ilz eftoient, dont ilz venoient & ou ilz alloient. Lafdaller pour tous refpondit. Seigneur, ie fuis de fainct Genou en Berry,

Ceftuy cy eft de Paluau,

Ceftuy cy eft de Onzay,

Ceftuy cy eft de Argy,

Et ceftuy cy eft de Villebrenin. Nous venons de fainct Sebaftian, pres de Nantes, & nous en retournons par noz petites iournees. Voyre mais (dift Grandgoufier) qu'alliez vous faire à fainct Sebaftian?

Nous allions (dift Lafdaller) luy offrir noz votes contre la pefte.

O (dift Grandgoufier) pauures gens, eftimez vous que la pefte vienne de fainct Sebaftian? Ouy vrayement (refpondit Lafdaller), noz prefcheurs nous l'afferment.

Ouy (dift Grandgoufier), les faulx prophetes vous annoncent ilz telz abuz? Blafphement ilz en cefte façon les iuftes & fainctz de dieu, qu'ilz les font femblables aux diables, qui ne font que mal entre les humains? Comme Homere efcript que la pefte fut mife en l'ouft des Gregoys par Apolo, & comme les Poetes faignent vn grand tas de Veioues & dieux malfaifans. Ainfi prefchoit à Sinays vn

Caphart, que sainct Antoine metoit le feu es iambes.

Sainct Eutrope faifoit les hydropiques.

Sainct Gildas.les folz.

Sainct Genou les gouttes. Mais ie le puniz en tel exemple quoy qu'il me appellaft Heretique, que depuis ce temps Caphart quiconques n'eft auzé entrer en mes terres. Et m'efbahys fi voftre roy les laiffe prefcher par fon royaulme telz fcandales. Car plus font à punir que ceulx qui par art magicque ou aultre engin auroient mis la pefte par le pays. La pefte ne tue que le corps. Mais telz impofteurs empoifonnent les ames.

Luy difans ces parolles, entra le moyne tout deliberé, & leurs demanda. Dont eftes vous, vous aultres pauures hayres? De fainct Genou, dirent ilz. Et comment (dift le moyne) fe porte l'abbé Tranchelion, le bon beuueur? Et les moynes, quelle chere font ilz? Le cor dieu, ilz bifcotent voz femmes ce pendent que eftes en romiuage. Hinhen (dift Lafdaller) ie n'ay pas peur de la mienne. Car qui la verra de iour ne fe rompera ia le col pour l'aller vifiter la nuict. C'eft (dift le moyne) bien rentré de picques. Elle pourroit eftre auffi layde que Proferpine, elle aura, par dieu, la faccade, puifqu'il y a moynes au tour. Car vn bon ouurier meft indifferentement toutes pieces en œuure. Que i'aye la verolle, en cas que ne les trouuiez engroiffeés à voftre retour. Car feulement l'ombre du clochier d'vne abbaye eft feconde.

C'eft (dift Gargantua) comme l'eau du Nile en Egypte, fi vous croyez Strabo, & Pline lib. vij. chap. iij. aduifez que c'eft de la miche, des habitz, & des corps.

Lors dift Grandgoufier. Allez vous en, pauures

gens, au nom de dieu le createur, lequel vous foit
en guide perpetuelle. Et dorenauant ne foyez faciles
à ces otieux & inutilles voyages. Entretenez voz familles, trauaillez chafcun en fa vacation, inftruez voz
enfans, & viuez comme vous enfeigne le bon Apoftre
fainct Paoul. Ce faifans vous aurez la garde de dieu,
des anges, & des fainctz auecques vous, & n'y aura
pefte ny mal qui vous porte nuyfance.   Puis les
mena Gargantua prendre leur refection en la falle :
mais les pelerins ne faifoient que foufpirer, & dirent
à Gargantua.   O que heureux eft le pays qui a
pour feigneur vn tel homme. Nous fommes plus
edifiez & inftruictz en ces propos qu'il nous a tenu,
qu'en tous les fermons que iamais nous feurent
prefchez en noftre ville.   C'eft (dift Gargantua) ce
que dict Platon lib. v de rep. que lors les repu-
bliques feroient heureufes, quand les roys philofo-
pheroient ou les philofophes regneroient. Puis leur
feift emplir leurs bezaces de viures, leurs bouteilles
de vin, & à chafcun donna cheual pour foy foulager
au refte du chemin, & quelques carolus pour viure.

Comment Grandgousier traicta humainement Toucquedillon prisonnier.

Chapitre XLVI.

OVCQVEDILLON fut presenté à Grandgousier, & interrogé par icelluy sus l'entreprinze & affaires de Picrochole, quelle fin il pretendoit par ce tumultuaire vacarme. A quoy respondit que sa fin & sa destinee estoit de conquester tout le pays s'il pouoit, pour l'iniure faicte à ses fouaciers. C'est (dist Grandgousier) trop entreprint, qui trop embrasse peu estrainct. Le temps n'est plus d'ainsi conquester les royaulmes auecques dommaige de son prochain frere christian : ceste imitation des anciens Hercules, Alexandres, Hannibalz, Scipions, Cesars & aultres telz est contraire à la profession de l'euangile, par lequel nous est commandé, guarder, sauluer, regir & administrer chascun ses pays & terres, non hostilement enuahir les aultres. Et ce que les Sarazins & Barbares iadis appelloient prouesses, maintenant nous appellons briguanderies, & meschansetez. Mieulz eust il faict soy contenir en sa maison, royallement la gouuernant, que insulter en la mienne, hostillement la pillant, car par bien

la gouuerner l'euſt augmentee, par me piller ſera
deſtruict. Allez vous en au nom de dieu : ſuyuez
bonne entreprinſe, remonſtrez à voſtre roy les erreurs
que congnoiſtrez, & iamais ne le conſeillez, ayant
eſgard à voſtre profit particulier, car auecques le
commun eſt auſſy le propre perdu. Quand eſt de
voſtre ranczon, ie vous la donne entierement, &
veulx que vous ſoient rendues armes & cheual :
ainſi fault il faire entre voiſins & anciens amys, veu
que ceſte noſtre difference, n'eſt poinct guerre proprement.

Comme Platon li. v. de rep. vouloit eſtre non
guerre nommee, ains ſedition, quand les Grecz meu-
uoient armes les vngs contre les aultres. Ce que ſi
par male fortune aduenoit, il commande qu'on vſe
de toute modeſtie. Si guerre la nommez, elle n'eſt
que ſuperficiaire : elle n'entre poinct au profond
cabinet de noz cueurs. Car nul de nous n'eſt oultraigé en ſon honneur : & n'eſt queſtion en ſomme
totale, que de rabiller quelque faulte commiſe par
nos gens, i'entends & voſtres & noſtres. Laquelle
encores que congneuſſiez, vous doibuiez laiſſer couler
oultre, car les perſonnages querelans eſtoient plus à
contempner, que à ramenteuoir, meſmement leurs
ſatisfaiſant ſelon le grief, comme ie me ſuis offert.
Dieu ſera iuſte eſtimateur de noſtre different, lequel
ie ſupplye plus toſt par mort me tollir de ceſte vie, &
mes biens deperir dauant mes yeulx, que par moy
ny les miens en rien ſoit offenſé. Ces parolles
acheuees, appella le moyne, & dauant tous luy demanda, frere Ian, mon bon amy, eſtez vous qui auez
prins le capitaine Toucquedillon icy preſent? Syre
(diſt le moyne) il eſt preſent, il a eage & diſcretion,
i'ayme mieulx que le ſachez par ſa confeſſion, que par

ma parolle. Adoncques dift Toucquedillon. Seigneur, c'eft luy veritablement qui m'a prins, & ie me rends fon prifonnier franchement.

L'auez vous (dift Grandgoufier au moyne) mis à rançon? Non, dift le moyne. De cela ie ne me foucie. Combien (dift Grandgoufier) vouldriez vous de fa prinfe? Rien, rien (dift le moyne) cela ne me mene pas. Lors commanda Grandgoufier, que prefent Toucquedillon feuffent contez au moyne foixante & deux mille faluz, pour celle prinfe. Ce que feut faict ce pendent qu'on feift la collation au dict Toucquedillon, au quel demanda Grandgoufier s'il vouloit demourer auecques luy, ou fi mieulx aymoit retourner à fon roy? Toucquedillon refpondit, qu'il tiendroit le party lequel il luy confeilleroit. Doncques (dift Grandgoufier) retournez à voftre roy, & dieu foit auecques vous. Puis luy donna vne belle efpee de Vienne, auecques le fourreau d'or faict à belles vignettes d'orfeuerie, & vn collier d'or pefant fept cens deux mille marcz, garny de fines pierreries, à l'eftimation de cent foixante mille ducatz, & dix mille efcuz par prefent honorable. Apres ces propos monta Toucquedillon fus fon cheual. Gargantua pour fa feureté luy bailla trente hommes d'armes, & fix vingtz archiers foubz la conduite de Gymnafte, pour le mener iufques es portes de la Rocheclermaud, fi befoing eftoit. Icelluy departy le moyne rendit à Grandgoufier les foixante & deux mille falutz qu'il auoit repceu, difant. Syre, ce n'eft ores, que vous doibuez faire telz dons. Attendez la fin de cefte guerre, car l'on ne fçait quelz affaires pourroient furuenir. Et guerre faicte fans bonne prouifion d'argent n'a qu'vn foufpirail de vigueur.

Les nerfz des batailles sont les pecunes. Doncques (dist Grandgousier) à la fin ie vous contenteray par honneste recompense, & tous ceulx qui me auront bien seruy.

Comment Gandgousier manda querir ses legions, & comment Toucquedillon tua Hastiueau, puis fut tué par le commandement de Picrochole.

Chapitre XLVII.

N ces mesmes iours, ceulx de Bessé, du Marché vieux, du bourg sainct Iacques, du Trainneau, de Parillé, de riuiere, des roches sainct Paoul, du Vau breton, de Pautillé, du Brehemont, du pont de Clain, de Crauant, de Grandmont, des Bourdes, de la ville au Mere, de Huymes, de Segré, de Hussé, de sainct Louant, de Panzoust, des Coldreaulx, de Verron, de Coulaines, de Chosé, de Varenes, de Bourgueil, de l'isle Boucard, du Croulay, de Narsay, de Candé, de Montsoreau, & aultres lieux confins, enuoierent deuers Grandgousier ambassades, pour luy dire qu'ilz estoient aduertis des tordz que luy faisoit Picrochole, & pour leur ancienne confederation, ilz luy offroient tout leur pouoir tant de gens, que d'argent, & aultres munitions de guerre. L'argent de tous montoit, par les pactes qu'ilz luy enuoyoient, six vingt quatorze millions deux escuz & demy d'or. Les gens estoient quinze mille hommes d'armes, trente & deux mille cheuaux

legiers, quatre vingtz neuf mille harqueboufiers, cent quarante mille aduenturiers, vnze mille deux cens canons, doubles canons, bafilicz & fpiroles. Pionniers quarante fept mille, le tout fouldoyé & auitaillé pour fix moys & quatre iours. Lequel offre Gargantua ne refufa, ny accepta du tout.

Mais grandement les remerciant, dift, qu'il compoferoit cefte guerre par tel engin que befoing ne feroit tant empefcher de gens de bien. Seulement enuoya qui ameneroit en ordre les legions lefquelles entretenoit ordinairement en fes places de la Deuiniere, de Chauiny, de Grauot, & Quinquenays, montant en nombre deux mille cinq cens hommes d'armes, foixante & fix mille hommes de pied, vingt & fix mille arquebuziers, deux cens groffes pieces d'artillerye, vingt & deux mille Pionniers, & fix mille cheuaulx legiers, tous par bandes, tant bien afforties de leurs thefauriers, de viuandiers, de marefchaulx, de armuriers, & aultres gens neceffaires au trac de bataille, tant bien inftruictz en art militaire, tant bien armez, tant bien recongnoiffans & fuiuans leurs enfeignes, tant foubdains à entendre & obeir à leurs capitaines, tant expediez à courir, tant fors à chocquer, tant prudens à l'aduenture, que mieulx reffembloient vne harmonie d'orgues & concordante d'horologe, q'vne armée, ou genfdarmerie.

Toucquedillon arriué fe prefenta à Picrochole, & luy compta au long ce qu'il auoit & faict & veu. A la fin confeilloit par fortes parolles qu'on feift apoinctement auecques Grandgoufier, lequel il auoit efprouué le plus homme de bien du monde, adiouftant que ce n'eftoit ny preu, ny raifon molefter ainfi fes voifins, defquelz iamais n'auoient eu que tout bien. Et au reguard du principal : que iamais

ne fortiroient de cefte entreprinfe que à leur grand
dommaige & malheur. Car la puiffance de Picrochole n'eftoit telle, que aifement ne les peuft Grandgoufier mettre à fac. Il n'euft acheué cefte parolle,
que Haftiueau dift tout hault. Bien malheureux eft
le prince qui eft de telz gens feruy, qui tant facilement font corrompuz comme ie congnoys Toucquedillon. Car ie voy fon couraige tant changé, que
voluntiers fe teuft adioinct à noz ennemys pour
contre nous batailler & nous trahir, s'ilz l'euffent
voulu retenir : mais comme vertus eft de tous tant
amys que ennemys louee & eftimee, auffi mefchanceté eft toft congneue & fufpecte. Et pofé que
d'icelle les ennemys fe feruent à leur profit, fi ont
ilz toufiours les mefchans & traiftres en abhomi-
nation. A ces parolles, Toucquedillon impatient
tyra fon efpee, & en tranfperça Haftiueau vn peu au
deffus de la mammelle guauche, dont mourut incontinent. Et tyrant fon coup du corps, dift franchement. Ainfi periffe qui feaulx feruiteurs blaf-
mera. Picrochole foubdain entra en fureur, &
voyant l'efpee & fourreau tant diapré, dift. Te auoit
on donné ce bafton, pour en ma prefence tuer mali-
gnement mon tant bon amy Haftiueau?

Lors commenda à fes archiers qu'ilz le meiffent
en pieces. Ce que feut faict fus l'heure, tant cruellement que la chambre eftoit toute pauee de fang.
Puis feift honorablement inhumer le corps de Haftiueau & celluy de Toucquedillon getter par fus les
murailles en la vallee. Les nouuelles de ces oultraiges feurent fceues par toute l'armee, dont plufieurs commencerent murmurer contre Picrochole,
tant que Grippeminault luy dift. Seigneur, ie ne fçay
quelle yffue fera de cefte entreprinfe. Ie voy voz

gens peu confermés en leurs couraiges. Ilz confiderent que fommes icy mal pourueuz de viures, & ia beaucoup diminuez en nombre, par deux ou troys yſſues.

D'auantaige il vient grand renfort de gens à voz ennemys. Si nous fommes affiegez vne foys, ie ne voy poinct comment ce ne foit à noſtre ruyne totale. Bren, bren, dift Picrochole, vous femblez les anguillez de Melun, vous criez dauant qu'on vous efcorche : laiſſés les feulement venir.

Comment Gargantua affaillit Picrochole dedans la Rocheclermaud, & defift l'armee dudict Picrochole.

CHAPITRE XLVIII.

ARGANTVA eut la charge totale de l'armee, fon pere demoura en fon fort. Et leur donnant couraige par bonnes parolles, promift grandz dons à ceulx qui feroient quelques proueffes. Puis gaignerent le gué de Vede, & par bafteaulx & pons legierement faictz pafferent oultre d'vne traicte. Puis confiderant l'affiete de la ville, que eftoit en lieu hault & aduentageux, delibera celle nuyct fus ce qu'eftoit de faire. Mais Gymnafte luy dift. Seigneur, telle eft la nature & complexion des Françoys, que ilz ne valent que à la premiere poincte. Lors ilz font pires que diables. Mais s'ilz feiournent, ilz font moins que femmes. Ie fuis d'aduis que à l'heure prefente, apres que voz gens auront quelque peu refpiré & repeu, faciez donner l'affault. L'aduis feut trouué bon. Adoncques produict toute fon armee en plain camp, mettant les fubfides du coufté de la montee. Le moyne print auecques luy fix enfeignes de gens de pied, & deux cens

hommes d'armes, & en grande diligence trauerſa les marays, & gaingna au deſſus le puy iuſques au grand chemin de Loudun. Ce pendent l'aſſault continuoit, les gens de Picrochole ne ſçauoient ſi le meilleur eſtoit ſortir hors & les recepuoir, ou bien guarder la ville ſans bouger. Mais furieuſement ſortit auecques quelque bande d'hommes d'armes de ſa maiſon : & là feut receu & feſtoyé à grandz coups de canon qui greſloient deuers les couſtaux, dont les Gargantuiſtes ſe retirerent au val, pour mieulx donner lieu à l'artillerye. Ceulx de la ville defendoient le mieulx que pouoient, mais les traictz paſſoient oultre par deſſus ſans nul ferir. Aulcuns de la bande ſauluez de l'artillerie donnerent fierement ſus nos gens, mais peu profiterent, car tous feurent repceuz entre les ordres, & là ruez par terre. Ce que voyans ſe vouloient retirer, mais ce pendent le moyne auoit occupé le paſſaige. Parquoy ſe mirent en fuyte ſans ordre ny maintien. Aulcuns vouloient leur donner la chaſſe, mais le moyne les retint, craignant que ſuyuant les fuyans perdiſſent leurs rancz, & que ſus ce poinct ceulx de la ville chargeaſſent ſus eulx. Puis attendant quelque eſpace, & nul ne comparant à l'encontre, enuoya le duc Phrontiſte pour admonneſter Gargantua à ce qu'il auanceaſt pour gaigner le couſteau à la gauche, pour empeſcher la retraicte de Picrochole par celle porte.

Ce que feiſt Gargantua en toute diligence, & y enuoya quatre legions de la compaignie de Sebaſte, mais ſi toſt ne peurent gaigner le hault, qu'ilz ne rencontraſſent en barbe Picrochole & ceulx qui auecques luy s'eſtoient eſpars. Lors chargerent ſus roiddement, toutesfoys grandement feurent endommaigez par ceulx qui eſtoient ſus les murs, en coupz

CHAPITRE XLVIII.

de traict & artillerie. Quoy voyant Gargantua en grande puiſſance alla les ſecourir, & commença ſon artillerie à hurter ſus ce quartier de murailles, tant que toute la force de la ville y feut reuocquee.

Le moyne voyant celluy couſté lequel il tenoit aſſiegé, denué de gens & guardes, magnanimement tyra vers le fort, & tant feiſt qu'il monta ſus luy, & aulcuns de ſes gens, penſant que plus de crainte & de frayeur donnent ceulx qui ſuruiennent à vn conflict, que ceulx qui lors à leur force combattent.

Toutesfois ne feiſt oncques effroy, iuſques à ce que tous les ſiens euſſent guaigné la muraille, excepté les deux cens hommes d'armes qu'il laiſſa hors pour les hazars. Puis s'eſcria horriblement & les ſiens enſemble, & ſans reſiſtence tuerent les gardes d'icelle porte, & la ouurirent es hommes d'armes, & en toute fiereté coururent enſemble vers la porte de l'orient, ou eſtoit le deſarroy. Et par derriere renuerſerent toute leur force. Voyans les aſſiegez de tous couſtez, & les Gargantuiſtes auoir gaigné la ville, ſe rendirent au moyne à mercy. Le moyne leurs feiſt rendre les baſtons & armes, & tous retirer & reſerrer par les egliſes, ſaiſiſſant tous les baſtons des croix, & commettant gens es portes pour les garder de yſſir. Puis ouurant celle porte orientale ſortit au ſecours de Gargantua. Mais Picrochole penſoit que le ſecours luy venoit de la ville, & par oultrecuidance ſe hazarda plus que deuant: iuſques à ce que Gargantua s'eſcrya. Frere Ian, mon amy, frere Ian, en bon heure ſoyez venu.

Adoncques congnoiſſant Picrochole & ſes gens que tout eſtoit deſeſperé, prindrent la fuyte en tous endroictz. Gargantua les pourſuyuit iuſques pres Vaugaudry, tuant & maſſacrant, puis ſonna la retraicte.

*Comment Picrochole fuiant feut furprins
de males fortunes & ce que feit
Gargantua apres la bataille.*

Chapitre XLIX.

ICROCHOLE ainfi defefperé s'en
fuyt vers l'Ifle Bouchart, & au
chemin de Riuiere fon cheual
bruncha par terre, à quoy tant
feut indigné que de fon efpee le
tua en fa chole, puis ne trouuant
perfonne qui le remontaft voulut
prendre vn afne du moulin qui là aupres eftoit,
mais les meufniers le meurtrirent tout de coups, & le
deftroufferent de fes habillemens, & luy baillerent
pour foy couurir vne mefchante fequenye. Ainfi
s'en alla le pauure cholericque, puis paffant l'eau
au port Huaux, & racontant fes males fortunes, feut
aduifé par vne vieille Lourpidon, que fon royaulme
luy feroit rendu à la venue des Cocquecigrues : depuis ne fçait on qu'il eft deuenu. Toutesfoys l'on
m'a dict qu'il eft de prefent pauure gaignedenier à
Lyon, cholere comme dauant. Et toufiours fe guemente à tous eftrangiers de la venue des Cocquecigrues, efperant certainement fcelon la prophetie de
la vieille, eftre à leur venue reintegré à fon royaulme.

Apres leur retraicte Gargantua premierement recenſa les gens, & trouua que peu d'iceulx eſtoient peryz en la bataille, ſçauoir eſt quelques gens de pied de la bande du capitaine Tolmere, & Ponocrates qui auoit vn coup de harquebouze en ſon pourpoinct. Puis les feiſt refraiſchir chaſcun par ſa bande & commanda es theſauriers que ce repas leur feuſt defrayé & payé, & que l'on ne feiſt oultrage quelconques en la ville, veu qu'elle eſtoit ſienne, & apres leur repas ilz comparuſſent en la place dauant le chaſteau, & là ſeroient payez pour ſix moys. Ce que feut faict. Puis feiſt conuenir dauant ſoy en ladicte place tous ceulx qui là reſtoient de la part de Picrochole, eſquelz, preſens tous ſes Princes & capitaines, parla comme s'enſuyt.

La contion que feiſt Gargantua es vaincus.

Chapitre L.

os peres, ayeulx, & anceſtres de toute memoyre, ont eſté de ce ſens & ceſte nature : que des batailles par eulx conſommees ont pour ſigne memorial des triumphes & victoires plus voluntiers erigé trophees & monumens es cueurs des vaincuz par grace, que es terres par eulx conqueſtees par architecture. Car plus eſtimoient la viue ſouuenance des humains acquiſe par liberalité, que la mute inſcription des arcs, colomnes, & pyramides, ſubiecte es calamitez de l'air, & enuie d'vn chaſcun. Souuenir aſſez vous peut de la manſuetude, dont ilz vſerent enuers les Bretons à la iournee de ſainct Aubin du Cormier : & à la demolition de Parthenay. Vous auez entendu, & entendent admirez le bon traictement qu'ilz feirent es Barbares de Spagnola, qui auoient pillé, depopulé, & ſaccaigé les fins maritimes de Olone & Thalmondoys.

Tout ce ciel a eſté remply des louanges & gratulations que vous meſmes & vos peres feiſtes lors que Alpharbal, roy de Canarre, non aſſouy de ſes fortunes, enuahyt furieuſement le pays de Onys, exer-

cent la piraticque en toutes les iſles Armoricques & regions confines. Il feut en iuſte bataille nauale prins & vaincu de mon pere, au quel Dieu ſoit garde & protecteur. Mais quoy? Au cas que les aultres roys & Empereurs, voyre qui ſe font nommer Catholicques, l'euſſent miſerablement traicté, durement empriſonné, & rançonné extremement : il le traicta courtoiſement, amiablement le logea auecques foy en ſon palays, & par incroyable debonnaireté le renuoya en ſaufconduyt, chargé de dons, chargé de graces, chargé de toutes offices d'amytié. Qu'en eſt il aduenu?
Luy retourné en ſes terres feiſt aſſembler tous les princes & eſtatz de ſon royaulme, leurs expoſa l'humanité qu'il auoit en nous cogneu & les pria ſur ce deliberer en façon que le monde y euſt exemple, comme auoit ia en nous de gracieuſeté honeſte, auſſi en eulx de honeſteté gracieuſe. Là feut decreté par conſentement vnanime, que l'on offreroit entierement leurs terres, dommaines & royaulme, à en faire ſelon noſtre arbitre.
Alpharbal en propre perſonne ſoubdain retourna auecques neuf mille trente & huyt grandes naufz oneraires, menant non ſeulement les theſors de ſa maiſon & lignee royalle, mais pres que de tout le pays. Car ſoy embarquant pour faire voille au vent Veſten Nordeſt, chaſcun à la foulle gettoit dedans icelles or, argent, bagues, ioyaulx, eſpiceries, drogues & odeurs aromaticques, Papegays, Pelicans, Guenons, Ciuettes, Genettes, Porczeſpicz. Poinct n'eſtoit filz de bonne mere reputé, qui dedans ne gettaſt ce que auoit de ſingulier. Arriué que feut vouloit baiſer les piedz de mondict pere : le faict feut eſtimé indigne, & ne feut toleré : ains fut embraſſé ſocialement : offrit ſes preſens, ilz ne feurent receupz,

par trop eftre exceffifz, fe donna mancipe & ferf
voluntaire, foy & fa pofterité : ce ne feut accepté,
par ne fembler equitable : ceda par le decret des
eftatz fes terres & royaulme, offrant la tranfaction
& tranfport figné, fcellé & ratifié de tous ceulx qui
faire le debuoient : ce fut totalement refufé, & les
contractz gettés au feu.   La fin feut, que mon dict
pere commença lamenter de pitié & pleurer copieufement, confiderant le franc vouloir & fimplicité des
Canarriens : & par motz exquis & fentences con-
grues diminuoit le bon tour qu'il leur auoit faict,
difant ne leur auoir faict bien qui feut à l'eftimation
d'vn bouton, & fi rien d'honnefteté leur auoit monftré,
il eftoit tenu de ce faire. Mais tant plus l'augmentoit
Alpharbal. Quelle feut l'yffue ?   En lieu que pour fa
rançon prinze à toute extremité, euffions peu tyran-
nicquement exiger vingt foys cent mille efcutz & retenir pour houftaigers fes enfants aifnez, ilz fe font
faictz tributaires perpetuelz, & obligez nous bailler
par chafcun an deux millions d'or affiné à vingt
quatre karatz. Ilz nous feurent l'annee premiere icy
payez : la feconde de franc vouloir en paierent. xxiij.
cens mille efcuz : la tierce. xxvj. cens mille, la quarte
troys millions, & tant toufiours croiffent de leur bon
gré, que ferons contrainctz leurs inhiber de rien plus
nous apporter.   C'eft la nature de gratuité.   Car
le temps qui toutes chofes ronge & diminue, augmente,
& accroift les biensfaictz, par ce q'vn bon tour libe-
ralement faict à homme de raifon, croift continuement par noble penfee & remembrance.   Ne voulant doncques aulcunement degenerer de la debonnaireté hereditaire de mes parens, maintenant ie vous
abfoluz, & deliure, & vous rends francs & liberes
comme par auant.

D'abondant ferez à l'yssue des portes payez chascun pour troys moys, pour vous pouuoir retirer en voz maisons & familles, & vous conduiront en sauluetė six cens hommes d'armes & huyct mille hommes de pied foubz la conduicte de mon escuyer Alexandre, affin que par les paisans ne foyez oultragez. Dieu soit auecques vous. Ie regrette de tout mon cueur que n'est icy Picrochole. Car ie luy eusse donné à entendre que sans mon vouloir, sans espoir de accroistre ny mon bien, ny mon nom, estoit faicte ceste guerre. Mais puis qu'il est esperdu, & ne sçayt on ou, ny comment est esuanouy, ie veulx que son royaulme demeure entier à son filz. Lequel par ce qu'est par trop bas d'eage, (car il n'a encores cinq ans accomplyz) sera gouuerné & instruict par les anciens princes & gens sçauans du royaulme. Et par autant q'vn royaulme ainsi desolé, seroit facilement ruiné, si on ne refrenoit la conuoytise & auarice des administrateurs d'icelluy : ie ordonne & veux que Ponocrates soit sus tous ses gouuerneurs entendant, auecques auctorité à ce requise, & assidu auecques l'enfant : iusques à ce qu'il le congnoistra idoine de pouoir par soy regir & regner. Ie considere que facilité trop eneruee & dissolue de pardonner es malfaisans leur est occasion de plus legierement de rechief mal faire par ceste pernicieuse confiance de grace. Ie considere que Moyse, le plus doulx homme qui de son temps feust sus la terre, aigrement punissoit les mutins & seditieux on peuple de Israel. Ie considere que Iules Cesar empereur tant debonnaire, que de luy dict Ciceron, que sa fortune rien plus souuerain n'auoit, sinon qu'il pouuoit : & sa vertus meilleur n'auoit, sinon qu'il vouloit tousiours sauuer, & pardonner à vn chascun : icelluy toutesfoys ce non obſtant en certains endroictz punit rigoureuſement les aucteurs de rebellion. A ces exemples ie veulx que me liurez auant le departir : premierement ce beau Marquet, qui a eſté ſource & cauſe premiere de ceſte guerre par ſa vaine oultrecuidance. Secondement ſes compaignons fouaciers, qui feurent negligens de corriger ſa teſte folle ſus l'inſtant. Et finablement tous les conſeilliers, capitaines, officiers & domeſtiques de Picrochole : leſquels le auroient incité, loué, ou conſeillé de ſortir ſes limites pour ainſi nous inquieter.

*Comment les victeurs gargantuistes feurent
recompensez apres la bataille.*

CHAPITRE LI.

ESTE concion faicte par Gargantua, feurent liurez les seditieux par luy requis : exceptez Spadaffin, Merdaille & Menuail : lesquelz estoient fuyz six heures dauant la bataille, l'vn iusques au col de Laignel, d'vne traicte, l'aultre iusques au val de Vyre, l'aultre iusques à Logroine, sans derriere soy reguarder, ny prandre alaine par chemin, & deux fouaciers, lesquelz perirent en la iournee. Aultre mal ne leurs feist Gargantua, sinon qu'il les ordonna pour tirer les presses à son imprimerie : laquelle il auoit nouuellement instituee.

Puis ceulx qui là estoient mors il feist honorablement inhumer en la vallee des Noirettes, & au camp de Brusleuieille. Les naurés il feist panser & traicter en son grand Nosocome. Apres aduisa es dommaiges faictz en la ville & habitants : & les feist rembourcer de tous leurs interestz à leur confession & serment. Et y feist bastir vn fort chasteau : y commettant gens & guet pour à l'aduenir mieulx soy defendre contre les soubdaines esmeutes.

Au departir remercia gratieufement tous les foubdars de fes legions, qui auoient efté à cefte defaicte, & les renuoya hyuerner en leurs ftations & guarnifons. Exceptez aulcuns de la legion Decumane, lefquelz il auoit veu en la iournee faire quelques proueffes : & les capitaines des bandes, lefquelz il amena auecques foy deuers Grandgoufier.

A la veue & venue d'iceulx le bon homme feut tant ioyeux, que poffible ne feroit le defcripre.
Adonc leurs feift vn feftin le plus magnificque, le plus abundant & plus delitieux, que feuft veu depuis le temps du roy Affuere. A l'iffue de table il diftribua à chafcun d'iceulx tout le parement de fon buffet, qui eftoit au poys de difhuyt cent mille quatorze bezans d'or : en grands vafes d'antique, grands potz, grans baffins, grands taffes, couppes, potetz, candelabres, calathes, nacelles, violiers, drageouoirs, & aultre telle vaiffelle toute d'or maffif, oultre la pierrerie, efmail & ouuraige, qui par eftime de tous excedoit en pris la matiere d'iceulx. Plus, leur feift compter de fes coffres à chafcun douze cens mille efcutz contens. Et d'abundant à chafcun d'iceulx donna à perpetuité (excepté s'ilz mouroient fans hoirs) fes chafteaulx & terres voizines, felon que plus leurs eftoient commodes. A Ponocrates donna la Rocheclermaud, à Gymnafte le Couldray, à Eudemon Montpenfier, le Riuau, à Tolmere, à Ithybole, Montforeau, à Acamas Candé, Varenes, à Chironacte, Grauot, à Sebafte, Quinquenays, à Alexandre, Ligré, à Sophrone, & ainfi de fes aultres places.

*Comment Gargantua feiſt baſtir pour le moyne
l'abbaye de Theleme.*

CHAPITRE LII.

ESTOIT feulement le moyne
pouruoir. Lequel Gargantua vou-
loit faire abbé de Seuillé : mais
il le refufa. Il luy voulut donner
l'abbaye de Bourgueil, ou de
ſainct Florent, laquelle mieulx luy
duiroit, ou toutes deux, s'il les
prenoit à gré. Mais le moyne luy fiſt refponce peremptoire, que de moynes il ne vouloit charge ny
gouuernement. Car comment (difoit il) pourroy ie
gouuerner aultruy, qui moymefmes gouuerner ne
fçaurois? Si vous femble que ie vous aye faict, &
que puiſſe à l'aduenir faire feruice agreable, oul-
troyez moy de fonder vne abbaye à mon deuis. La
demande pleut à Gargantua, & offrit tout fon pays
de Theleme iouſte la riuiere de Loyre, à deux
lieues de la grande foreſt du port Huault. Et requiſt à Gargantua qu'il inſtituaſt fa religion au contraire de toutes aultres. Premierement doncques
(diſt Gargantua) il n'y fauldra ia baſtir murailles
au circuit : car toutes aultres abbayes font fierement
murees. Voyre, diſt le moyne. Et non fans caufe :

ou mur y a & dauant & derriere, y a force murmur, enuie, & conspiration mutue. D'auantaige veu que en certains conuents de ce monde est en vsance : que si femme aulcune y entre (i'entends des preudes & pudicques) on nettoye la place par laquelle elles ont passé, feut ordonné que si religieux ou religieuse y entroit par cas fortuit, on nettoiroit curieusement tous les lieulx par lesquelz auroient passé. Et par ce que es religions de ce monde tout compassé, limité, & reiglé par heures, feut decreté que là ne seroit horrologe ny quadrant aulcun. Mais selon les occasions & oportunitez seroient toutes les œuures dispensees. Car (disoit Gargantua) la plus vraye perte du temps qu'il sceust, estoit de compter les heures. Quel bien en vient il? Et la plus grande resuerie du monde estoit soy gouuerner au son d'vne cloche, & non au dicté de bon sens & entendement.

Item, par ce qu'en icelluy temps on ne mettoit en religion des femmes, si non celles que estoient borgnes, boyteuses, bossues, laydes, defaictes, folles, insensees, maleficiees, & tarees : ny les hommes sinon catarrez, mal nez, niays & empesche de maison.

A propos (dist le moyne) vne femme qui n'est ny belle ny bonne, à quoy vault toille? A mettre en religion, dist Gargantua. Voyre, dist le moyne, & à faire des chemises. Feut ordonné que là ne seroient repceues si non les belles, bien formees, & bien naturees : & les beaulx, bien formez, & bien naturez. Item, par ce que es conuentz des femmes ne entroient les hommes si non à l'emblee & clandestinement : feut decreté que ia ne seroient là les femmes au cas que n'y feussent les hommes : ny les hommes en cas que n'y feussent les femmes.

Item, par ce que tant hommes que femmes vne foys repceuez en religion apres l'an de probation eſtoient forcez & aſtrinɛtz y demeurer perpetuellement leur vie durante, feuſt eſtably que tant hommes que femmes là repceuz, ſortiroient quand bon leurs ſembleroit franchement & entierement.

Item par ce que ordinairement les religieux faiſoient troys veuz : ſçauoir eſt de chaſteté, pauureté, & obedience : fut conſtitué, que là honorablement on peult eſtre marié, que chaſcun feut riche, & veſquiſt en liberté. Au reguard de l'eage legitime, les femmes y eſtoient repceues depuis dix iuſques à quinze ans : les hommes depuis douze iuſques à dix & huiɛt.

*Comment feut baſtie & dotee l'abbaye
des Thelemites.*

Chapitre LIII.

our le baſtiment, & aſſortiment
de l'abbaye Gargantua feiſt li-
urer de content vingt & ſept cent
mille huyt cent trente & vn mouton à la grand laine, & par chaſcun an iuſques à ce que le tout
feuſt parfaict aſſigna ſus la recepte
de la Diue ſeze cent ſoixante & neuf mille eſcuz au
ſoleil & autant à l'eſtoille pouſſiniere.   Pour la
fondation & entretenement d'icelle donna à perpetuité vingt troys cent ſoixante neuf mille cinq cens
quatorze nobles à la roſe de rente fonciere, indem-
nez, amortyz, & ſoluables par chaſcun an à la porte
de l'abbaye. Et de ce leurs paſſa belles lettres.   Le
baſtiment feut en figure exagone en telle façon que
à chaſcun angle eſtoit baſtie vne groſſe tour ronde
à la capacité de ſoixante pas en diametre. Et eſtoient
toutes pareilles en groſſeur & protraict. La riuiere
de Loyre decoulloit ſus l'aſpect de Septentrion. Au
pied d'icelle eſtoit vne des tours aſſiſe, nommee Artice. Et tirant vers l'orient eſtoit vne aultre nommee
Calaer. L'aultre enſuiuant Anatole. L'aultre apres Me-

CHAPITRE LIII.

fembrine. L'autre apres Hefperie. La derniere Cryere.

Entre chafcune tour eftoit efpace de troys cent douze pas. Le tout bafty à fix eftages, comprenent les caues foubz terre pour vn. Le fecond eftoit voulté à la forme d'vne anfe de panier. Le refte eftoit embrunché de guy de Flandres à forme de culz de lampes, le deffus couuert d'Ardoize fine : auec l'endouffeure de plomb à figures de petitz manequins & animaulx bien affortiz & dorez, auec les goutieres que yffoient hors la muraille entre les croyzees, pinctes en figure diagonale de or & azur, iufques en terre, ou finiffoient en grands efchenaulx qui tous conduifoient en la riuiere par deffoubz le logis. Ledict baftiment eftoit cent foys plus magnificque que n'eft Boniuet, ne Chambourg, ne Chantilly. Car en ycelluy eftoient neuf mille troys cens trente & deux chambres : chafcune guarnie de arriere chambre, cabinet, guarderobbe, chapelle, & yffue en vne grande falle. Entre chafcune tour au mylieu dudict corps de logis eftoit vne viz brizee dedans icelluy mefmes corps. De laquelle les marches eftoient part de porphyre, part de pierre Numidicque, part de marbre ferpentin : longues de xxii. piedz : l'efpeffeur eftoit de troys doigtz, l'affiete par nombre de douze entre chafcun repous. En chafcun repous eftoient deux beaulx arceaux d'antique, par lefquelz eftoit repceu la clarté : & par iceulx on entroit en vn cabinet faict à clere voys de largeur de ladicte viz : & montoit iufques au deffus la couuerture, & là finoit en pauillon. Par icelle viz on entroit de chafcun coufté en vne grande falle, & des falles es chambres. Depuis la tour Artice iufques à Cryere eftoient les belles grandes librairies en Grec, Latin, Hebrieu, Françoys, Tufcan, & Hefpaignol : difparties par les diuers eftaiges felon iceulx langaiges. Au mylieu eſtoit vne merueilleuſe viz, de laquelle l'entree eſtoit par le dehors du logis en vn arceau large de ſix toizes. Icelle eſtoit faicte en telle ſymmetrie & capacité, que ſix hommes d'armes la lance ſus la cuiſſe pouoient de fronc enſemble monter iuſques au deſſus de tout le baſtiment. Depuis la tour Anatole iuſques à Meſembrine eſtoient belles grandes galleries toutes pinctes des antiques proueſſes hiſtoires & deſcriptions de la terre. Au milieu eſtoit vne pareille montee & porte comme auons dict du couſté de la riuiere. Sus icelle porte eſtoit eſcript en groſſes lettres antiques ce que s'enſuit.

Inscription mise sus la grande porte de Theleme.

Chapitre LIIII.

Cy n'entrez pas Hypocrites, bigotz,
Vieulx matagotz, marmiteux borsouflez,
Torcoulx, badaulx plus que n'estoient les Gotz
Ny Ostrogotz, precurseurs des magotz,
Haires, cagotz, caffars empantouflez,
Gueux mitouflez, frapars escorniflez,
Befflez, enflez, fagoteurs de tabus,
Tirez ailleurs pour vendre voz abus.

      Voz abus meschans
      Rempliroient mes camps
      De meschanceté,
      Et par faulseté
      Troubleroient mes chants
      Vos abus meschans.

Cy n'entrez pas maschefains practiciens,
Clers, basauchiens, mangeurs du populaire,
Officiaulx, scribes, & pharisiens,
Iuges, anciens, qui les bons parroiciens
Ainsi que chiens mettez au capulaire.
Vostre salaire est au patibulaire.
Allez y braire : icy n'est faict exces,
Dont en voz cours on deust mouuoir proces.

Proces & debatz
Peu font cy d'ebatz,
Ou l'on vient s'esbatre.
A vous pour debatre
Soient en pleins cabatz
Proces & debatz.

Cy n'entrez pas vous vſuriers chichars,
Briſſaulx, leſchars, qui touſiours amaſſez,
Grippeminaulx, aualleurs de frimars,
Courbez, camars, qui en vos coquemars
De mille marcs ià n'auriez aſſez.
Poinct eſguaſſez n'eſtes quand cabaſſez
Et entaſſez, poiltrons à chiche face.
La male mort en ce pas vous deface.

Face non humaine
De telz gens qu'on maine
Raire ailleurs : ceans
Ne feroit feans.
Vuidez ce dommaine
Face non humaine.

Cy n'entrez pas, vous raſſotez maſtins,
Soirs ny matins, vieux chagrins & ialous :
Ny vous auſſi feditieux mutins,
Larues, lutins, de Dangier palatins,
Grecz ou Latins, plus à craindre que Loups ;
Ny vous gualous verollez iuſqu'à l'ous :
Portez voz loups ailleurs paiſtre en bonheur,
Crouſteleuez remplis de deshonneur.

Honneur, los, deduict,
Ceans eſt deduict
Par ioyeux acords.
Tous ſont ſains au corps.
Par ce bien leur duict
Honneur, los, deduict.

Cy entrez vous, & bien foyez venuz
Et paruenuz tous nobles cheualiers.
Cy eft le lieu ou font les reuenuz
Bien aduenuz : affin que entretenuz,
Grands & menuz, tous foyez à milliers.
Mes familiers ferez & peculiers,
Frifques, gualliers, ioyeux, plaifans mignons,
En general tous gentilz compaignons.

  . Compaignons gentilz,
   Serains & fubtilz,
   Hors de vilité,
   De ciuilité
   Cy font les houftilz,
   Compaignons gentilz.

Cy entrez vous qui le fainct euangile
En fens agile annoncez, quoy qu'on gronde :
Ceans aurez vn refuge & baftille
Contre l'hoftile erreur, qui tant poftille
Par fon faulx ftile empoizonner le monde :
Entrez, qu'on fonde icy la foy profonde,
Puis qu'on confonde, & par voix, & par rolle,
Les ennemys de la fainéte parolle.

   La parolle faincte
   Ia ne foit extaincte
   En ce lieu treffainct.
  . Chafcun en foit ceinct,
   Chafcune ay enceincte
   La parolle faincte.

Cy entrez vous dames de hault paraige
En franc couraige. Entrez y en bon heur,
Fleurs de beaulté, à celefte vifaige,
A droict corfaige, à maintien prude & faige.
En ce paffaige eft le feiour d'honneur.
Le hault feigneur, qui du lieu fut donneur

Et guerdonneur, pour vous l'a ordonné,
Et pour frayer à tout prou or donné.

  Or donné par don
  Ordonne pardon
  A cil qui le donne,
  Et tresbien guerdonne
  Tout mortel preud'hom
  Or donné par don.

Comment estoit le manoir des Thelemites.

Chapitre LV.

v millieu de la basse court estoit vne fontaine magnificque de bel Alabastre. Au dessus les troys Graces auecques cornes d'abondance. Et gettoient l'eau par les mamelles, bouche, aureilles, yeulx, & aultres ouuertures du corps. Le dedans du logis sus ladicte basse court estoit sus gros pilliers de Cassidoine & Porphyre, à beaulx ars d'antique. Au dedans desquelz estoient belles gualeries longues & amples, aornees de pinctures, & cornes de cerfz, licornes, Rhinoceros, Hippopotames, dens de Elephans, & aultres choses spectables. Le logis des dames comprenoit depuis la tour Artice, iusques à la porte Mesembrine. Les hommes occupoient le reste. Deuant ledict logis des dames, affin qu'elles eussent l'esbatement, entre les deux premieres tours, au dehors, estoient les lices, l'hippodrome, le theatre, & natatoires, auecques les bains mirificques à triple solier, bien garniz de tous assortemens & foyzon d'eau de Myre. Iouxte la riuiere estoit le beau iardin de plaisance. Au millieu d'icelluy le beau Labirynte. Entre les deux aultres tours

estoient les ieux de paulme & de grosse balle. Du cousté de la tour Cryere estoit le vergier plein de tous arbres fructiers, toutes ordonnees en ordre quincunce. Au bout estoit le grand parc, foizonnant en toute sauuagine. Entre les tierces tours estoient les butes pour l'arquebuse, l'arc, & l'arbaleste.
Les offices hors la tour Hesperie, à simple estaige. L'escurye au delà des offices. La faulconnerie au dauant d'icelles, gouuernee par asturciers bien expers en l'art. Et estoit annuellement fournie par les Candiens, Venitiens, & Sarmates, de toutes sortes d'oiseaux paragons.

>Aigles, Gerfaulx, Autours,
>Sacres, Laniers, Faulcons,
>Esparuiers, Esmerillons,

Et aultres : tant bien faictz & domestiquez que partans du chasteau pour s'esbatre es champs prenoient tout ce que rencontroient. La venerie estoit vn peu plus loing tyrant vers le parc.

Toutes les salles, chambres, & cabinetz estoient tapissez en diuerses sortes selon les saisons de l'annee. Tout le paué estoit couuert de drap verd.
Les lictz estoient de broderie. En chascune arriere chambre estoit vn miroir de christallin enchassé en or fin, au tour garny de perles, & estoit de telle grandeur, qu'il pouoit veritablement representer toute la personne. A l'issue des salles du logis des dames estoient les parfumeurs & testonneurs, par les mains desquelz passoient les hommes quant ilz visitoient les dames. Iceulx fournissoient par chascun matin les chambres des dames, d'eau rose, d'eau de naphe, & d'eau d'ange, & à chascune la precieuse cassollette vaporante de toutes drogues aromatiques.

*Comment eſtoient veſtuz les religieux
& religieuſes de Theleme.*

Chapitre LVI.

ES dames au commencement de la fondation ſe habilloient à leur plaiſir & arbitre. Depuis feurent reformeez par leur franc vouloir en la façon que s'enſuyt. Elles portoient chauſſes d'eſcarlatte, ou de migraine, & paſſoient leſdictes chauſſes le genoul au deſſus par troys doigtz, iuſtement. Et ceſte liziere eſtoit de quelques belles broderies & deſcoupeures. Les iartieres eſtoient de la couleur de leurs bracelletz, & comprenoient le genoul au deſſus & deſſoubz.

Les ſouliers, eſcarpins, & pantoufles de velours cramoizi rouge, ou violet, deſchicquettees à barbe d'eſcreuiſſe.

Au deſſus de la chemiſe veſtoient la belle Vaſquine de quelque beau camelot de ſoye. Sus icelle veſtoient la Verdugale de tafetas blanc, rouge, tanné, grys, &c. Au deſſus, la cotte de tafetas d'argent faict à broderies de fin or & à l'agueille entortillé, ou ſelon que bon leur ſembloit, & correſpondent à la diſpoſition de l'air, de ſatin, damas, velours orangé, tanné, verd, cendré, bleu, iaune, clair, rouge, cramoyzi, blanc, drap d'or, toille d'argent, de canetille, de brodure, felon les feftes. Les robbes felon la faifon, de toile d'or à frizure d'argent, de fatin rouge couuert de canetille d'or, de tafetas blanc, bleu, noir, tanné, farge de foye, camelot de foye, velours, drap d'argent, toille d'argent, or traict, velours ou fatin porfilé d'or en diuerfes protraictures.

En efté quelques iours en lieu de robbes portoient belles Marlottes des parures fufdictes, ou quelques bernes à la Morefque de velours violet à frizure d'or fus canetille d'argent, ou à cordelieres d'or guarnies aux rencontres de petites perles Indicques. Et toufiours le beau panache fcelon les couleurs des manchons & bien guarny de papillettes d'or. En hyuer, robbes de tafetas des couleurs comme deffus : fourrees de loups ceruiers, genettes noires, martres de Calabre, zibelines, & aultres fourrures precieufes. Les patenoftres, anneaulx, iazerans, carcans, eftoient de fines pierreries, efcarboucles, rubys, balays, diamans, faphiz, efmeraudes, turquoyzes, grenatz, agathes, berilles, perles & vnions d'excellence.

L'acouftrement de la tefte eftoit felon le temps. En hyuer à la mode Françoyfe. Au prin temps à l'Efpagnole. En efté à la Tufque. Exceptez les feftes & dimanches, efquelz portoient accouftrement Françoys, par ce qu'il eft plus honorable, & mieulx fent la pudicité matronale. Les hommes eftoient habillez à leur mode : chauffes pour le bas d'eftamet, ou ferge drapee d'efcarlatte, de migraine, blanc ou noir.
Les hault de velours d'icelles couleurs, ou bien pres approchantes : brodees & defchicquetees felon leur inuention. Le pourpoint de drap d'or, d'argent, de

velours, satin, damas, tafetas, de mesmes couleurs, deschicquettés, broudez, & acoustrez en paragon.
Les aguillettes de soye de mesmes couleurs, les fers d'or bien esmaillez. Les sayez & chamarres de drap d'or, toille d'or, drap d'argent, velours porfilé à plaisir. Les robbes autant precieuses comme des dames. Les ceinctures de soye de couleurs du pourpoinct, chascun la belle espee au cousté, la poignee doree, le fourreau de velours de la couleur des chausses, le bout d'or, & de orfeurerie. Le poignart de mesmes.

Le bonnet de velours noir, garny de force bagues & boutons d'or. La plume blanche par dessus mignonnement, partie à paillettes d'or : au bout desquelles pendoient en papillettes, beaulx rubiz, esmerauldes, &c. Mais telle sympathie estoit entre les hommes & les femmes, que par chascun iour ilz estoient vestuz de semblable parure. Et pour à ce ne faillir estoient certains gentilz hommes ordonnez pour dire es hommes par chascun matin, quelle liuree les dames vouloient en icelle iournee porter. Car le tout estoit faict selon l'arbitre des dames. En ces vestemens tant propres & accoustremens tant riches, ne pensez que eulx ny elles perdissent temps aulcun, car les maistres des garderobbes auoient toute la vesture tant preste par chascun matin : & les dames de chambre tant bien estoient aprinses, que en vn moment elles estoient prestes & habillez de pied en cap.

Et pour iceulx acoustremens auoir en meilleur oportunité, au tour du boys de Theleme estoit vn grand corps de maison long de demye lieue, bien clair & assorty, en laquelle demouroient les orfeures, lapidaires, brodeurs, tailleurs, tireurs d'or, veloutiers, tapissiers, & aulteliffiers, & là œuuroient chascun de son mestier, & le tout pour les susdictz religieux & religieuses.

Iceulx estoient fourniz de matiere & estoffe par les mains du seigneur Nausiclete, lequel par chascun an leurs rendoit sept nauires des Isles de Perlas & Canibabes, chargees de lingotz d'or, de soye crue, de perles & pierreries. Si quelques vnions tendoient à vetusté, & changeoient de naifue blancheur, icelles par leur art renouuelloient en les donnant à manger à quelques beaulx cocqs, comme on baille cure es faulcons.

*Comment estoient reiglez les Thelemites
à leur maniere de viure.*

CHAPITRE LVII.

OUTE leur vie estoit employee
non par loix, statuz ou reigles,
mais selon leur vouloir & franc
arbitre. Se leuoient du lict quand
bon leur sembloit : beuuoient,
mangeoient, trauailloient, dor-
moient quand le desir leur venoit.
Nul ne les esueilloit, nul ne les parforceoit ny
à boyre, ny à manger, ny à faire chose aultre
quelconcques. Ainsi l'auoit establi Gargantua. En
leur reigle n'estoit que ceste clause. Fay ce que
vouldras. Par ce que gens liberes, bien nez, bien
instruictz, conuersans en compaignies honnestes, ont
par nature vn instinct, & aguillon, qui tousiours les
poulse à faictz vertueux, & retire de vice, lequel ilz
nommoient honneur. Iceulx quand par vile subiection
& contraincte sont deprimez & asseruiz, detournent
la noble affection par laquelle à vertuz franchement
tendoient, à deposer & enfraindre ce ioug de ser-
uitude. Car nous entreprenons tousiours choses
deffendues & conuoitons ce que nous est denié.

Par ceste liberté entrerent en louable emulation de

faire tous ce que à vn feul voyoient plaire. Si quelq'vn ou quelcune difoit beuuons, tous buuoient. Si difoit iouons, tous iouoient. Si difoit allons à l'efbat es champs, tous y alloient. Si c'eſtoit pour voller ou chaffer, les dames montees fus belles hacquenees auecques leurs palefroy gourrier, fus le poing mignonnement enguantelé portoient chafcune, ou vn Efparuier, ou vn Laneret, ou vn Efmerillon : les hommes portoient les aultres oyfeaulx.

Tant noblement eſtoient apprins, qu'il n'eſtoit entre eux celluy, ne celle qui ne fceuft lire, efcripre, chanter, iouer d'inftrumens harmonieux, parler de cinq & fix langaiges, & en iceulx compofer tant en carme que en oraifon folue.

Iamais ne feurent veuz cheualiers tant preux, tant gualans, tant dextres à pied, & à cheual, plus vers, mieulx remuans, mieulx manians tous baſtons, que là eſtoient. Iamais ne feurent veues dames tant propres, tant mignonnes, moins, fafcheuſes, plus doctes à la main, à l'agueille, à tout acte muliebre honnefte & libere, que là eſtoient.

Par cefte raifon, quand le temps venu eſtoit que aulcun d'icelle abbaye, ou à la requefte de fes parens, ou pour aultres caufes vouluſt iffir hors, auecques foy il emmenoit vne des dames, celle laquelle l'auroit prins pour fon deuot, & eſtoient enfemble mariez. Et fi bien auoient vefcu à Theleme en deuotion & amytié, encores mieulx la continuoient ilz en mariaige, d'autant fe entreaymoient ilz à la fin de leurs iours, comme le premier de leurs nopces. Ie ne veulx oublier vous defcripre vn enigme qui fut trouué aux fondemens de l'abbaye, en vne grande lame de bronze. Tel eſtoit comme s'enfuyt.

Enigme en prophetie.

Chapitre LVIII.

Pavvres humains qui bon heur attendez,
Leuez vos cueurs, & mes dictz entendez.
S'il est permis de croyre fermement
Que par les corps qui sont au firmament,
Humain esprit de soy puisse aduenir
A prononcer les choses à venir :
Ou si l'on peut par diuine puissance
Du sort futur auoir la congnoissance,
Tant que l'on iuge en asseuré discours
Des ans loingtains la destinee & cours,
Ie fois sçauoir à qui le veult entendre,
Que cest Hyuer prochain sans plus attendre,
Voyre plus tost, en ce lieu ou nous sommes
Il sortira vne maniere d'hommes,
Las du repoz, & faschez du seiour,
Qui franchement iront, & de plein iour,
Subourner gens de toutes qualitez
A different & partialitez.
Et qui vouldra les croyre & escouter
(Quoy qu'il en doibue aduenir & couster)
Ilz feront mettre en debatz apparentz
Amys entre eulx & les proches parents :
Le filz hardy ne craindra l'improperé
De se bender contre son propre pere,

Mesmes les grandz de noble lieu sailliz
De leurs subiectz se verront assailliz,
Et le debuoir d'honneur & reuerence
Perdra pour lors tout ordre & difference,
Car ilz diront que chascun à son tour
Doibt aller hault, & puis faire retour,
Et sur ce poinct aura tant de meslees,
Tant de discordz, venues, & allees,
Que nulle histoyre, ou sont les grands merueilles
A faict recit d'esmotions pareilles.
Lors se verra maint homme de valeur,
Par l'esguillon de ieunesse & chaleur
Et croire trop ce feruent appetit,
Mourir en fleur, & viure bien petit :
Et ne pourra nul laisser cest ouurage,
Si vne fois il y met le couraige,
Qu'il n'ayt emply par noises & debatz
Le ciel de bruit, & la terre de pas.
Alors auront non moindre authorité
Hommes sans foy, que gens de verité :
Car tous fuyuront la creance & estude
De l'ignorante & sotte multitude.
Dont le plus lourd sera receu pour iuge.
O dommaigeable & penible deluge,
Deluge (dy ie) & à bonne raison,
Car ce trauail ne perdra sa saison
Ny n'en sera deliuree la terre :
Iusques à tant qu'il en sorte à grand erre
Soubdaines eaux, dont les plus attrempez
En combatant seront pris & trempez,
Et à bon droict : car leur Cueur adonné
A ce combat, n'aura point perdonné
Mesme aux troppeaux des innocentes bestes,
Que de leurs nerfz, & boyaulx deshonnestes
Il ne soit faict, non aux dieux sacrifice,
Mais aux mortelz ordinaire seruice.

Or maintenant ie vous laiffe penfer
Comment le tout fe pourra difpenfer,
Et quel repoz en noife fi profonde
Aura le corps de la machine ronde.
Les plus heureux, qui plus d'elle tiendront,
Moins de la perdre & gafter s'abftiendront,
Et tafcheront en plus d'vne maniere
A l'afferuir & rendre prifonniere,
En tel endroict que la pauure deffaicte
N'aura recours que à celluy qui l'a faicte :
Et pour le pis de fon trifte accident,
Le clair Soleil, ains que eftre en occident,
Lairra efpandre obfcurité fur elle,
Plus que d'eclipfe, ou de nuyct naturelle :
Dont en vn coup perdra fa liberté,
Et du haut ciel la faueur & clarté,
Ou pour le moins demeurera deferte.
Mais elle, auant cefte ruyne & perte,
Aura long temps monftré fenfiblement
Vn violent & fi grand tremblement,
Que lors Ethna ne feuft tant agitee,
Quand fur vn filz de Titan fut iectee,
Et plus foubdain ne doibt eftre eftimé
Le mouuement que feit Inarimé
Quand Tiphœus fi fort fe defpita,
Que dens la mer les montz precipita.
Ainfi fera en peu d'heure rengee
A trifte eftat, & fi fouuent changee,
Que mefme ceulx qui tenue l'auront
Aux furuenans occuper la lairront.
Lors fera pres le temps bon & propice
De mettre fin à ce long exercice :
Car les grands eaulx dont oyez deuifer
Feront chafcun la retraicte aduifer.
Et toutesfoys deuant le partement,
On pourra veoir en l'air apertement

L'aſpre chaleur d'vne grand flamme eſpriſe,
Pour mettre à fin les eaux & l'entrepriſe.
Reſte en apres ces accidens parfaictz
Que les eſleuz ioyeuſement refaictz
Soient de tous biens, & de manne celeſte,
Et d'abondant par recompenſe honneſte
Enrichiz ſoient. Les aultres en la fin
Soient denuez. C'eſt la raiſon, affin
Que ce trauail en tel poinct terminé,
Vn chaſcun ayt ſon ſort predeſtiné.
Tel feut l'accord. O qu'eſt à reuerer
Cil qui en fin pourra perſeuerer.

La lecture de ceſtuy monument paracheuee, Gargantua souſpira profondement, & diſt es aſſiſtans.

Ce n'eſt de maintenant que les gens reduictz à la creance euangelique ſont perſecutez. Mais bien heureux eſt celluy qui ne ſera ſcandalizé & qui touſiours tendra au but, au blanc, que Dieu par ſon cher filz nous a prefix, ſans par ſes affections charnelles eſtre diſtraict ny diuerty. Le Moyne diſt. Que penſez vous en voſtre entendement eſtre par ceſt enigme deſigné & ſignifié? Quoy? diſt Gargantua, le decours & maintien de verité diuine. Par ſainct Goderan (diſt le Moyne) Telle n'eſt mon expoſition. Le ſtille eſt de Merlin le prophete. Donnez y allegories & intelligences tant graues que vouldrez. Et y rauaſſez, vous & tout le monde, ainſy que vouldrez : de ma part, ie n'y penſe aultre ſens enclous qu'vne deſcription du Ieu de Paulme ſoubz obſcures parolles. Les ſuborneurs de gens ſont les faiſeurs de parties, qui ſont ordinairement amys. Et apres les deux chaſſes faictes, ſort hors le ieu celluy qui y eſtoit & l'aultre y entre. On croyt le premier qui dict ſi l'eſteuf eſt ſus ou ſoubz la chorde. Les eaulx ſont les ſueurs :

les chordes des raquettes font faictes de boyaux de moutons ou de cheures. La machine ronde eſt la pelote ou l'eſteuf. Apres le ieu on ſe refraiſchit deuant vn clair feu & change l'on de chemiſe. Et voluntiers bancquete l'on, mais plus ioyeuſement ceulx qui ont guaingné. Et grand chere.

Imprimé a Lyon par Frā=
coys Juste.

Pantagruel,

Roy des Dipſodes, reſtitue
a ſon naturel, auec ſes faictz
& proueſſes eſpouenta
bles : cõpoſez par feu
M. Alcofribas
abſtracteur
de quinte
eſſence.

M. D. XLII.

On les vend a Lyon chez Francoys
Juſte, deuãt nr̃e Dame de Cõfort.

*Dizain de Maiſtre Hugues
Salel à l'auteur de
ce Liure.*

Sı pour meſler profit auec doulceur
On meſt en pris vn aucteur grandement,
Priſé feras, de cela tien toy ſceur:
Ie le congnois, car ton entendement
En ce liuret ſoubz plaiſant fondement
L'vtilité a ſi treſbien deſcripte,
Qu'il m'eſt aduis que voy vn Democrite
Riant les faictz de noſtre vie humaine.
Or perſeuere & ſi n'en as merite
En ces bas lieux: l'auras au hault dommaine.

Prologue de L'auteur.

RESILLVSTRES & Trefcheualeu-
reux champions, gentilz hommes &
aultres, qui voluntiers vous adonnez
à toutes gentilleſſes & honneſtetez,
vous auez na gueres veu, leu, & ſceu,
les grandes & ineſtimables Chronicques
de l'enorme geant Gargantua : & comme vrays fideles les
auez creues gualantement, & y'auez maintesfoys paſſé
voſtre temps auecques les honorables Dames & Damoy-
ſelles, leur en faiſans beaulx & longs narrez, alors que
eſtiez hors de propos : dont eſtez bien dignes de grande
louange, & memoire ſempiternelle. Et à la mienne volunté
que chaſcun laiſſaſt ſa propre beſoigne, ne ſe ſouciaſt de
ſon meſtier & miſt ſes affaires propres en oubly, pour y
vacquer entierement, ſans que ſon eſperit feuſt de ailleurs
diſtraict ny empeſché : iuſques à ce que l'on les tint par
cueur, affin que ſi d'aduenture l'art de l'Imprimerie ceſſoit,
ou en cas que tous liures periſſent, on temps aduenir vn
chaſcun les peuſt bien au net enſeigner à ſes enfans, & à

ses successeurs & suruiuens bailler comme de main en main, ainsy que vne religieuse Caballe. Car il y a plus de fruict que paraduenture ne pensent vn tas de gros taluassiers tous crousteleuez, qui entendent beaucoup moins en ces petites ioyeusetés, que ne faict Raclet en l'Institute. I'en ay congneu de haultz & puissans seigneurs en bon nombre, qui allant à chasse de grosses bestes, ou voller pour canes : s'il aduenoit que la beste ne feust rencontree par les brisees, ou que le faulcon se mist à planer, voyant la proye gaigner à tire d'esle, ilz estoient bien marrys, comme entendez assez : mais leur refuge de reconfort, & affin de ne soy morfondre, estoit à recoler les inestimables faictz dudict Gargantua. Aultres sont par le monde (ce ne sont fariboles) qui estans grandement affligez du mal des dentz, apres auoir tous leurs biens despenduz en medicins sans en rien profiter, ne ont trouué remede plus expedient que de mettre lesdictes chronicques entre deux beaulx linges bien chaulx, & les appliquer au lieu de la douleur, les sinapizand auecques vn peu de pouldre d'oribus. Mais que diray ie des pauures verolez & goutteux? O quantesfoys nous les auons veu, à l'heure que ilz estoyent bien oingtz & engressez à poinct, & le visaige leur reluysoit comme la claueure d'vn charnier, & les dentz leur tressailloyent comme font les marchettes d'vn clauier d'orgues ou d'espinette, quand on ioue dessus, & que le gosier leur escumoit comme à vn verrat que les vaultres ont aculé entre les toilles : Que faisoyent ilz alors? Toute leur consolation n'estoit que de ouyr lire quelque page dudict liure. Et en auons veu qui se donnoyent à cent pipes de vieulx diables, en cas que ilz n'eussent senty allegement manifeste à la lecture dudict liure, lors qu'on les tenoit es lymbes, ny plus ny moins que les femmes eſtans en mal d'enfant quand on leurs leiſt la vie de ſainƈte Marguerite. Eſt ce rien cela? Trouue moy liure, en quelque langue, en quelque faculté & ſcience que ce ſoit, qui ayt telles vertus, proprietés, & prerogatiues, & ie poieray chopine de trippes. Non, meſſieurs, non. Il eſt ſans pair, incomparable & ſans parragon. Ie le maintiens iuſques au feu, excluſiue. Et ceulx qui vouldroient maintenir que ſi, reputés les abuſeurs, predeſtinateurs, empoſteurs, & ſeduƈteurs. Bien vray eſt il, que l'on trouue en aulcuns liures dignes de haulte fuſtaye certaines proprietés occultes, au nombre deſquelʒ l'on tient Feſſepinte, Orlando furioſo, Robert le diable, Fierabras, Guillaume ſans paour, Huon de bourdeaulx, Monteuielle & Matabrune. Mais ilʒ ne ſont comparables à celluy duquel parlons. Et le monde a bien congneu par experience infallible le grand emolument & vtilité qui venoit de ladiƈte chronicque Gargantuine: car il en a eſté plus vendu par les imprimeurs en deux moys, qu'il ne ſera acheté de Bibles en neuf ans. Voulant doncques ie voſtre humble eſclaue accroiſtre vos paſſetemps d'aduantaige, vous offre de preſent vn aultre liure de meſme billon, ſinon qu'il eſt vn peu plus equitable & digne de foy que n'eſtoit l'aultre. Car ne croyeʒ (ſi ne vouleʒ errer à voſtre eſcient) que i'en parle comme les iuifʒ de la loy. Ie ne ſuis nay en telle planette, & ne m'aduint oncques de mentir, ou aſſeurer choſe que ne feuſt veritable. I'en parle comme vn gaillard Onocratale, voyre dy ie crotenotaire des martyrs amans & crocquenotaire de amours: quod vidimus teſtamur. C'eſt des horribles faiƈtʒ & proueſſes de Pantagruel, lequel i'ay ſeruy à gaiges des ce que ie fuʒ hors de page, iuſques à preſent, que par ſon congié ie m'en ſuis venu viſiter mon païs de vache, & ſçauoir ſi en vie eſtoyt parent mien aulcun. Pourtant, affin que ie face fin à ce prologue, tout ainſi comme ie me donne à cent mille panerees de beaulx diables, corps & ame, trippes & boyaulx, en cas que i'en mente en toute l'hyſtoire d'un ſeul mot : pareillement le feu ſainƈt Antoine vous arde, mau de terre vous vire, le lancy, le maulubec vous trouſſe, la caqueſangue vous viengne, le mau fin feu de ricqueracque, auſſi menu que poil de vache, tout renforcé de vif argent, vous puiſſe entrer au fondement, & comme Sodome & Gomorre puiſſiez tomber en ſoulphre en feu & en abyſme, en cas que vous ne croyez fermement tout ce que ie vous racompteray en ceſte preſente chronicque.

De l'origine & antiquité du grand Pantagruel.

Chapitre I.

E ne fera chofe inutile ne oyfifue, veu que fommes de feiour, vous ramenteuoir la premiere fource & origine dont nous eft né le bon Pantagruel. Car ie voy que tous bons hyftoriographes ainfi ont traiɇé leurs Chronicques, non feullement les Arabes, Barbares & Latins, mais auffi Gregoys Gentilz, qui furent buueurs eternelz. Ilz vous conuient doncques noter que au commencement du monde (ie parle de loing, il y a plus de quarante quarantaines de nuiɇz, pour nombrer à la mode des antiques Druides) peu apres que Abel fuft occis par fon frere Cain, la terre embue du fang du iufte fut certaine annee fi tresfertile en tous fruiɇz qui de fes flans nous font produytz, & fingulierement en Mefles, que on l'appella de toute memoire l'annee des groffes Mefles : car les troys en faifoyent le boyffeau. En ycelle les kalendes feurent trouuees par les breuiaires

des Grecz, le moys de Mars faillit en karesme & fut la myoust en May. On moys de Octobre, ce me semble, ou bien de Septembre (affin que ie ne erre, car de cela me veulx ie curieusement guarder.), fut la sepmaine tant renommee par les annales, qu'on nomme la sepmaine des troys Ieudis : car il y en eut troys, à cause des irreguliers bissextes, que le Soleil bruncha quelque peu comme debitoribus à gauche, & la Lune varia de son cours plus de cinq toyzes, & feut manifestement veu le mouement de trepidation on firmament dict Aplane : tellement que la Pleiade moyenne laissant ses compaignons declina vers l'equinoctial & l'estoille nommé l'espy laissa la vierge se retirant vers la balance : qui sont cas bien espouentables & matieres tant dures & difficiles, que les astrologues ne y peuuent mordre. Aussy auroient ilz les dens bien longues s'ilz pouoient toucher iusques là. Faictes vostre compte que le monde voluntiers mangeoit desdictes Mesles : car elles estoient belles à l'œil, & delicieuses au goust. Mais tout ainsi comme Noë le sainct homme (auquel tant sommes obligez & tenuz de ce qu'il nous planta la vine, dont nous vient celle nectaricque, delicieuse, precieuse, celeste, ioyeuse & deificque liqueur, qu'on nomme le piot) fut trompé en le beuuant, car il ignoroit la grande vertu & puissance d'icelluy. Semblablement les hommes & femmes de celluy temps mangeoyent en grand plaisir de ce beau & gros fruict, mais accidens bien diuers leurs en aduindrent. Car à tous furuint au corps vne enfleure tres horrible, mais non à tous en vn mesme lieu.
Car aulcuns enfloyent par le ventre, & le ventre leur deuenoit bossu comme vne grosse tonne : desquelz est escript : Ventrem omnipotentem : lesquelz furent tous gens de bien & bons raillars. Et de ceste race nasquit

fainct Panfart & Mardygras. Les aultres enfloyent
par les efpaules, & tant eftoyent boffus qu'on les appelloit montiferes, comme portemontaignes, dont vous
en voyez encores par le monde en diuers fexes &
dignités. Et de cefte race yffit Efopet : duquel vous
auez les beaulx faictz & dictz par efcript. Les
aultres enfloyent en longueur par le membre, qu'on
nomme le laboureur de nature : en forte qu'ilz le
auoyent merueilleufement long, grand, gras, gros,
vert, & acrefté, à la mode antique, fi bien qu'ilz s'en
feruoyent de ceinture, le redoublans à cinq ou à fix
foys par le corps. Et s'il aduenoit qu'il feuft en
poinct, & euft vent en pouppe, à les veoir euffiez
dict que c'eftoyent gens qui euffent leurs lances en
l'arreft pour ioufter à la quintaine. Et d'yceulx eft
perdue la race, ainfi comme difent les femmes. Car
elles lamentent continuellement, qu'il n'en eft plus de
ces gros, &c. Vous fçauez la refte de la chanfon.
Aultres croiffoient en matiere de couilles fi enormement, que les troys empliffoient bien vn muy. D'y-
ceulx font defcendues les couilles de Lorraine, lefquelles iamays ne habitent en braguette, elles tombent
au fond des chauffes. Aultres croyffoient par les
iambes, & à les veoir euffiez dict que c'eftoyent grues,
ou flammans, ou bien gens marchans fus efchaffes.
Et les petits grimaulx les appellent en grammaire Iam-
bus. Es aultres tant croiffoit le nez qu'il fembloit
la fleute d'vn alambic, tout diapré, tout eftincelé de
bubeletes : pullulant, purpuré, à pompettes, tout
efmaillé, tout boutonné & brodé de gueules. Et tel
auez veu le chanoine Panzoult & Piedeboys, medicin
de Angiers : de laquelle race peu furent qui aimaffent
la ptiffane, mais tous furent amateurs de puree Septembrale. Nafon, & Ouide en prindrent leur origine.

Et tous ceulx defquelz eft efcript : Ne reminifcaris.

Aultres croiffoyent par les aureilles, lefquelles tant grandes auoyent, que de l'vne faifoyent pourpoint, chauffes, & fayon : de l'autre fe couuroyent comme d'vne cape à l'efpagnole. Et dict on que en Bourbonnoys encores dure l'eraige, dont font dictes aureilles de Bourbonnoys. Les aultres croiffoyent en long du corps : & de ceulx là font venuz les geans, & par eulx Pantagruel. Et le premier fut Chalbroth,

Qui engendra Sarabroth,

Qui engendra Faribroth,

Qui engendra Hurtaly, qui fut beau mangeur de fouppes, & refna au temps du deluge :

Qui engendra Nembroth,

Qui engendra Athlas, qui auecques fes efpaulles garda le ciel de tumber,

Qui engendra Goliath,

Qui engendra Eryx lequel fut inuenteur du ieu des gobeletz,

Qui engendra Tite,

Qui engendra Eryon,

Qui engendra Polypheme,

Qui engendra Cace,

Qui engendra Etion, lequel premier eut la verolle pour n'auoir beu frayz en efté, comme tefmoigne Bartachim :

Qui engendra Encelade,

Qui engendra Cee,

Qui engendra Typhoe,

Qui engendra Aloe,

Qui engendra Othe,

Qui engendra Ægeon,

Qui engendra Briare, qui auoit cent mains,

Qui engendra Porphirio,

Qui engendra Adamaſtor,
Qui engendra Antee,
Qui engendra Agatho,
Qui engendra Pore, contre lequel batailla Alexandre le grand,
Qui engendra Aranthas,
Qui engendra Gabbara, qui premier inuenta de boire d'autant,
Qui engendra Goliath de Secundille,
Qui engendra Offot, lequel eut terriblement beau nez à boyre au baril,
Qui engendra Artachees,
Qui engendra Oromedon,
Qui engendra Gemmagog, qui fut inuenteur des ſouliers à poulaine,
Qui engendra Siſyphe,
Qui engendra les Titancs, dont naſquit Hercules,
Qui engendra Enay, qui fut treſexpert en matiere de oſter les cerons des mains,
Qui engendra Fierabras, lequel fut vaincu par Oliuier, pair de France, compaignon de Roland,
Qui engendra Morguan, lequel premier de ce monde ioua aux dez auecques ſes bezicles,
Qui engendra Fracaſſus, duquel a eſcript Merlin Caccaie,
Dont naſquit Ferragus,
Qui engendra Happemouſche, qui premier inuenta de fumer les langues de beuf à la cheminee, car au parauant le monde les ſaloit comme on faiȼt les iambons :
Qui engendra Boliuorax,
Qui engendra Longys,
Qui engendra Gayoffe, lequel auoit les couillons de peuple & le vit de cormier,

Qui engendra Maschefain,
Qui engendra Bruslefer,
Qui engendra Engoleuent,
Qui engendra Galehault, lequel fut inuenteur des flacons,
Qui engendra Mirelangault,
Qui engendra Galaffre,
Qui engendra Falourdin,
Qui engendra Roboaste,
Qui engendra Sortibrant de conimbres,
Qui engendra Brushant de Mommiere,
Qui engendra Bruyer, lequel fut vaincu par Ogier le Dannoys pair de France,
Qui engendra Mabrun,
Qui engendra Foutasnon,
Qui engendra Hacquelebac,
Qui engendra Vitdegrain,
Qui engendra Grand Gosier,
Qui engendra Gargantua,
Qui engendra le noble Pantagruel mon maistre.

I'entends bien que, lysans ce passaige, vous faictez en vous mesmes vn doubte bien raisonnable. Et demandez comment est il possible que ainsi soit : veu que au temps du deluge tout le monde perit, fors Noë & sept personnes auecques luy dedans l'arche : au nombre desquelz n'est mis ledict Hurtaly? La demande est bien faicte sans doubte & bien apparente : mais la responce vous contentera ou i'ay le sens mal gallefreté. Et par ce que n'estoys de ce temps là pour vous en dire à mon plaisir, ie vous allegueray l'autorité des Massoretz, bons couillaux, & beaulx cornemuseurs Hebraicques : lesquelz afferment, que veritablement ledict Hurtaly n'estoit dedans l'arche de Noë, aussi n'y eust il peu entrer, car il estoit trop grand : mais il eſtoit deſſus à cheual iambe deſà iambe delà, comme ſont les petitz enfans ſus les cheuaulx de boys, & comme le gros toreau de Berne, qui feut tué à Marignan, cheuauchoyt pour ſa monture vn gros canon peuier : c'eſt vne beſte de beau & ioyeux amble, ſans poinɛ̃t de faulte. En icelle façon, ſaulua apres dieu ladiɛ̃te arche de periller : car il luy bailloit le branſle auecques les iambes, & du pied la tournoit ou il vouloit, comme on faiɛ̃t du gouuernail d'vne nauire. Ceulx qui dedans eſtoient luy enuoyoient viures par vne cheminee à ſuffiſance, comme gens recongnoiſſans le bien qu'il leurs faiſoit. Et quelquefoys parlementoyent enſemble, comme faiſoit Icaromenippe à Iupiter ſelon le raport de Lucian. Aués vous bien le tout entendu? Beuuez donc vn bon coup ſans eaue. Car ſi ne le croiez, non foyɛ̃ ie, fiſt elle.

De la natiuité du trefredoubté Pantagruel.

Chapitre II.

ARGANTVA en son eage de quatre cens quatre vingtz quarante & quatre ans engendra son filz Pantagruel de sa femme nommee Badebec, fille du Roy des Amaurotes en Vtopie, laquelle mourut du mal d'enfant, car il estoit si merueilleusement grand & si lourd, qu'il ne peut venir à lumiere, sans ainsi suffocquer sa mere. Mais pour entendre pleinement la cause & raison de son nom qui luy feut baillé en baptesme : Vous noterez qu'en icelle annee feut seicheresse tant grande en tout le pays de Africque, que passerent xxxvj. moys, troys sepmaines, quatre iours, treze heures, & quelque peu d'aduantaige sans pluye, auec chaleur de soleil si vehemente que toute la terre en estoit aride. Et ne fut au temps de Helye, plus eschauffee que fut pour lors. Car il n'estoit arbre sus terre qui eust ny fueille ny fleur, les herbes estoient sans verdure, les riuieres taries, les fontaines à sec, les pauures poissons delaissez de leurs propres elemens, vagans & crians par la terre horriblement, les oyseaux tumbans de l'air par faulte de rosee, les loups, les regnars, cerfz,

fangliers, dains, lieures, connilz, belettes, foynes, blereaux, & aultres beftes l'on trouuoit par les champs mortes la gueulle baye. Au regard des hommes, c'eftoit la grande pitié, vous les eufliez veuz tirans la langue comme leuriers qui ont couru fix heures. Plufieurs fe gettoyent dedans les puys. Aultres fe mettoyent au ventre d'vne vache pour eftre à l'hombre : & les appelle Homere Alibantes. Toute la contree eftoit à l'ancre : c'eftoit pitoyable cas, de veoir le trauail des humains pour fe garentir de cefte horrificque alteration. Car il auoit prou affaire de fauuer l'eaue benoifte par les eglifes, à ce que ne feuft defconfite : mais l'on y donna tel ordre par le confeil de meffieurs les Cardinaulx & du fainct pere, que nul n'en ofoit prendre que vne venue. Encores quand quelcun entroit en l'eglife, vous en eufliez veu à vingtaines de pauures alterez qui venoyent au derriere de celluy qui la diftribuoit à quelcun, la gueulle ouuerte pour en auoir quelque goutellette, comme le mauluais Riche, affin que rien ne fe perdift. O que bien heureux fut en icelle annee celluy qui eut caue frefche & bien garnie. Le Philofophe raconte en mouuent la queftion. Parquoy c'eft que l'eaue de la mer eft falee? que au temps que Phebus bailla le gouuernement de fon chariot lucificque à fon filz Phaeton, ledict Phaeton mal apris en l'art, & ne fçauant enfuyure la line ecliptique entre les deux tropiques de la fphere du Soleil, varia de fon chemin, & tant approcha de terre, qu'il mift à fec toutes les contrees fubiacentes, bruflant vne grande partie du ciel, que les philofophes appellent via lactea : & les Lifrelofres nomment le chemin fainct Iacques. Combien que les plus Huppez poetes difent eftre la part ou tomba le laict de Iuno, lors qu'elle allaicta Hercules.

Adonc la terre fut tant eschaufee, que il luy vint vne
fueur enorme, dont elle fua toute la mer, qui par ce
eft falee : car toute fueur eft falee : ce que vous
direz eftre vray fi voulez tafter de la voftre propre
ou bien de celles des verollez quand on les faict
fuer, ce me eft tout vn.   Quafi pareil cas arriua en
cefte dicte annee, car vn iour de vendredy que tout
le monde s'eftoit mis en deuotion, & faifoit vne bélle
proceffion auecques force letanies & beaux prefchans,
fupplians à dieu omnipotent les vouloir regarder de
fon œil de clemence en tel defconfort, vifiblement
furent veues de terre fortir groffes gouttes d'eaue
comme quand quelque perfonne fue copieufement.
Et le pauure peuple commença à s'efiouyr comme fi
ce euft efté chofe à eulx proffitable, car les aulcuns
difoient que de humeur il n'y en auoit goute en l'air,
dont on efperaft auoir pluye, & que la terre fupplioit
au deffault. Les aultres gens fçauans difoyent que
c'eftoit pluye des Antipodes : comme Senecque narre
au quart liure queftionum naturalium, parlant de
l'origine & fource du Nil, mais ilz y furent trompés,
car la proceffion finie, alors que chafcun vouloit re-
cueillir de cefte rofee & en boire à plein godet, trouuerent que ce n'eftoit que faulmure pire & plus falee
que n'eftoit l'eaue de la mer.   Et par ce que en ce
propre iour nafquit Pantagruel, fon pere luy impofa
tel nom. Car Panta en Grec vault autant à dire
comme tout, & Gruel en langue Hagarene vault autant comme alteré, voulent inferer, que à l'heure de
fa natiuité le monde eftoit tout alteré. Et voyant en
efperit de prophetie qu'il feroit quelque iour domi-
nateur des alterez. Ce que luy fut monftré à celle
heure mefmes par aultre figne plus euident.   Car
alors que fa mere Badebec l'enfantoit, & que les

sages femmes attendoyent pour le recepuoir, yssirent premier de son ventre soixante & huyt tregeniers chascun tirant par le licol vn mulet tout chargé de sel, apres lesquelz sortirent neuf dromadaires chargés de iambons & langues de beuf fumees, sept chameaulx chargez d'anguillettes, puis xxv. charretees de porreaulx, d'aulx, d'oignons, & de cibotz : ce que espouenta bien lesdictes saiges femmes, mais les aulcunes d'entre elles disoyent. Voicy bonne prouision, aussy bien ne beuyons nous que lachement non en lancement, cecy n'est que bon signe, ce sont aguillons de vin. Et comme elles caquetoyent de ces menus propos entre elles, voicy sorty Pantagruel, tout velu comme vn Ours, dont dict vne d'elles en esperit propheticque. Il est né à tout le poil, il fera choses merueilleuses, & s'il vit il aura de l'eage.

*Du dueil que mena Gargantua de la mort
de ſa femme Badebec.*

Chapitre III.

uand Pantagruel fut né, qui fut bien eſbahy & perplex, ce fut Gargantua ſon pere, car voyant d'vn couſté ſa femme Badebec morte, & de l'aultre ſon filz Pantagruel né, tant beau & tant grand, ne ſçauoit que dire ny que faire. Et le doubte qui troubloit ſon entendement eſtoit, aſſauoir s'il deuoit plorer pour le dueil de ſa femme, ou rire pour la ioye de ſon filz? D'vn coſté & d'aultre il auoit argumens ſophiſticques qui le ſuffocquoyent, car il les faiſoit treſbien in modo & figura, mais il ne les pouoit ſouldre. Et par ce moyen demouroit empeſtré comme la ſouriz empeigee, ou vn Milan prins au laſſet. Pleureray ie, diſoit il? Ouy: car pourquoy? Ma tant bonne femme eſt morte, qui eſtoit la plus cecy la plus cela qui feuſt au monde. Iamais ie ne la verray; iamais ie n'en recouureray vne telle : ce m'eſt vne perte ineſtimable. O mon dieu, que te auoys ie faict pour ainſi me punir? Que ne enuoyas tu la mort à moy premier que à elle? car viure ſans elle ne m'eſt que languir   Ha Bade-

bec, ma mignonne, mamye, mon petit con (touteffois elle en auoit bien troys arpens & deux fexterees) ma tendrette, ma braguette, ma fauate, ma pantofle iamais ie ne te verray. Ha pauure Pantagruel, tu as perdu ta bonne mere, ta doulce nourriffe, ta dame trefaymee. Ha faulce mort, tant tu me es maliuole, tant tu me es oultrageufe de me tollir celle à laquelle immortalité appartenoit de droict.

Et ce difant pleuroit comme vne vache, mais tout foubdain rioit comme vn veau, quand Pantagruel luy venoit en memoire. Ho mon petit filz (difoit il) mon coillon, mon peton, que tu es ioly, & tant ie fuis tenu à dieu de ce qu'il m'a donné vn fi beau filz tant ioyeux, tant riant, tant ioly. Ho, ho, ho, ho, que fuis ayfe, beuuons, ho, laiffons toute melancholie, apporte du meilleur, rince les verres, boute la nappe, chaffe ces chiens, fouffle ce feu, allume la chandelle, ferme cefte porte, taille ces fouppes, enuoye ces pauures, baille leur ce qu'ilz demandent, tiens ma robbe, que ie me mette en pourpoint pour mieux feftoyer les commeres. Ce difant ouyt la letanie & les mementos des prebftres qui portoyent fa femme en terre, dont laiffa fon bon propos & tout foubdain fut rauy ailleurs, difant, Seigneur dieu, fault il que ie me contrifte encores ? Cela me fafche, ie ne fuis plus ieune, ie deuiens vieulx, le temps eft dangereux, ie pourray prendre quelque fiebure, me voylà affolé. Foy de gentil homme, il vault mieulx pleurer moins & boire d'aduantaige. Ma femme eft morte : & bien, par dieu (da iurandi) ie ne la refufciteray pas par mes pleurs : elle eft bien, elle eft en paradis pour le moins fi mieulx ne eft : elle prie dieu pour nous, elle eft bien heureufe, elle ne fe foucie plus de nos miferes & calamitez, autant nous en pend à l'œil, dieu gard le demourant, il me fault penfer d'en trouuer vne aultre. Mais voicy que vous ferez, dict il es faiges femmes (ou font elles? Bonnes gens, ie ne vous peulx veoyr) allez à l'enterrement d'elle, & ce pendent ie berceray icy mon filz, car ie me fens bien fort alteré, & ferois en danger de tomber malade, mais beuuez quelque bon traict deuant : car vous vous en trouuerez bien, & m'en croyez fur mon honneur. A quoy obtemperantz allerent à l'enterrement & funerailles, & le pauure Gargantua demoura à l'hoftel. Et ce pendent feift l'epitaphe pour eftre engraué en la maniere que s'enfuyt.

  Elle en mourut la noble Badebec
  Du mal d'enfant, que tant me fembloit nice :
  Car elle auoit vifaige de rebec,
  Corps d'efpaignole, & ventre de Souyce.
  Priez à dieu, qu'à elle foit propice,
  Luy perdonnant s'en rien oultrepaffa :
  Cy gift fon corps lequel vefquit fans vice,
  Et mourut l'an & iour que trefpaffa.

De l'enfance de Pantagruel.

CHAPITRE IIII.

E trouue par les anciens hiftoriographes & poetes, que plufieurs font nez en ce monde en façons bien eftranges que feroient trop longues à racompter : lifez le vij. liure de Pline, fi aués loyfir. Mais vous n'en ouyftes iamais d'vne fi merueilleufe comme fut celle de Pantagruel, car c'eftoit chofe difficille à croyre comment il creut en corps & en force en peu de temps. Et n'eftoit rien Hercules qui eftant au berfeau tua les deux ferpens : car lefdictz ferpens eftoyent bien petitz & fragiles. Mais Pantagruel eftant encores au berfeau feift cas bien efpouuentables. Ie laiffe icy à dire comment à chafcun de fes repas il humoit le laict de quatre mille fix cens vaches. Et comment pour luy faire vn paeflon à cuire fa bouillie furent occupez tous les pefliers de Saumur en Aniou, de Villedieu en Normandie, de Bramont en Lorraine, & luy bailloit on ladicte bouillie en vn grand timbre qui eft encores de prefent à Bourges pres du palays, mais les dentz luy eftoient defià tant crues & fortifiees, qu'il en rompit dudict tymbre vn grand morceau

comme tresbien apparoist. Certains iours vers le matin que on le vouloit faire tetter vne de ses vaches (car de nourrisses il n'en eut iamais aultrement comme dict l'hystoire) il se deffit des liens qui le tenoyent au berceau vn des bras, & vous prent ladicte vache par dessoubz le iarret, & luy mangea les deux tetins & la moytié du ventre, auecques le foye & les roignons, & l'eust toute deuoree, n'eust esté qu'elle cryoit horriblement comme si les loups la tenoient aux iambes, auquel cry le monde arriua, & osterent ladicte vache à Pantagruel, mais ilz ne sceurent si bien faire que le iarret ne luy en demourast comme il le tenoit, & le mangeoit tresbien comme vous feriez d'vne saulcisse, & quand on luy voulut oster l'os, il l'aualla bien tost, comme vn Cormaran feroit vn petit poisson, & apres commença à dire, bon, bon, bon, car il ne sçauoit encores bien parler, voulant donner à entendre, que il auoit trouué fort bon : & qu'il n'en failloit plus que autant. Ce que voyans ceulx qui le seruoyent, le lierent à gros cables comme sont ceulx que l'on faict à Tain pour le voyage du sel à Lyon : ou comme sont ceulx de la grand nauf Françoyse qui est au port de Grace en Normandie. Mais quelquefoys que vn grand ours que nourrissoit son pere eschappa, & luy venoit lescher le visaige, car les nourrisses ne luy auoyent bien à poinct torché les babines, il se deffist desdictz Cables aussi facillement comme Sanson d'entre les Philistins, & vous print monsieur de l'Ours, & le mist en pieces comme vn poulet, & vous en fist vne bonne gorge chaulde pour ce repas. Parquoy craignant Gargantua qu'il se gastast, fist faire quatre grosses chaines de fer pour le lyer, & fist faire des arboutans à son berceau bien afustez. Et de ces chaines en auez vne à la Rochelle, que l'on leue au foir entre les deux groffes tours du haure. L'aultre eft à Lyon. L'aultre à Angiers. Et la quarte fut emportee des diables pour lier Lucifer qui fe defchainoit en ce temps là à caufe d'vne colicque qui le tormentoit extraordinairement, pour auoir mangé l'ame d'vn fergeant en fricaffee à fon defieuner. Dont pouez bien croire ce que dict Nicolas de Lyra fur le paffaige du pfaultier ou il eft efcript. Et Og regem Bafan, que ledict Og eftant encores petit eftoit tant fort & robufte, qu'il le failloit lyer de chaifnes de fer en fon berceau. Et ainfi demoura coy & pacificque : car il ne pouuoit rompre tant facillement lefdictes chaifnes, mefmement qu'il n'auoit pas efpace au berceau de donner la fecouffe des bras. Mais voicy que arriua vn iour d'vne grande fefte, que fon pere Gargantua faifoit vn beau banquet à tous les princes de fa court. Ie croy bien que tous les officiers de fa court eftoyent tant occupés au feruice du feftin, que l'on ne fe foucyoit du pauure Pantagruel, & demouroit ainfi à reculorum. Que fift il? Qu'il fift, mes bonnes gens, efcoutez. Il effaya de rompre les chaifnes du berceau auecques les bras, mais il ne peut, car elles eftoyent trop fortes : adonc il trepigna tant des piedz qu'il rompit le bout de fon berceau qui toutesfoys eftoit d'vne groffe pofte de fept empans en quarré, & ainfi qu'il eut mys les piedz dehors il fe aualla le mieux qu'il peut, en forte que il touchoit les piedz en terre. Et alors auecques grande puiffance fe leua emportant fon berceau fur l'efchine ainfi lyé comme vne tortue qui monte contre vne muraille, & à le veoir fembloit que ce feuft vne grande carracque de cinq cens tonneaulx qui feuft debout. En ce point entra en la falle ou l'on banquetoit, & hardiment qu'il efpouenta bien l'affiftance, mais par autant qu'il auoit les bras lyez dedans, il ne pouoit rien prendre à manger, mais en grande peine fe enclinoit pour prendre à tout la langue quelque lippee. Quoy voyant fon pere entendit bien que l'on l'auoit laiffé fans luy bailler à repaiftre & commanda qu'il fut deflyé defdictes chefnes par le confeil des princes & feigneurs affiftans, enfemble auffi que les medicins de Gargantua difoyent que fi l'on le tenoit ainfi au berfeau qu'il feroit toute fa vie fubiect à la grauelle. Lors qu'il feuft defchainé, l'on le fift affeoir & repeut fort bien, & mift fon dict berceau en plus de cinq cens mille pieces d'vn coup de poing qu'il frappa au millieu par defpit, auec proteftation de iamais n'y retourner.

*Des faictz du noble Pantagruel
en son ieune eage.*

CHAPITRE V.

INSI croissoit Pantagruel de iour en iour & prouffitoit à veu d'œil, dont son pere s'esiouyssoit par affection naturelle. Et luy feist faire comme il estoit petit vne arbaleste pour s'esbatre apres les oysillons, qu'on appelle de present la grand arbaleste de Chantelle. Puis l'enuoya à l'eschole pour apprendre & passer son ieune eage. De faict vint à Poictiers, pour estudier, & proffita beaucoup, auquel lieu voyant que les escoliers estoyent aulcunesfois de loysir & ne sçauoient à quoy passer temps, en eut compassion. Et vn iour print d'vn grand rochier qu'on nomme Passelourdin, vne grosse Roche, ayant enuiron de douze toizes en quarré, & d'espesseur quatorze pans. Et la mist sur quatre pilliers au millieu d'vn champ bien à son ayse : affin que lesdictz escoliers quand ilz ne sçauroyent aultre chose faire passassent temps à monter sur ladicte pierre, & là banqueter à force flacons, iambons, & pastez, & escripre leurs noms dessus auec vn cousteau, & de present l'apelle on La pierre leuee. Et en me-

moire de ce n'eſt auiourd'huy paſſé aulcun en la matricule de ladicte vniuerſité de Poictiers ſinon qu'il ait beu en la fontaine Caballine de Crouſtelles, paſſé à Paſſelourdin, & monté ſur la Pierre leuee.   En apres liſant les belles chronicques de ſes anceſtres, trouua que Geoffroy de Luſignan, dict Geoffroy à la grand dent, grand pere du beau couſin de la ſeur aiſnee de la tante du gendre de l'oncle de la bruz de ſa belle mere, eſtoit enterré à Maillezays, dont print vn iour campos pour le viſiter comme homme de bien. Et partant de Poictiers auecques aulcuns de ſes compaignons, paſſerent par Legugé, viſitant le noble Ardillon abbé, par Luſignan, par Sanſay, par Celles, par Colonges, par Fontenay le conte, ſaluant le docte Tiraqueau, & de là arriuerent à Maillezays, ou viſita le ſepulchre dudict Geoffroy à la grand dent, dont eut quelque peu de frayeur, voyant ſa pourtraicture, car il y eſt en image comme d'vn homme furieux, tirant à demy ſon grand malchus de la guaine. Et demandoit la cauſe de ce, les chanoines dudict lieu luy dirent que n'eſtoit aultre cauſe ſinon que Pictoribus atque poetis &c. c'eſt à dire que les Painctres & Poetes ont liberté de paindre à leur plaiſir ce qu'ilz veullent. Mais il ne ſe contenta de leur reſponce, & diſt, Il n'eſt ainſi painct ſans cauſe. Et me doubte que à ſa mort on luy a faict quelque tord, duquel il demande vengeance à ſes parens. Ie m'en enqueſteray plus à plein & en feray ce que de raiſon.   Puys retourna non à Poictiers, mais voulut viſiter les aultres vniuerſitez de France, dont paſſant à la Rochelle ſe miſt ſur mer & vint à Bourdeaulx, on quel lieu ne trouua grand excercice, ſinon des guabarriers iouans aux luettes ſur la graue : de là vint à Thoulouſe ou aprint fort bien à dancer & à iouer de l'eſpee à deux mains, comme eft l'vfance des efcholiers de ladicte vniuerfité, mais il n'y demoura gueres, quand il vit qu'ilz faifoyent brufler leurs regens tout vifz comme harans foretz : difant, Ia dieu ne plaife que ainfi ie meure, car ie fuis de ma nature affez alteré fans me chauffer d'auantaige.

Puis vint à Montpellier ou il trouua fort bons vins de Miteuaulx & ioyeufe compagnie, & fe cuida mettre à eftudier en Medicine, mais il confidera que l'eftat eftoit fafcheux par trop & melancholicque & que les medicins fentoyent les clifteres comme vieulx diables. Pourtant vouloit eftudier en loix, mais voyant que là n'eftoient que troys teigneux & vn pelé de legiftes audict lieu s'en partit. Et au chemin fift le pont du Guard & l'amphitheatre de Nimes en moins de troys heures, qui toutesfoys femble œuure plus diuin que humain. Et vint en Auignon ou il ne fut troys iours qu'il ne deuint amoureux, car les femmes y iouent voluntiers du ferrecropyere par ce que c'eft terre papale. Ce que voyant fon pedagogue nommé Epiftemon l'en tira, & le mena à Valence au Daulphiné, mais il vit qu'il n'y auoit grand exercice, & que les marroufles de la vile batoyent les efcholiers, dont eut defpit, & vn beau Dimanche que tout le monde danfoit publiquement, vn efcholier fe voulut mettre en dance, ce que ne permirent lefdictz marroufles. Quoy voyant Pantagruel leur bailla à tous la chaffe iufques au bort du Rofne, & les vouloit faire tous noyer, mais ilz fe mufferent contre terre comme taulpes bien demye lieue foubz le Rofne. Le pertuys encores y apparoift.   Apres il s'en partit & à troys pas & vn fault vint à Angiers, ou il fe trouuoit fort bien & y euft demeuré quelque efpace, n'euft efté que la pefte les en chaffa.   Ainfi vint à Bourges ou eſtudia bien long temps & proffita beaucoup en la faculté des loix. Et diſoit aulcunesfois que les liures des loix luy ſembloyent vne belle robbe d'or triumphante & precieuſe à merueilles, qui feuſt brodee de merde, car diſoit il, au monde n'y a liures tant beaulx, tant aornés, tant elegans, comme ſont les textes des Pandectes, mais la brodure d'iceulx, c'eſt aſſauoir la gloſe de Accurſe, eſt tant ſalle, tant infame, & punaiſe, que ce n'eſt que ordure & villenie. Partant de Bourges vint à Orleans & là trouua force ruſtres d'eſcholiers, qui luy firent grand chere à ſa venue & en peu de temps aprint auecque eulx à iouer à la paulme ſi bien qu'il en eſtoit maiſtre. Car les eſtudians dudict lieu en font bel exercice & le menoyent aulcunesfois es iſles pour s'eſbatre au ieu du pouſſauant. Et au regard de ſe rompre fort la teſte à eſtudier, il ne le faiſoit mie de peur que la veue luy diminuaſt. Meſmement que vn quidam des regens diſoit ſouuent en ſes lectures qu'il n'y a choſe tant contraire à la veue comme eſt la maladie des yeulx. Et quelque our que l'on paſſa Licentié en loix quelcun des eſcholliers de ſa congnoiſſance, qui de ſcience n'en auoit gueres plus que ſa portee, mais en recompenſe ſçauoit fort bien danſer & iouer à la paulme, il fiſt le blaſon & diuiſe des licentiez en ladicte vniuerſité diſant. Vn eſteuf en la braguette, en la main vne raquette, vne loy en la cornette, vne baſſe dance au talon, vous voy là paſſé coquillon.

*Comment Pantagruel rencontra vn Limofin,
qui contrefaifoit le langaige Françoys.*

CHAPITRE VI.

VELQVE iour ie ne fçay quand
Pantagruel fe pourmenoit apres
foupper auecques fes compaignons
par la porte dont l'on va à Paris :
là rencontra vn efcholier tout
iolliet, qui venoit par icelluy chemin : & apres qu'ilz fe furent
faluez, luy demanda, Mon amy dont viens tu à cefte
heure? L'efcholier luy refpondit. De l'alme inclyte
& celebre academie, que l'on vocite Lutece. Qu'eft
ce à dire? dift Pantagruel à vn de fes gens. C'eft
(refpondit il) de Paris. Tu viens doncques de Paris?
dift il. Et à quoy paffez vous le temps vous aultres
meffieurs eftudiens audict Paris? Refpondit l'efcolier.
Nous transfretons la Sequane au dilucule, & cre-
pufcule, nous deambulons par les compites & quadri-
uiers de l'vrbe, nous defpumons la verbocination
Latiale, & comme verifimiles amorabonds captons la
beneuolence de l'omnijuge omniforme & omnigene
fexe feminin, certaines diecules nous inuifons les lu-
panares, & en ecftafe Venereique inculcons nos ve-
retres es penitiffimes receffes des pudendes de ces

meritricules amicabiliffimes, puis cauponizons es tabernes meritoires, de la pomme de pin, du caftel, de la Magdaleine & de la Mulle, belles fpatules veruecines perforaminees de petrofil. Et fi par forte fortune y a rarité ou penurie de pecune en nos marfupies & foyent exhauftes de metal ferruginé, pour l'efcot nous dimittons nos codices & veftes opignerees, preftolans les tabellaires à venir des penates & lares patriotiques. A quoy Pantagruel dift. Que diable de langaige eft cecy? Par dieu, tu es quelque heretique. Seignor, non, dift l'efcolier, car libentiffiment des ce qu'il illucefce quelque minutule lefche du iour ie demigre en quelcun de ces tant bien architectez monftiers : & là me irrorant de belle eaue luftrale, grignotte d'vn tranfon de quelque mifficque precation de nos facrificules. Et fubmirmillant mes precules horaires, elue & abfterge mon anime de fes inquinamens nocturnes. Ie reuere les olimpicoles. Ie venere latrialement le fupernel aftripotent. Ie dilige & redame mes proximes. Ie ferue les prefcriptz decalogicques, & felon la facultatule de mes vires, n'en difcede le late vnguicule. Bien eft veriforme que à caufe que Mammone ne fupergurgite goutte en mes locules, ie fuis quelque peu rare & lend à fupereroger les eleemofynes à ces egenes queritans leur ftipe hoftiatement. Et bren, bren, dift Pantagruel, qu'eft ce que veult dire ce fol? Ie croys qui nous forge icy quelque langaige diabolique, & qu'il nous cherme comme enchanteur. A quoy dift vn de fes gens. Seigneur, fans doubte ce gallant veult contrefaire la langue des Parifians, mais il ne faict que efcorcher le latin & cuide ainfi Pindarifer, & luy femble bien qu'il eft quelque grand orateur en Françoys : par ce qu'il dedaigne l'vfance commun de parler. A quoy dict Pantagruel. Eft il vray? L'efcolier refpondit. Seignor miffayre, mon genie n'eft poinct apte nate à ce que dict ce flagitiofe nebulon, pour efcorier la cuticule de noftre vernacule Gallicque, mais vice verfement ie gnaue opere & par vele & rames ie me enite de le locupleter de la redundance latinicome. Par dieu (dift Pantagruel) ie vous apprendray à parler. Mais deuant, refponds moy, dont es tu? A quoy dift l'efcholier. L'origine primeue de mes aues & ataues fut indigene des regions Lemouicques, ou requiefce le corpore de l'agiotade fainct Marcial. I'entens bien, dift Pantagruel. Tu es Lymofin, pour tout potaige. Et tu veulx icy contrefaire le Parifian. Or vien çza, que ie te donne vn tour de pigne. Lors le print à la gorge, luy difant. Tu efcorche le latin, par fainct Ian ie te feray efcorcher. le renard, car ie te efcorcheray tout vif. Lors commença le pauure Lymofin à dire. Vee dicou, gentilaftre. Ho, fainct Marfault, adiouda my. Hau, hau, laiffas à quau, au nom de dious, & ne me touquas grou. A quoy dift Pantagruel. A cefte heure parles tu naturellement. Et ainfi le laiffa : car le pauure Lymofin conchioit toutes fes chauffes qui eftoient faictes à queheue de merluz, & non à plein fons, dont dift Pantagruel. Sainct Alipentin, quelle ciuette? Au diable foit le mafcherable, tant il put. Et le laiffa. Mais ce luy fut vn tel remord toute fa vie, & tant fut alteré, qu'il difoit fouuent que Pantagruel le tenoit à la gorge. Et apres quelques annees mourut de la mort Roland, ce faifant la vengeance diuine & nous demonftrant ce que dit le Philofophe & Aule Gelle, qu'il nous conuient parler felon le langaige vfité. Et comme difoit Octauian Augufte, qu'il faut euiter les motz efpaues en pareille diligence que les patrons des nauires euitent les rochiers de mer.

*Comment Pantagruel vint à Paris : & des
beaulx liures de la librairie
de fainct Victor.*

Chapitre VII.

PRES que Pantagruel eut fort bien
eftudié en Aurelians, il delibera
vifiter la grande vniuerfité de Paris, mais deuant que partir fut
aduerty que vne groffe & enorme
cloche eftoit à Sainct Aignan dudict Aurelians, en terre, paffez
deux cens quatorze ans : car elle eftoit tant groffe
que par engin aulcun ne la pouoit on mettre feullement hors terre, combien que l'on y euft applicqué
tous les moyens que mettent Vitruuius de architec-
tura, Albertus de re edificatoria, Euclides, Theon,
Archimedes, & Hero de ingeniis, car tout n'y feruit
de rien. Dont voluntiers encliné à l'humble requefte
des citoyens & habitans de la dicte ville, delibera la
porter au clochier à ce deftiné.   De faict vint au lieu
ou elle eftoit : & la leua de terre auecques le petit
doigt auffi facilement que feriez vne fonnette d'efparuier. Et deuant que la porter au clochier, Pantagruel en voulut donner vne aubade par la ville, &
la faire fonner par toutes les rues en la portant en

fa main, dont tout le monde fe refiouyft fort : mais il en aduint vn inconuenient bien grand, car la portant ainfi, & la faifant fonner par les rues, tout le bon vin d'Orleans poulfa, & fe gafta. De quoy le monde ne fe aduifa que la nuyct enfuyuant : car vn chafcun fe fentit tant alteré de auoir beu de ces vins poulfez, qu'ilz ne faifoient que cracher auffi blanc comme cotton de Malthe difans, nous auons du Pantagruel, & auons les gorges fallees.

Ce faict, vint à Paris auecques fes gens. Et à fon entree tout le monde fortit hors pour le veoir, comme vous fçauez bien que le peuple de Paris eft fot par nature, par bequare, & per bemol, & le regardoyent en grand efbahyffement, & non fans grande peur qu'il n'emportaft le Palais ailleurs en quelque pays a remotis, comme fon pere auoit emporté les campanes de noftre dame, pour atacher au col de fa iument. Et apres quelque efpace de temps qu'il y eut demouré & fort bien eftudié en tous les fept ars liberaulx, il difoit que c'eftoit vne bonne ville pour viure, mais non pour mourir, car les guenaulx de fainct Innocent fe chauffoyent le cul des offemens des mors. Et trouua la librairie de fainct Victor fort magnificque, mefmement d'aulcuns liures qu'il y trouua, defquelz s'enfuit le repertoyre, & primo.

Bigua falutis.

Bregueta iuris.

Pantofla decretorum.

Malogranatum vitiorum.

Le peloton de theologie.

Le viftempenard des prefcheurs, compofé par Turelupin.

La couillebarine des preux.

Les hanebanes des euefques.

Marmotretus de baboinis & cingis cum commento Dorbellis.

Decretum vniuerſitatis Pariſienſis ſuper gorgiaſitate muliercularum ad placitum.

L'apparition de ſainƈte Geltrude à vne nonnain de Poiſſy eſtant en mal d'enfant.

Ars honeſte pettandi in ſocietate per M. Ortuinum.

Le mouſtardier de penitence.

Les hoſeaulx, alias les bottes de patience.

Formicarium artium.

De brodiorum vſu & honeſtate chopinandi, per Silueſtrem prieratem Iacoſpinum.

Le beliné en court.

Le cabat des notaires.

Le pacquet de mariage.

Le creziou de contemplation.

Les fariboles de droiƈt.

L'aguillon de vin.

L'eſperon de fromaige.

Decrotatorium ſcholarium.

Tartaretus de modo cacandi.

Les fanfares de Rome.

Bricot de differentiis ſoupparum.

Le culot de diſcipline.

La ſauate de humilité.

Le tripier de bon penſement.

Le chaulderon de magnanimité.

Les hanicrochemens des confeſſeurs.

La croquignolle des curés.

Reuerendi patris fratris Lubini prouincialis Bauardie, de croquendis lardonibus libri tres.

Paſquili doƈtoris marmorei, de capreolis cum chardoneta comedendis tempore papali ab eccleſia interdiƈto.

CHAPITRE VII.

L'inuention fainête croix à ſix perſonaiges iouee par les clercs de fineſſe.

Les lunettes des Romipetes.

Maioris de modo faciendi boudinos.

La cornemuſe des prelatz.

Beda de optimitate triparum.

La complainte des aduocatz ſus la reformation des dragees.

Le chatfourré des procureurs.

Des poys au lart cum commento.

La profiterolle des indulgences.

Preclariſſimi iuris vtriuſque doêtoris Maiſtre Pilloti Racquedenari de bobelidandis gloſſe Accurſiane baguenaudis repetitio enucidiluculidiſſima.

Stratagemata Francarchieri de Baignolet.

Franêtopinus de re militari cum figuris Teuoti.

De vſu & vtilitate eſcorchandi equos & equas, autore M. noſtro de Quebecu.

La ruſtrie des preſtolans.

M. n. Roſtocoſtoiambedaneſſe, de mouſtarda poſt prandium ſeruienda lib. quatuordecim, apoſtilati per M. Vaurrillonis.

Le couillaige des promoteurs.

Queſtio ſubtilliſſima, Vtrum Chimera in vacuo bombinans poſſit comedere ſecundas intentiones? & fuit debatuta per decem hebdomadas in concilio Conſtantienſi.

Le maſchefain des aduocatz.

Barbouilamenta Scoti.

Le retepenade des cardinaulx.

De calcaribus remouendis decades vndecim, per m. Albericum de roſata.

Eiuſdem de caſtrametandis crinibus lib. tres.

L'entree de anthoine de Leiue es terres du Breſil.

Marforii, bacalarii cubentis Rome, de pelendis mas-
carendifque cardinalium mulis.

Apologie d'icelluy contre ceulx qui difent que la
mule du pape ne mange qu'à fes heures.

Pronoftication que incipit Sylui Triquebille balata
per m. n. Songrecrufyon.

Boudarini epifcopi de emulgentiarum profectibus
eneades nouem cum priuilegio papali ad triennium
& poftea non.

Le chiabrena des pucelles.

Le culpelé des vefues.

La cocqueluche des moines.

Les brimborions des padres Celeftins.

Le barrage de manducité.

Le clacquedent des marroufles.

La ratouere des theologiens.

L'ambouchouoir des maiftres en ars.

Les marmitons de Olcam à fimple tonfure.

Magiftri n. Fripefaulcetis de grabellationibus hor-
rarum canonicarum, lib. quadraginta.

Cullebutatorium confratriarum, incerto autore.

La cabourne des briffaulx.

Le faguenat des Hefpaignols fupercoquelicanticqué
par frai Inigo.

La barbotine des marmiteux.

Poiltronifmus rerum Italicarum, autore magiftro
Bruflefer.

R. Lullius de batisfolagiis principum.

Callibiftratorium caffardis, actore M. Iacobo Hoc-
ftratem hereticometra.

Chaultcouillonis de magiftro noftrandorum magiftro noftratorumque beuuetis lib. octo gualantif-
fimi.

Les petarrades des bulliftes, copiftes, fcripteurs,

CHAPITRE VII. 249

abbreuiateurs, referendaires, & dataires compillees par Regis.

 Almanach perpetuel pour les gouteux & verollez.
 Maneries ramonandi fournellos, par M. Eccium.
 Le poulemart des marchans.
 Les aifez de vie monachale.
 La gualimaffree des Bigotz.
 L'hiftoire des farfadetz.
 La beliftrandie des Millefouldiers.
 Les happelourdes des officiaulx.
 La bauduffe des thefauriers.
 Badinatorium fophiftarum.
 Antipericatametanaparbeugedamphicribrationes merdicantium.
 Le limaffon des rimaffeurs.
 Le boutauent des Alchymiftes.
 La nicquenocque des quefteurs cababezacee par frere Serratis.
 Les entraues de religion.
 La racquette des brimbaleurs.
 L'acodouoir de vieilleffe.
 La mufeliere de nobleffe.
 La patenoftre du cinge.
 Les grezillons de deuotion.
 La marmite des quatre temps.
 Le mortier de vie politicque.
 Le moufchet des hermites.
 La barbute des penitenciers.
 Le trictrac des freres frapars.
 Lourdaudus de vita & honeftate braguardorum.
 Lyrippii Sorbonici moralifationes per m. Lupoldum.
 Les brimbelettes des voyageurs.
 Les potingues des euefques potatifz.

Tarraballationes doctorum Coloniensium aduersus Reuchlin.

Les cymbales des dames.

La martingalle des fianteurs.

Vireuouftatorum nacquettorum per f. Pedebilletis.

Les bobelins de franc couraige.

La mommerie des rebatz & lutins.

Gerfon de auferibilitate pape ab ecclefia.

La ramaffe des nommez & graduez.

Io. Dytebrodii de terribiliditate excomunicationum libellus acephalos.

Ingeniofitas inuocandi diabolos & diabolas per M. Guinguolfum.

Le hofchepot des perpetuons.

La morifque des hereticques.

Les henilles de Gaietan.

Moillegroin doctoris cherubici de origine patepelutarum & torticollorum ritibus lib. feptem.

Soixante & neuf breuiaires de haulte greffe.

Le godemarre des cinq ordres des mendians.

La pelleterie des tyrelupins, extraicte de la bote fauue incornififtibulee en la fomme angelicque.

Le Rauaffeur des cas de confcience.

La bedondaine des prefidens.

Le vietdazouer des abbés.

Sutoris aduerfus quendam qui vocauerat eum fripponnatorem, & quod fripponnatores non funt damnati ab ecclefia.

Cacatorium medicorum.

Le rammonneur d'aftrologie.

Campi clyfteriorum per §. C.

Le tyrepet des apothecaires.

Le baifecul de chirurgie.

Iuftinianus de cagotis tollendis.

Antidotarium anime.
Merlinus Coccaius de patria diabolorum.

Desquelz aulcuns font ia imprimez, & les aultres l'on imprime maintenant en cefte noble ville de Tubinge.

*Comment Pantagruel eſtant à Paris receut
letres de ſon pere Gargantua,
& la copie d'icelles.*

Chapitre VIII.

ANTAGRVEL eſtudioit fort bien
comme aſſez entendez, & proufi-
toit de meſmes, car il auoit l'entendement à double rebras & capacité de memoire à la meſure de
douze oyres & botes d'olif. Et
comme il eſtoit ainſi là demourant
receut vn iour lettres de ſon Pere en la maniere que
s'enſuyt.

Treſchier filz, entre les dons, graces & prerogatiues deſquelles le ſouuerain plaſmateur Dieu tout
puiſſant a endouayré & aorné l'humaine nature à
ſon commencement, celle me ſemble ſinguliere &
excellente, par laquelle elle peut en eſtat mortel ac-
querir eſpece de immortalité, & en decours de vie
tranſitoire perpetuer ſon nom & ſa ſemence. Ce que
eſt faict par lignee yſſue de nous en mariage legitime.
Dont nous eſt aulcunement inſtauré ce que nous feut
tollu par le peché de nos premiers parens, eſquelz
fut dict, que par ce qu'ilz n'auoyent eſté obeyſſans au
commendement de Dieu le createur, ilz mourroyent :

& par mort feroit reduicte à neant cefte tant magnificque plafmature, en laquelle auoit efté l'homme creé. Mais par ce moyen de propagation feminale demoure es enfans ce que eftoit de perdu es parens, & es nepueux ce que deperiffoit es enfans, & ainfi succeffiuement iufques à l'heure du iugement final, quand Iefuchrift aura rendu à Dieu le pere fon Royaulme pacificque hors tout dangier & contamination de peché, car alors cefferont toutes generations & corruptions, & feront les elemens hors de leurs tranfmutations continues, veu que la paix tant defiree fera confumee, & parfaicte, & que toutes chofes feront reduites à leur fin & periode. Non doncques fans iufte & equitable caufe ie rends graces à Dieu mon conferuateur, de ce qu'il m'a donné pouoir veoir mon antiquité chanue refleurir en ta ieuneffe, car quand par le plaifir de luy qui tout regift & modere, mon ame laiffera cefte habitation humaine, ie ne me reputeray totalement mourir, ains paffer d'vn lieu en aultre, attendu que en toy & par toy ie demeure en mon image vifible en ce monde viuant, voyant, & cohuerfant entre gens de honneur & mes amys comme ie fouloys. Laquelle mienne conuerfation a efté moyennant l'ayde & grace diuine, non fans peché, ie le confeffe (car nous pechons tous, & continuellement requerons à dieu qu'il efface noz pechez) mais fans reproche.

Parquoy ainfi comme en toy demeure l'image de mon corps, fi pareillement ne reluyfoient les meurs de l'ame, l'on ne te iugeroit eftre garde & trefor de l'immortallité de noftre nom, & le plaifir que prendroys ce voyant, feroit petit, confiderant que la moindre partie de moy, qui eft le corps, demoureroit, & la meilleure qui eft l'ame, & par laquelle demeure noftre nom en benediction entre les hommes, feroit degenerante & abaftardie. Ce que ie ne dis par defiance que ie aye de ta vertu, laquelle m'a efté ia par cy deuant efprouuee, mais pour plus fort te encourager à proffiter de bien en mieulx. Et ce que prefentement te efcriz, n'eft tant affin qu'en ce train vertueux tu viues, que de ainfi viure & auoir vefcu tu te refiouiffes & te refraifchiffes en courage pareil pour l'aduenir. A laquelle entreprinfe parfaire & confommer, il te peut affez fouuenir comment ie n'ay rien efpargné : mais ainfi y ay ie fecouru comme fi ie n'euffe aultre thefor en ce monde, que de te veoir vne foys en ma vie abfolu & parfaict, tant en vertu, honefteté & preudhommie, comme en tout fçauoir liberal & honefte, & tel te laiffer apres ma mort comme vn mirouoir reprefentant la perfonne de moy ton pere, & finon tant excellent, & tel de faict, comme ie te fouhaite, certes bien tel en defir. Mais encores que mon feu pere de bonne memoire Grandgoufier euft adonné tout fon eftude, à ce que ie proffitaffe en toute perfection & fçauoir politique, & que mon labeur & eftude correfpondit trefbien, uoire encores oultrepaffaft fon defir : toutesfoys, comme tu peulx bien entendre, le temps n'eftoit tant idoine ne commode es lettres comme eft de prefent, & n'auoys copie de telz precepteurs comme tu as eu. Le temps eftoit encores tenebreux & fentant l'infelicité & calamité des Gothz, qui auoient mis à deftruction toute bonne literature. Mais par la bonté diuine, la lumiere & dignité a efté de mon eage rendue es lettres, & y voy tel amendement que de prefent à difficulté feroys ie receu en la premiere claffe des petitz grimaulx, qui en mon eage virile eftoys (non à tord) reputé le plus fçauant dudict fiecle.

Ce que ie ne dis par iactance vaine, encores que ie le puisse louablement faire en t'escripuant comme tu as l'autorité de Marc Tulle en son liure de vieillesse, & la sentence de Plutarche au liure intitulé, Comment on se peut louer sans enuie, mais pour te donner affection de plus hault tendre. Maintenant toutes disciplines sont restituees, les langues instaurees, Grecque sans laquelle c'est honte que vne personne se die sçauant, Hebraicque, Caldaicque, Latine. Les impressions tant elegantes & correctes en vsance, qui ont esté inuentees de mon eage par inspiration diuine, comme à contrefil l'artillerie par suggestion diabolicque. Tout le monde est plein de gens sauans, de precepteurs tresdoctes, de librairies tresamples, qu'il m'est aduis que ny au temps de Platon, ny de Ciceron, ny de Papinian, n'estoit telle commodité d'estude qu'on y veoit maintenant. Et ne se fauldra plus doresnauant trouuer en place ny en compaignie qui ne sera bien expoly en l'officine de Minerue. Ie voy les brigans, les boureaulx, les auanturiers, les palefreniers de maintenant plus doctes que les docteurs & prescheurs de mon temps.

Que diray ie? Les femmes & filles ont aspiré à ceste louange & manne celeste de bonne doctrine. Tant y a que en l'eage ou ie suis i'ay esté contrainct de apprendre les lettres Grecques, lesquelles ie n'auoys contemné comme Caton, mais ie n'auoys eu loysir de comprendre en mon ieune eage. Et voluntiers me delecte à lire les moraulx de Plutarche, les beaulx dialogues de Platon, les monumens de Pausanias, & antiquitez de Atheneus, attendant l'heure qu'il plaira à dieu mon createur me appeller & commander yssir de ceste terre. Parquoy, mon filz, ie te admoneste que employe ta ieunesse à bien profiter

en eſtude & en vertus. Tu es à Paris, tu as ton precepteur Epiſtemon dont l'vn par viues & vocales
inſtructions, l'aultre par louables exemples te peut
endoctriner. I'entens & veulx que tu aprenes les
langues parfaictement. Premierement la Grecque
comme le veult Quintilian. Secondement la Latine.
Et puis l'Hebraicque pour les ſainctes letres, & la
Chaldaicque & Arabicque pareillement, & que tu
formes ton ſtille quand à la Grecque, à l'imitation
de Platon : quand à la Latine, à Ciceron. Qu'il n'y
ait hyſtoire que tu ne tienne en memoire preſente, à
quoy te aydera la Coſmographie de ceulx qui en ont
eſcript. Des ars liberaux, Geometrie, Ariſmeticque
& Muſicque, ie t'en donnay quelque gouſt quand tu
eſtoys encores petit en l'eage de cinq à ſix ans, pour-
ſuys la reſte, & de Aſtronomie ſaiche en tous les
canons, laiſſe moy l'Aſtrologie diuinatrice, & l'art de
Lullius comme abuz & vanitez. Du droit ciuil, ie
veulx que tu ſaiche par cueur les beaulx textes, &
me les confere auecques philoſophie. Et quand à
la congnoiſſance des faictz de nature, ie veulx que tu
te y adonne curieuſement, qu'il n'y ayt mer, riuiere,
ny fontaine, dont tu ne congnoiſſe les poiſſons, tous
les oyſeaulx de l'air, tous les arbres, arbuſtes & fruc-
tices des foretz, toutes les herbes de la terre, tous
les metaulx cachez au ventre des abyſmes, les pierreries de tout Orient & midy, rien ne te ſoit incon-
gneu. Puis ſongneuſement reuiſite les liures des
medicins Grecz, Arabes, & Latins, ſans contemner les
Thalmudiſtes, & Cabaliſtes, & par frequentes ana-
tomies acquiers toy parfaicte congnoiſſance de l'aultre
monde, qui eſt l'homme. Et par leſquelles heures du
iour commence à viſiter les ſainctes lettres. Premierement en Grec, le nouueau teſtament & Epiſtres

des apoftres, & puis en Hebrieu le vieulx teftament. Somme que ie voy vn abyfme de fcience : car dorefnauant que tu deuiens homme & te fais grand, il te fauldra yffir de cefte tranquillité & repos d'eftude : & apprendre la cheualerie, & les armes pour defendre ma maifon, & nos amys fecourir en tous leurs affaires contre les affaulx des malfaifans. Et veux que de brief tu effaye combien tu as proffité, ce que tu ne pourras mieulx faire, que tenent conclufions en tout fçauoir publiquement enuers tous & contre tous : & hantant les gens lettrez, qui font tant à Paris comme ailleurs. Mais par ce que felon le faige Salomon Sapience n'entre point en ame maliuole, & fcience fans confcience n'eft que ruine de l'ame, il te conuient feruir, aymer, & craindre Dieu, & en luy mettre toutes tes penfees, & tout ton efpoir, & par foy formee de charité eftre à luy adioinct, en forte que iamais n'en foys defamparé par peché. Aye fufpectz les abus du monde, ne metz ton cueur à vanité : car cefte vie eft tranfitoire : mais la parolle de Dieu demeure eternellement. Soys feruiable à tous tes prochains, & les ayme comme toymefmes. Reuere tes precepteurs, fuis les compaignies de gens efquelz tu ne veulx point refembler, & les graces que Dieu te a donnees, icelles ne reçoipz en vain. Et quand tu congnoiftras que auras tout le fçauoir de par delà acquis, retourne vers moy, affin que ie te voye & donne ma benediction deuant que mourir. Mon filz, la paix & grace de noftre feigneur foit auecques toy. Amen. De Vtopie, ce dix feptiefme iour du moys de mars.

Ton pere, Gargantua.

Ces lettres receues & veues Pantagruel print nouueau courage & feut enflambé à proffiter plus que iamais : en forte que le voyant eftudier & proffiter, euffiez dict que tel eftoit fon efperit entre les liures, comme eft le feu parmy les brandes, tant il l'auoit infatigable & ftrident.

*Comment Pantagruel trouua Panurge
lequel il ayma toute fa vie.*

CHAPITRE IX.

N iour Pantagruel fe pourmenant
hors la ville vers l'abbaye fainct
Antoine, deuifant & philofophant
auecques fes gens & aulcuns efcholiers, rencontra vn homme
beau de ftature & elegant en tous
lineamens du corps, mais pitoyablement nauré en diuers lieux : & tant mal en ordre
qu'il fembloit eftre efchappé es chiens, ou mieulx
refembloit vn cueilleur de pommes du pais du Perche. De tant loing que le vit Pantagruel, il dift es
affiftans. Voyez vous ceft homme qui vient par le
chemin du pont Charanton? Par ma foy il n'eft
pauure que par fortune : car ie vous affeure que à
fa phyfionomie nature l'a produict de riche & noble
lignee, mais les aduentures des gens curieulx le ont
reduict en telle penurie & indigence. Et ainfi qu'il
fut au droict d'entre eulx, il luy demanda. Mon
amy, ie vous prie que vn peu vueillez icy arrefter
& me refpondre à ce que vous demanderay, & vous
ne vous en repentirez point, car i'ay affection trefgrande de vous donner ayde à mon pouoir en la ca-

lamité ou ie vous voy : car vous me faictes grand pitié. Pourtant, mon amy, dictes moy qui eftes vous? dont venez vous? ou allez vous? que querez vous, & quel eft voftre nom? Le compaignon luy refpond en langue Germanicque. Iuncker, gott geb euch glück vnnd hail. Zuuor, lieber iuncker, ich las euch wiffen das da ir mich von fragt, ift ein arm vnnd erbarmglich ding, vnnd wer vil daruon zu fagen, welches euch verdruflich zu hœren, vnnd mir zu erzelen wer, vieuol die Poeten vnnd Orators vorzeiten haben gefagt in iren fprüchen vnnd fentenzen, das die gedechtnus des ellends vnnd armuot vorlangs erlitten ift ain groffer luft. A quoy refpondit Pantagruel. Mon amy, ie n'entens poinct ce barragouin, pourtant fi voulez qu'on vous entende, parlez aultre langaige. Adoncques le compaignon luy refpondit. Al barildim gotfano dech min brin alabo dordin falbroth ringuam albaras. Nin porth zadikim almucathin milko prim al elmim enthoth dal heben enfouim : kuth im al dim alkatim nim broth dechoth porth min michas im endoth, pruch dal marfouim hol moth danfrilrim lupaldas im voldemoth. Nin hur diauolth mnarbotim dal goufch pal frapin duch im fcoth pruch galeth dal chinon, min foulthrich al conin butbathen doth dal prim. Entendez vous rien là? dift Pantagruel es affiftans. A quoy dift Epiftemon. Ie croy que c'eft langaige des Antipodes, le diable n'y mordroit mie. Lors dift Pantagruel. Compere, ie ne fçay fi les murailles vous entendront, mais de nous nul n'y entend note.

Dont dift le compaignon. Signor mio, voi videte per exemplo che la Cornamufa non fuona mai s'ela non a il ventre pieno. Cofi io parimente non vi faprei contare le mie fortune, fe prima il tribulato

CHAPITRE IX.

ventre non a la folita refectione. Al quale e aduifo che le mani & li denti abbui perfo il loro ordine naturale & del tuto annichillati. A quoy refpondit Epiftemon. Autant de l'vn comme de l'aultre. Dont dift Panurge. Lard gheft tholb be fua virtiuff be intelligence : aff yi body fchal biff be naturall relutht tholb fuld of me pety haue for natur haff ulff egualy maide : bot fortune fum exaltit heff and oyis depreuit : non ye leff viois mou virtius depreuit : and virtiuff men defcriuis for anen ye lad end iff non gud.

Encores moins, refpondit Pantagruel. Adoncques dift Panurge. Iona andie guauffa gouffy etan be harda er remedio beharde verfela yffer landa. Anbates otoy y ef naufu ey neffaffu gourray propofian ordine den. Nonyffena bayta fafcheria egabe gen heraffy badia fadaffu noura affia. Aran Hondouan gualde eydaffu naydaffuna. Eftou ouffyc eguinan foury hin er darftura eguy harm. Genicoa plafar vadu. Eftez vous là, refpondit Eudemon, Genicoa? A quoy dift Carpalin. Sainct Treignan, foutys vous defcoff, ou i'ay failly à entendre. Lors refpondit Panurge. Prug freft ftrinft forgdmand ftrochdt drhds pag brleland Grauot chauygny pomardiere rufth pkallhdracg deuiniere pres Nays. Bcuille kalmuch monach drupp delmeupplift rincq dlrnd dodelb vp drent loch minc ftz rinquald de vins ders cordelis bur iocft ftzampenards. A quoy dift Epiftemon. Parlez vous chriftian, mon amy, ou langaige patelinoys? Non, c'eft langaige llanternoys. Dont dift Panurge. Herre, ie en fpreke anders gheen taele dan kerften taele : my dunct nochtans, al en feg ie v niet een wordt, mynen noot vklaert ghenonch wat ie beglere, gheeft my wyt bermherticheyt yet waer vn ie gheuoet magh zunch.

A quoy refpondit Pantagruel. Autant de ceftuy là. Dont dift Panurge. Seignor, de tanto hablar yo foy canfado, por que fupplico a voftra reuerentia que mire a los preceptos euangeliquos, para que ellos mouant voftra reuerentia a lo ques de confcientia, y fy ellos non baftarent para mouer voftra reuerentia a piedad, fupplico que mire a la piedad natural, la qual yo creo que le moura como es de razon, y con efto non digo mas. A quoy refpondit Pantagruel. Dea, mon amy, ie ne fais doubte aulcun que ne fachez bien parler diuers langaiges, mais diƈtes nous ce que vouldrez en quelque langue que puiffions entendre. Lors dift le compaignon. Myn herre endog ieg med ingen tunge talede, lygefom boeen ocg uskuulig creatner : myne kleebon och myne legoms magerhed wduyfer allygue klalig huuad tyng meg meeft behoff girereb, fom aer fandeligh mad och drycke : huuarfor forbarme teg omfyder offuermeg : och befael at gyffuc meg nogeth : aff huylket ieg kand ftyre myne groeendes maghe, lygeruff fon mand Cerbero en foppe forfetthr. Soa shal tue loeffue lenge och lykfaligth. Ie croy (dift Euftenes) que les Gothz parloient ainfi. Et fi dieu vouloit, ainfi parlerions nous du cul. Adoncques dift le compaignon. Adoni, fcolom lecha : im ifchar harob hal habdeca bemeherah thithen li kikar lehem : chancathub laah al adonai cho nen ral. A quoy refpondit Epiftemon. A cefte heure ay ie bien entendu : car c'eft langue Hebraicque bien Rhetoricquement pronuncee. Dont dift le compaignon. Defpota tinyn panagathe, dioti fy mi vc artodotis, horas gar limo analifcomenon eme athlios, ce en to metaxy eme vc eleis vdamos, zetis de par emu ha v chre. Ce homos philologi pandes homologufi tote logus te ce rhemeta

CHAPITRE IX. 263

peritta hyparchin, opote pragma afto pafi delon efti. Entha gar anancei monon logi ifin, hina pragmata (hon peri amphifbetumen) me profphoros epiphenete. Quoy : dift Carpalim, lacquays de Pantagruel, c'eſt Grec, ie l'ay entendu. Et comment, as tu demouré en Grece? Donc dift le compaignon. Agonou dont ouffys vou denaguez algarou : nou den farou zamift vous mariſton vlbrou, fouſquez vou brol, tam bredaguez moupreton den goul houſt, daguez daguez nou croupys foft bardou noflift nou grou. Agou paſton tol nalpriffys hourtou los ecbatanous prou dhouquys brol panygou den baſcrou noudous caguous goulfren goul ouſt troppaffou.
I'entends ce me ſemble, dift Pantagruel : car ou c'eſt langaige de mon pays de Vtopie, ou bien luy reſſemble quant au ſon. Et comme il vouloit commencer quelque propos, le compaignon dift. Iam toties vos per ſacra perque deos deaſque omnis obteſtatus ſum, vt ſi qua vos pietas permouet, egeſtatem meam ſolaremini, nec hilum proficio clamans & eiulans. Sinite, queſo, finite, viri impii, quo me fata vocant abire, nec vltra vanis veſtris interpellationibus obtundatis, memores veteris illius adagii, quo venter famelicus auriculis carere dicitur. Dea, mon amy, dift Pantagruel, ne ſçauez vous parler Françoys?

Si faiɋz treſbien, feigneur, reſpondit le compaignon, Dieu mercy : c'eſt ma langue naturelle, & maternelle, car ie fuis né & ay eſté nourry ieune au iardin de France, c'eſt Touraine. Doncques, dift Pantagruel, racomtez nous quel eſt voſtre nom, & dont vous venez, car, par foy, ie vous ay ia prins en amour ſi grand que ſi vous condeſcendez à mon vouloir, vous ne bougerez iamais de ma compaignie, & vous & moy ferons vn nouueau pair d'amitié telle que feut entre Enee & Achates. Seigneur, dift le compaignon, mon vray & propre nom de baptefme eft Panurge, & à prefent viens de Turquie, ou ie fuz mené prifonnier lors qu'on alla à Metelin en la male heure. Et voluntiers vous racompteroys mes fortunes qui font plus merueilleufes, que celles de Vlyffes, mais, puis qu'il vous plaift me retenir auecques vous, & ie accepte voluntiers l'offre, proteftant iamais ne vous laiffer, & aliffiez vous à tous les diables, nous aurons en aultre temps plus commode, affez loyfir d'en racompter, car pour cefte heure i'ay neceffité bien vrgente de repaiftre, dentz agues, ventre vuyde, gorge feiche, appetit ftrident, tout y eft deliberé : fi me voulez mettre en œuure, ce fera bafme de me veoir briber, pour Dieu, donnez y ordre. Lors commenda Pantagruel qu'on le menaft en fon logis & qu'on luy apportaft force viures. Ce que fut faict, & mangea trefbien à ce foir : & s'en alla coucher en chappon, & dormit iufques au lendemain heure de difner, en forte qu'il ne feift que troys pas & vn fault du lict à table.

*Comment Pantagruel equitablement iugea d'vne con-
controuerſe merueilleuſement obſcure & difficile,
ſi iuſtement, que ſon iugement fut
dict fort admirable.*

Chapitre X.

ANTAGRVEL bien records des lettres & admonition de ſon pere, voulut vn iour eſſayer ſon ſçauoir. De faict par tous les carrefours de la ville miſt concluſions en nombre de neuf mille ſept cens ſoixante & quatre en tout ſçauoir, touchant en ycelles les plus fors doubtes qui feuſſent en toutes ſciences. Et premierement en la rue du feurre tint contre tous les regens, artiens, & orateurs, & les miſt tous de cul. Puis en Sorbonne tint contre tous les Theologiens par l'eſpace de ſix ſepmaines deſpuis le matin quatre heures, iuſques à ſix du ſoir : exceptez deux heures d'interualle pour repaiſtre & prendre ſa refection. Et à ce aſſiſterent la plus part des ſeigneurs de la court : maiſtres des requeſtes, preſidens, conſeilliers, les gens des comptes, ſecretaires, aduocatz, & aultres : enſemble les eſcheuins de ladicte ville, auecques les medicins & canoniſtes.
Et notez que d'iceulx la plus part prindrent bien le

frain aux dentz : mais nonobſtant leurs ergotz & fallaces, il les feiſt tous quinaulx, & leurs monſtra viſiblement qu'ilz n'eſtoient que veaulx engiponnez.

Dont tout le monde commença à bruyre & parler de ſon ſçauoir ſi merueilleux, iuſques es bonnes femmes lauandieres, courratieres, rouſtiſſieres, ganyuetieres, & aultres, leſquelles quand il paſſoit par les rues diſoient, c'eſt luy, à quoy il prenoit plaiſir, comme Demoſthenes prince des orateurs Grecz faiſoit quand de luy diſt vne vieille acropie le monſtrant au doigt, c'eſt ceſtuy là.

Or en ceſte propre ſaiſon eſtoit vn proces pendent en la court entre deux gros ſeigneurs, deſquelz l'vn eſtoit monſieur de Bayſecul demandeur d'vne part, l'aultre monſieur de Humeueſne defendeur de l'aultre. Deſquelz la controuerſe eſtoit ſi haulte & difficile en droict que la court de Parlement n'y entendoit que le hault Alemant. Dont par le commandement du Roy furent aſſemblez quatre les plus ſçauans & les plus gras de tous les Parlemens de France, enſemble le grand conſeil, & tous les principaulx Regens des vniuerſitez, non ſeulement de France, mais auſſi d'Angleterre & Italie, comme Iaſon, Philippe, Dece, Petrus de petronibus & vn tas d'aultres vieulx Rabaniſtes. Ainſi aſſemblez par l'eſpace de quarente & ſix ſepmaines n'y auoyent ſceu mordre, ny entendre le cas au net, pour le mettre en droict en façon quelconques : dont ilz eſtoyent ſi deſpitz qu'ilz ſe conchioyent de honte villainement.

Mais vn d'entre eulx nommé Du douhet, le plus ſçauant, le plus expert & prudent de tous les aultres, vn iour qu'ilz eſtoyent tous philogrobolifez du cerueau, leur diſt. Meſſieurs, ia long temps a que ſommes icy fans rien faire que defpendre, & ne pouuons trouuer fond ny riue en cefte matiere, & tant plus y eftudions tant moins y entendons, qui nous eft grand honte & charge de confcience, & à mon aduis que nous n'en fortirons que à defhonneur, car nous ne faifons que rauaffer en noz confultations. Mais voicy que i'ay aduifé : vous auez bien ouy parler de ce grand perfonnaige nommé maiftre Pantagruel, lequel on a congneu eftre fçauant deffus la capacité du temps de maintenant, es grandes difputations qu'il a tenu contre tous publiquement. Ie fuis d'opinion, que nous l'apellons, & conferons de ceft affaire auecques luy, car iamais homme n'en viendra à bout fi ceftuy là n'en vient.   A quoy voluntiers confentirent tous ces confeilliers & docteurs : de faict l'enuoyerent querir fur l'heure, & le prierent vouloir le proces canabaffer & grabeler à poinct, & leur en faire le raport tel que de bon luy fembleroit en vraye fcience legale, & luy liurerent les facs & pantarques entre fes mains, qui faifoyent prefque le fais de quatre gros afnes couillars. Mais Pantagruel leur dift. Meffieurs, les deux Seigneurs qui ont ce proces entre eulx, font ilz encores viuans? A quoy luy fut refpondu, que ouy. De quoy diable donc (dift il) feruent tant de fatrafferies de papiers & copies que me bailliez? N'eft ce le mieulx ouyr par leur viue voix leur debat, que lire ces babouyneries icy, qui ne font que tromperies, cautelles diabolicques de Cepola, & fubuerfions de droict? Car ie fuis fceur que vous & tous ceulx par les mains defquelz a paffé le proces, y auez machiné ce que auez peu : pro & contra, & au cas que leur controuerfe eftoit patente & facile à iuger, vous l'auez obfcurcie par fottes & defraifonnables raifons & ineptes opinions de Accurfe, Balde,

Bartole, de Castro, de Imola, Hippolytus, Panorme, Bertachin, Alexandre, Curtius, & ces aultres vieulx mastins, qui iamais n'entendirent la moindre loy des Pandectes, & n'estoyent que gros veaulx de disme, ignorans de tout ce qu'est necessaire à l'intelligence des loix, car (comme il est tout certain) ilz n'auoyent congnoissance de langue ny Grecque ny Latine : mais seullement de Gothique & Barbare. Et toutesfoys les loix sont premierement prinses des Grecz, comme vous auez le tesmoignage de Vlpian l. posteriori de orig. iuris, & toutes les loix sont pleines de sentences & motz Grecz : & secondement sont redigees en Latin le plus elegant & aorné qui soit en toute la langue Latine, & n'en excepteroys voluntiers ny Saluste, ny Varron, ny Ciceron, ny Senecque, ny T. Liue, ny Quintilian. Comment doncques eussent peu entendre ces vieulx resueurs le texte des loix, qui iamais ne virent bon liure de langue Latine? comme manifestement appert à leur stile qui est stille de ramonneur de cheminee, ou de cuysinier & marmiteux : non de iurisconsulte.   D'auantaige veu que les loix sont extirpees du mylieu de philosophie moralle & naturelle, comment l'entendront ces folz qui ont, par dieu, moins estudié en philosophie que ma mulle? Au regard des lettres de humanité, & congnoissance des antiquitez & histoire, ilz en estoyent chargez comme vn crapault de plumes, dont toutesfoys les droictz sont tous pleins, & sans ce ne peuent estre enteduz, comme quelque iour ie monstreray plus apertement par escript. Par ce si voulez que ie congnoisse de ce proces, premierement faictez moy brusler tous ces papiers : & secondement faictez moy venir les deux gentilz hommes personnellement deuant moy, & quand ie les auray ouy, ie vous en diray mon opinion fans fiction ny diffimulation quelconques. A quoy aulcuns d'entre eulx contredifoient, comme vous fçauez, que en toutes compaignies il y a plus de folz que de faiges, & la plus grande partie furmonte toufiours la meilleure, ainfi que dict Tite Liue parlant des Cartagiens. Mais ledict du Douhet tint au contraire virilement contendent que Pantagruel auoit bien dict, que ces regiftres, enqueftes, replicques, reproches, faluations & aultres telles diableries, n'eftoient que fubuerfions de droict, & allongement de proces, & que le diable les emporteroit tous s'ilz ne procedoient aultrement felon equité euangelicque & philofophicque. Somme tous les papiers furent bruflez, & les deux gentilz hommes perfonnellement conuocquez. Et lors Pantagruel leur dift. Eftez vous ceulx qui auez ce grand different enfemble? Ouy, dirent ilz, monfieur. Lequel de vous eft demandeur? C'eft moy, dift le feigneur de Baifecul. Or, mon amy, contez moy de poinct en poinct voftre affaire, felon la verité, car par le corps bieu, fi vous en mentés d'vn mot, ie vous ofteray la tefte de deffus les efpaules, & vous monftreray que en iuftice & iugement l'on ne doibt dire que verité : par ce donnez vous garde de adioufter ny diminuer au narré de voftre cas, dictes.

*Comment les seigneurs de Baisecul & Humeuesne
plaidoient deuant Pantagruel sans aduocatz.*

CHAPITRE XI.

ONC commença Baisecul en la maniere que s'ensuyt. Monsieur, il est vray que vne bonne femme de ma maison portoit vendre des œufz au marchez. Couurez vous, Baisecul, dist Pantagruel. Grand mercy, monsieur, dist le seigneur de Baisecul. Mais à propos, passoit entre les deux tropicques six blans vers le zenith & maille par autant que les mons Rhiphees auoyent eu celle annee grande sterilité de happelourdes, moyennant vne sedition de balliuernes meue entre les Barragouyns & les Accoursiers pour la rebellion des Souyces qui s'estoyent assemblez iusques au nombre de bon bies, pour aller à l'aguillanneuf, le premier trou de l'an, que l'on liure la souppe aux bœufz, & la clef du charbon aux filles, pour donner l'auoine aux chiens. Toute la nuict l'on ne feist, la main sur le pot, que depescher bulles à pied & bulles à cheual pour retenir les bateaulx, car les cousturiers vouloyent faire des retaillons desrobez vne sarbataine pour couurir la mer Oceane, qui pour lors estoit

groffe d'vne potee de chous felon l'opinion des boteleurs de foin : mais les phyficiens difoyent que à fon vrine ilz ne congnoiffoyent figne euident au pas d'oftarde de manger bezagues à la mouftarde, fi non que meffieurs de la court feiffent par bemol commandement à la verolle, de non plus allebouter apres les maignans, car les marroufles auoient ia bon commencement à danfer l'eftrindore au diapafon vn pied au feu & la tefte au mylieu comme difoit le bon Ragot. Ha, meffieurs, Dieu modere tout à fon plaifir, & contre fortune la diuerfe vn chartier rompit nazardes fon fouet, ce fut au retour de la Bicocque, a lors qu'on paffa licentié maiftre Antitus des croffonniers en toute lourderie : comme difent les canoniftes. Beati lourdes quoniam ipfi trebuchauerunt. Mais ce que faict la quarefme fi hault, par fainct Fiacre de Brye, ce n'eft pour aultre chofe que la Penthecofte ne vient foys qu'elle ne me coufte : mais hay auant, peu de pluye abat grand vent, entendu que le fergeant me mift fi hault le blanc à la butte, que le greffier ne s'en lefchaft orbiculairement fes doigtz empenez de iardz, & nous voyons manifeftement que chafcun s'en prent au nez, finon qu'on regardaft en perfpectiue oculairement vers la cheminee à l'endroit ou pend l'enfeigne du vin à quarente fangles, qui font neceffaires à vingt bas de quinquenelle : à tout le moins qui ne vouldroit lafcher l'oyfeau deuant talemoufes que le defcouurir, car la memoire fouuent fe pert quand on fe chauffe au rebours : fa, dieu gard de mal Thibault mitaine. Alors dift Pantagruel. Tout beau, mon amy, tout beau, parlez à traict & fans cholere. J'entends le cas, pourfuyuez.

Or, monfieur, dift Baifecul, ladicte bonne femme, difant fes gaudez & audinos, ne peut fe couurir d'vn reuers fault montant par la vertuz guoy des priuileges de l'vniuerſité, ſinon par bien ſoy baſſiner anglicquement le couurant d'vn ſept de quarreaulx & luy tirant vn eſtoc vollant, au plus pres du lieu ou l'on vent les vieux drapeaulx, dont vſent les paintres de Flandres, quand ilz veullent bien à droict ferrer les cigalles, & m'eſbahys bien fort comment le monde ne pont veu qu'il faict ſi beau couuer. Icy voulut interpeller & dire quelque choſe le ſeigneur de Humeueſne, dont luy diſt Pantagruel. Et ventre ſainct Antoine, t'appertient il de parler ſans commandement? Ie ſue icy de haan, pour entendre la procedure de voſtre different, & tu me viens encores tabuſter? Paix, de par le diable, paix, tu parleras ton ſou, quand ceſtuy cy aura acheué. Pourſuyuez, diſt il à Baiſecul, & ne vous haſtez point.

Voyant doncques, diſt Baiſecul, que la Pragmatique ſanction n'en faiſoit nulle mention, & que le pape donnoit liberté à vn chaſcun de peter à ſon aiſe, ſi les blanchetz n'eſtoyent rayez, quelque pauureté que feuſt au monde, pourueu qu'on ne ſe ſignaſt de ribaudaille, l'arcanciel fraiſchement eſmoulu à Milan pour eſclourre les alouettes, conſentit que la bonne femme eſcullaſt les iſciaticques par le proteſt des petitz poiſſons couillatrys qui eſtoyent pour lors neceſſaires à entendre la conſtruction des vieilles bottes pour tant Ian le veau, ſon couſin Geruays remué d'vne buſche de moulle, luy conſeilla qu'elle ne ſe miſt poinct en ce hazard de ſeconder la buee brimballatoyre ſans premier aluner le papier : à tant pille, nade, iocque, fore, car non de ponte vadit qui cum ſapientia cadit, attendu que meſſieurs des comptes ne conuenoyent en la ſommation des fleutes d'allemant, dont on auoit baſty les lunettes des princes

imprimees nouuellement à Anuers. Et voylà, meffieurs, que faict mauluais raport. Et en croy partie
aduerfe in facer verbo dotis, car voulant obtemperer au plaifir du roy ie me eftois armé de pied en
cap d'vne carrelure de ventre pour aller veoir comment mes vendangeurs auoyent dechicqueté leurs
haulx bonnetz, pour mieulx iouer des manequins &
le temps eftoit quelque peu dangereux de la foire,
dont plufieurs francz archiers auoyent efté refufez à
la monftre, nonobftant que les cheminees feuffent
affez haultes felon la proportion du iauart & des
malandres lamibaudichon. Et par ce moyen fut
grande annee de quaquerolles en tout le pays de
Artoys, qui ne feuft petit amandement pour meffieurs
les porteurs de coufteretz, quand on mangeoit fans
defguainer cocques cigrues à ventre deboutonné. Et
à la mienne volunté que chafcun euft auffi belle voix,
l'on en iourroit beaucoup mieulx à la pàulme, & ces
petites fineffes qu'on faict à etymologizer les pattins,
defcendroyent plus aifement en Seine pour toufiours
feruir au pont aux meufniers, comme iadis feut decreté par le Roy de Canarre, & l'arreft en eft au
greffe de ceans. Pour ce, monfieur, ie requiers que
par voftre feigneurie foit dict & declairé fur le cas
ce que de raifon auecques defpens, dommaiges &
intereftz.

Lors dift Pantagruel. Mon amy, voulez vous plus
rien dire? Refpondit Baifecul, non monfieur : car ie
ay dict tout le tu autem, & n'en ay en rien varié,
fur mon honneur. Vous doncques (dift Pantagruel)
monfieur de Humeuefne, dictes ce que vouldrez &
abreuiez, fans rien toutesfoys laiffer de ce que feruira
au propos.

*Comment le seigneur de Humeuesne
plaidoie dauant Pantagruel.*

CHAPITRE XII.

ORS commença le seigneur de
Humeuesne ainsi que s'ensuit.
Monsieur & messieurs, si l'iniquité
des hommes estoit aussi facilement
veue en iugement categoricque
comme on congnoist mousches en
laict, le monde, quatre beufz, ne
seroit tant mangé de ratz comme il est, & seroient
aureilles maintes sur terre, qui en ont esté rongees
trop laschement. Car combien que tout ce que a dit
partie aduerse soit de dumet bien vray quand à la
lettre & histoire du factum, toutesfoys, messieurs, la
finesse, la tricherie, les petitz hanicrochemens, sont
cachez soubz le pot aux roses. Doibs ie endurer que
à l'heure que ie mange au pair ma souppe sans mal
penser ny mal dire l'on me vienne ratisser & tabuster
le cerueau me sonnant l'antiquaille, & disant, qui boit
en mangeant sa souppe, quand il est mort il n'y voit
goutte. Et, saincte dame, combien auons nous veu
de gros cappitaines en plein camp de bataille, alors
qu'on donnoit les horions du pain benist de la con-
frarie, pour plus honnestement se dodeliner, iouer

du luc, fonner du cul, & faire les petitz faulx en plate forme ? Mais maintenant le monde eft tout detraué de louchetz des balles de luceftre : l'vn fe defbauche, l'aultre cinq quatre & deux, & fi la court n'y donne ordre, il fera auffi mal glener cefte annee, qu'il feift ou bien fera des goubeletz. Si vne pauure perfonne va aux eftuues pour fe faire enluminer le mufeau de bouzes de vache ou acheter bottes de hyuer, & les fergeans paffans, ou bien ceulx du guet receuuent la decoction d'vn clyftere, ou la matiere fecale d'vne celle perfee fur leurs tintamarres, en doibt l'on pourtant roigner les teftons & fricaffer les efcutz elles de boys? Aulcunesfoys nous penfons l'vn, mais Dieu faict l'aultre, & quand le foleil eft couché, toutes beftes font à l'ombre : ie n'en veulx eftre creu, fi ie ne le prouue hugrement par gens de plain iour. L'an trente & fix achaptant vn courtault d'Alemaigne hault & court d'affez bonne laine & tainct en grene, comme affeuroyent les orfeures, toutesfoys le notaire y mift du cetera. Ie ne fuis poinct clerc pour prendre la lune auecques les dentz, mais au pot de beurre ou l'on felloit les inftrumens Vulcanicques le bruyt eftoit, que le bœuf falé faifoit trouuer le vin fans chandelle & feuft il caiché au fond d'vn fac de charbonnier, houzé & bardé auecques le chanfrain & hoguines requifes à bien fricaffer rufterie, c'eft tefte de mouton, & c'eft bien ce qu'on dict en prouerbe, qu'il faict bon veoir vaches noires en boys bruflé, quand on iouift de fes amours. I'en fis confulter la matiere à meffieurs les clercs, & pour refolution conclurent en Frifefomorum qu'il n'eft tel que faucher l'efté en caue bien garnie de papier & d'ancre, de plumes & ganiuet de Lyon fur le Rofne, tarabin tarebas : car incontinent que vn

harnoys fent les aulx, la rouille luy mangeue le foye,
& puis l'on ne faict que rebecquer torty colli fleuretant le dormir d'apres difner, & voylà qui faict le fel
tant cher. Meffieurs, ne croyez que au temps que
ladicte bonne femme englua la pochecuilliere pour
le record du fergeant mieulx apanager & que la
freffure boudinalle tergiuerfa par les bourfes des
vfuriers, il n'y euft rien meilleur à foy garder des
Canibales, que prendre vne liaffe d'oignons liee de
troys cens naueaulx, & quelque peu d'vne fraize de
veau du meilleur alloy que ayent les alchimiftes, & bien
luter & calciner fes pantoufles mouflin mouflart auecques belle faulce de raballe & foy mucer en quelque
petit trou de taulpe, fauluant toufiours les lardons. Et
fi le dez ne vous veult aultrement ambezars, ternes
du gros bout, guare d'az, mettez la dame au coing
du lict, fringuez la toureloura la la, & beuez à oultrance : dépifcando grenoillibus à tout beaulx hou-
feaulx coturnicques, ce fera pour les petitz oyfons
de mue qui s'efbatent au ieu de foucquet, attendant
battre le metal, & chauffer la cyre aux bauars de
godale. Bien vray eft il que les quatre beufz defquelz eft queftion, auoyent quelque peu la memoire
courte, toutesfoys pour fçauoir la game ilz n'en
craignoyent courmaran ny quanard de Sauoye, &
les bonnes gens de ma terre en auoyent bonne efpe-
rance, difant. Ces enfans deuiendront grands en Al-
gorifme, ce nous fera vne rubrique de droict, nous
ne pouuons faillir à prendre le loup, faifans nos
hayes deffus le moulin à vent duquel a efté parlé
par partie aduerfe. Mais le grand diole y eut enuie :
& mift les Allemans par le derriere, qui firent diables
de humer, her, tringue, tringue, de doublet en cafe.
Car il n'y a nulle apparence de dire que à Paris fur

petit pont geline de feurre, & feuſſent ilz auſſi huppez
que duppes de marays, ſinon vrayement qu'on ſacri-
fiaſt les pompetes au moret fraichement eſmoulu de
lettres verſalles ou courſiues, ce m'eſt tout vn, pourueu que la tranchefille n'y engendre les vers. Et poſé
le cas que au coublement des chiens courans, les mar-
mouzelles euſſent corné prinſe deuant que le notaire
euſt baillé ſa relation par art Cabaliſticque, il ne
s'enſuit (ſaulue meilleur iugement de la court) que
ſix arpens de pré à la grand laize feiſſent troys bottes
de fine ancre ſans ſouffler au baſſin, conſideré que
aulx funerailles du Roy Charles l'on auoit en plain
marché la toyſon pour deux & ar, i'entens, par mon
ferment, de laine. Et ie voy ordinairement en toutes
bonnes cornemuſes que quand l'on va à la pipee, faiſant troys tours de balay par la cheminee, & inſinuant
ſa nomination : l'on ne faict que bander aux reins &
ſoufler au cul, ſi d'aduenture il eſt trop chault, &
quille luy bille, incontinent les lettres veues, les
vaches luy furent rendues. Et en fut donné pareil
arreſt à la martingalle l'an dix & ſept pour le maul-
gouuert de Louzefougerouſe, à quoy il plaira à la
court d'auoir eſguard. Ie ne dis vrayement qu'on ne
puiſſe par equité deſpoſſeder en iuſte tiltre ceulx qui
de l'eaue beniſte beuuroyent comme on faict d'vn
rancon de tiſſerant dont on faict les ſuppoſitoires à
ceulx qui ne voulent reſigner, ſinon à beau ieu bel
argent. Tunc, meſſieurs, quid iuris pro minoribus?
Car l'vſance commune de la loy Salicque eſt telle,
que le premier boute feu qui eſcorniſle la vache qui
mouſche en plein chant de Muſicque, ſans ſolfier les
poinctz des ſauatiers, doibt en temps de godemarre
ſublimer la penurie de ſon membre par la mouſſe
cuillie alors qu'on ſe morfond à la meſſe de minuict

pour bailler l'eſtrapade à ces vins blancs d'Aniou, qui font la iambette collet à collet à la mode de Bretaigne. Concluent comme deſſus auecques deſpens, dommaiges, & intereſtz. Apres que le ſeigneur de Humeueſne eut acheué, Pantagruel diſt au ſeigneur de Baiſecul. Mon amy, voulez vous rien replicquer ? A quoy reſpondit Baiſecul. Non, monſieur : car ie n'en ay dict que la verité : & pour dieu donnons fin à noſtre different : car nous ne ſommes icy ſans grand frais.

*Comment Pantagruel donna sentence sus
le different des deux seigneurs.*

Chapitre XIII.

LORS Pantagruel se leue, & assemble tous les Presidens, Conseilliers & Docteurs là assistans, & leur dist. Or cza, messieurs, vous auez ouy (viue vocis oraculo) le different dont est question, que vous en semble? A quoy respondirent. Nous l'auons veritablement ouy, mais nous n'y avons entendu au diable la cause. Par ce nous vous prions vna voce & supplions par grace, que vueilliez donner la sentence telle que verrez, & ex nunc prout ex tunc nous l'auons aggreable, & ratifions de nos pleins consentemens. Et bien, messieurs, dist Pantagruel, puis qu'il vous plaist ie le feray : mais ie ne trouue le cas tant difficile que vous le faictes. Vostre paraphe Caton, la loy Frater, la loy Gallus, la loy Quinque pedum, la loy Vinum, la loy Si dominus, la loy Mater, la loy Mulier bona, la loy Si quis, la loy Pomponius, la loy Fundi, la loy Emptor, la loy Pretor, la loy Venditor, & tant d'aultres, sont bien plus difficiles en mon oppinion. Et apres ce dict, il se pourmena vn tour ou deux par la sale, pensant

bien profundement, comme l'on pouoit eſtimer, car
il gehaignoyt comme vn aſne qu'on ſangle trop fort,
penſant qu'il failloit à vn chaſcun faire droict, ſans
varier ny accepter perſonne, puis retourna s'aſſeoir
& commença pronuncer la ſentence comme s'enſuyt.

Veu, entendu, & bien calculé le different d'entre
les Seigneurs de Baiſecul & Humeueſne, la court leur
dict que conſideree l'orripilation de la ratepenade
declinent brauement du ſolſtice eſtiual pour mugueter
les billes veſees qui ont eu mat du pyon par les
males vexations des lucifuges qui ſont au climat
diarhomes d'vn matagot à cheual bendant vne arbaleſte aux reins, le demandeur euſt iuſte cauſe de calla-
fater le gallion que la bonne femme bourſouffloit vn
pied chauſſé & l'aultre nud, le remburſant bas &
roidde en ſa conſcience d'aultant de baguenaudes
comme y a de poil en dixhuit vaches, & autant
pour le brodeur. Semblablement eſt declairé innocent du cas priuilegié des gringuenaudes, qu'on penſoit qu'il euſt encouru de ce qu'il ne pouuoit baudement fianter par la deciſion d'vne paire de gands
parfumés de petarrades à la chandelle de noix, comme
on vſe en ſon pays de Mirebaloys, laſchant la bou-
line auecques les bouletz de bronze, dont les houſſe-
pailleurs paſtiſſoyent coneſtablement ſes legumaiges
interbaſtez du Loyrre à tout les ſonnettes d'eſparuier
faictes à poinct de Hongrie, que ſon beau frere portoit memoriallement en vn penier limitrophe, brodé
de gueulles à troys cheurons hallebrenez de cana-
baſſerie, au caignard angulaire dont on tire au papeguay vermiforme auecques la viſtempenarde. Mais
en ce qu'il met ſus au defendeur qu'il fut rataconn-
neur tyrofageux & goildronneur de mommye, que
n'a eſté en brimbalant trouué vray, comme bien l'a

debaſtu ledict defendeur, la court le condemne en troys verraſſees de caillebotes aſſimentees prelorelitantees & gaudepiſees comme eſt la couſtume du pays enuers ledict defendeur, payables à la My d'ouſt en May, mais ledict defendeur ſera tenu de fournir de foin & d'eſtoupes à l'embouchement des chaſſetrapes guitturales emburelucocquees de guiluerdons bien grabelez à rouelle, & amis comme deuant ſans deſpens, & pour cauſe.   Laquelle ſentence pronuncee, les deux parties departirent toutes deux contentes de l'arreſt, qui fuſt quaſi choſe increable. Car venu n'eſtoyt deſpuys les grandes pluyes & n'aduiendra de treze Iubilez que deux parties contendentes en iugement contradictoire ſoient egualement contentez d'vn arreſt diffinitif.   Au regard des Conſeilliers & aultres Docteurs qui là aſſiſtoyent, ilz demeurerent en ecſtaſe eſuanoys bien troys heures, & tous rauys en admiration de la prudence de Pantagruel plus que humaine, laquelle auoyent congneu clerement en la deciſion de ce iugement tant difficile & eſpineux. Et y feuſſent encores, ſinon qu'on apporta force vinaigre & eaue roſe pour leur faire reuenir le ſens & entendement acouſtumé, dont dieu ſoit loué par tout.

*Comment Panurge racompte la maniere comment
il eschappa de la main des Turcqs.*

CHAPITRE XIIII.

E iugement de Pantagruel feut incontinent fceu & entendu de tout le monde, & imprimé à force, & redigé es Archiues du Palays, en forte que le monde commença à dire. Salomon qui rendit par foubfon l'enfant à fa mere, iamais ne montra tel chief d'œuure de prudence comme a faict le bon Pantagruel : nous fommes heureux de l'auoir en noftre pays. Et de faict on le voulut faire maiftre des requeftes, & prefident en la court : mais il refufa tout, les remerciant gracieufement, car il y a (dift il) trop grande feruitude à ces offices, & à trop grande poine peuuent eftre fauluez ceulx qui les exercent, veu la corruption des hommes. Et croy que fi les fieges vuides des anges ne font rempliz d'aultre forte de gens, que de trente fept Iubilez nous n'aurons le iugement final & fera Cufanus trompé en fes coniectures. Ie vous en aduertis de bonne heure. Mais fi auez quelque muitz de bon vin, voluntiers i'en recepuray le prefent.

Ce que ilz firent voluntiers & luy enuoyerent du

meilleur de la ville, & beut affez bien. Mais le pauure
Panurge en beut vaillamment, car il eftoit eximé
comme vn haran foret. Auffi alloit il du pied comme
vn chat maigre. Et quelcvn l'admonefta à demye
alaine d'vn grand hanat plein de vin vermeil, difant.
Compere, tout beau, vous faiétes rage de humer.
Ie doncq au diefble (dift il) tu n'as pas trouué
tes petitz beuureaux de Paris qui ne beuuent en
plus q'vn pinfon, & ne prenent leur bechee finon
qu'on leurs tape la queue à la mode des paffereaux.
O compaing fi ie montaffe auffi bien comme ie aualle,
ie feuffe defia au deffus la fphere de la lune, auecques Empedocles. Mais ie ne fçay que diable cecy
veult dire, ce vin eft fort bon & bien delicieux, mais
plus i'en boy plus i'ay de foif. Ie croy que l'ombre
de monfeigneur Pantagruel engendre les alterez,
comme la lune faiét les catharrhes. Auquel commencerent rire les affiftans.

Ce que voyant, Pantagruel dift. Panurge, qu'eft
ce que auez à rire? Seigneur (dift il), ie leur contoys,
comment ces diables de Turcqs font bien malheureux
de ne boire goutte de vin. Si aultre mal n'eftoit en
l'Alchoran de Mahumeth, encores ne me mettroys
ie mie de fa loy.   Mais or me diétes comment (dift
Pantagruel) vous efchappaftes de leurs mains? Par
dieu, feigneur, dift Panurge, ie ne vous en mentiray
de mot.   Les paillards Turcqs m'auoient mys en
broche tout lardé, comme vn connil, car i'eftois tant
eximé que aultrement de ma chair euft efté fort
mauluaife viande, & en ce poinét me faifoyent rouftir
tout vif. Ainfi comme ilz me routiffoyent, ie me recommandoys à la grace diuine, ayant en memoyre le
bon fainét Laurent, & toufiours efperoys en Dieu,
qu'il me deliureroit de ce torment, ce qui feut faiét

bien eſtrangement. Car ainſi que me recommandoys bien de bon cueur à dieu, cryant. Seigneur dieu, ayde moy, Seigneur dieu, ſaulue moy, Seigneur Dieu, oſte moy de ce torment, auquel ces traiſtres chiens me detiennent, pour la maintenance de ta loy, le routiſſeur s'endormit par le vouloir diuin, ou bien de quelque bon Mercure qui endormit cautement Argus qui auoit cent yeulx. Quand ie vys qu'il ne me tournoit plus en routiſſant, ie le regarde, & voy qu'il s'endort, lors ie prens auecques les dents vn tyſon par le bout ou il n'eſtoit point bruſlé, & vous le gette au gyron de mon routiſſeur, & vn aultre ie gette le mieulx que ie peuz ſoubz vn lict de camp, qui eſtoit aupres de la cheminee, ou eſtoit la paillaſſe de monſieur mon rouſtiſſeur. Incontinent le feu ſe print à la paille, & de la paille au lict, & du lict au ſolier qui eſtoit embrunché de ſapin, faict à quehues de lampes. Mais le bon feut, que le feu que i'auoys getté au gyron de mon paillard routiſſeur luy bruſla tout le penil & ſe prenoit aux couillons, ſinon qu'il n'eſtoit tant punays qu'il ne le ſentit plus toſt que le iour, & debouq eſtourdy ſe leuant crya à la feneſtre tant qu'il peut dal baroth, dal baroth, qui vault autant à dire comme au feu, au feu : & vint droict à moy pour me getter du tout au feu, & deſia auoit couppé les cordes dont on m'auoit lyé les mains, & couppoit les lyens des piedz, mais le maiſtre de la maiſon ouyant le cry du feu, & ſentent ià la fumee de la rue ou il ſe pourmenoit auecques quelques aultres Baſchatz & Muſaffiz, courut tant qu'il peut y donner ſecours & pour emporter les bagues. De pleine arriuee il tire la broche ou i'eſtoys embroché, & tua tout roidde mon routiſſeur, dont il mourut là par faulte de gouuernement ou aultrement, car il luy paſſa la broche peu au deſſus du nombril vers le flan droict, & luy percea la tierce lobe du foye, & le coup hauſſant luy penetra le diaphragme, & par atrauers la capſule du cueur luy ſortit la broche par le hault des eſpaules entre les ſpondyles & l'omoplate feneſtre. Vray eſt que en tirant la broche de mon corps ie tumbé à terre pres des landiers, & me fys vng·peu de mal à la cheute, toutesfoys non grand : car les lardons ſouſtindrent le coup. Puis voyant mon Baſchaz, que le cas eſtoit deſeſperé, & que ſa maiſon eſtoit bruſlee ſans remiſſion, & tout ſon bien perdu : ſe donna à tous les diables, appellant Grilgoth, Aſtaroſt, Rappallus & Gribouillis par neuf foys.

Quoy voyant ie euz de peur pour plus de cinq ſolz, craignant : les diables viendront à ceſte heure pour emporter ce fol icy, feroyent ilz bien gens pour m'emporter auſſi? Ie ſuis ià demy rouſty, mes lardons ſeront cauſe de mon mal : car ces diables icy ſont frians de lardons, comme vous auez l'autorité du philoſophe Iamblicque & Murmault en l'apologie de boſſutis & contrefactis pro Magiſtros noſtros, mais ie fis le ſigne de la croix, criant agyos, athanatos, ho theos, & nul ne venoit. Ce que congnoiſſant mon villain Baſchatz, ſe vouloit tuer de ma broche, & s'en percer le cueur. De faict la miſt contre ſa poictrine : mais elle ne pouoit oultre paſſer, car elle n'eſtoit aſſez poinctue : & poulſoit tant qu'il pouoit, mais il ne prouffitoit rien. Alors ie vins à luy, diſant. Miſſaire bougrino, tu pers icy ton temps : car tu ne te tueras iamais ainſi : bien te bleſſeras quelque hurte, dont tu languiras toute ta vie entre les mains des barbiers : mais ſi tu veulx ie te tueray icy tout franc, en ſorte que tu n'en ſentiras rien, & m'en croys : car i'en ay bien tué d'aultres qui s'en font bien trouuez. Ha mon amy (dift il) ie t'en prie, & ce faifant ie te donne ma bougette, tiens voy la là : il y a fix cens feraphz dedans, & quelques dyamans & rubiz en perfection. Et ou font ilz (dift Epiftemon)? Par fainct Ioan, dift Panurge, ilz font bien loing s'ilz vont toufiours, mais ou font les neiges d'antan? C'eftoit le plus grand foucy que euft Villon, le poete Parifien. Acheue (dift Pantagruel) ie te prie que nous faichons comment tu acouftras ton Bafchatz.

Foy d'homme de bien, dift Panurge, ie n'en mentz de mot. Ie le bande d'vne mefchante braye que ie trouue là demy bruflee, & vous le lye ruftrement piedz & mains de mes cordes, fi bien qu'il n'euft fceu regimber, puis luy paffay ma broche à trauers la gargamelle, & le pendys acrochant la broche à deux gros crampons, qui fouftenoient des alebardes. Et vous attife vn beau feu au deffoubz & vous flamboys mon milourt comme on faict les harans foretz à la cheminee, puis prenant fa bougette & vn petit iauelot qui eftoit fur les crampons m'en fuys le beau galot. Et dieu fçait comme ie fentoys mon efpaule de mouton. Quand ie fuz defcendu en la rue, ie trouuay tout le monde qui eftoit acouru au feu à force d'eau pour l'eftaindre. Et me voyans ainfi à demy roufty eurent pitié de moy naturellement & me getterent toute leur eaue fur moy, & me refraicherent ioyeufement, ce que me fift fort grand bien, puis me donnerent quelque peu à repaiftre, mais ie ne mangeoys gueres : car ilz ne me bailloient que de l'eau à boyre, à leur modè. Aultre mal ne me firent finon vn villain petit Turq boffu par deuant, qui furtiuement me crocquoit mes lardons : mais ie luy baillys fi vert dronos fur les doigts à tout mon iauelot qu'il n'y retourna pas deux foys.

Et vne ieune Corinthiace, qui m'auoit aporté vn pot de Myrobolans emblicz confiétz à leur mode, laquelle regardoit mon pauure haire efmoucheté, comment il s'eftoit retiré au feu, car il ne me alloit plus que iufques fur les genoulx. Mais notez que ceftuy rotiffement me guerift d'vne Ifciaticque entierement à laquelle i'eftoys fubieét plus de fept ans auoit du coufté auquel mon rotiffeur s'endorment me laiffa brufler.

Or ce pendent qu'ilz fe amufoyent à moy, le feu triumphoit ne demandez comment à prendre en plus de deux mille maifons, tant que quelcvn d'entre eulx l'aduifa & s'efcria, difant. Ventre Mahom, toute la ville brufle, & nous amufons icy. Ainfi chafcun s'en va à fa chafcuniere. De moy, ie prens mon chemin vers la porte. Quand ie fuz fur vn petit tucquet qui eft aupres, ie me retourne arriere, comme la femme de Loth, & vys toute la ville bruflant, dont ie fuz tant aife que ie me cuyde conchier de ioye : mais Dieu m'en punit bien. Comment? (dift Pantagruel). Ainfi (dift Panurge) que ie regardoys en grand lieffe ce beau feu, me gabelant, & difant. Ha, pauures pulfes, ha pauures fouris, vous aurez mauluais hyuer, le feu eft en voftre paillier, fortirent plus de fix, voire plus de treze cens & vnze chiens gros & menutz tous enfemble de la ville fuyant le feu. De premiere venue acoururent droiét à moy, fentant l'odeur de ma paillarde chair demy roftie, & me euffent deuoré à l'heure, fi mon bon ange ne m'euft bien infpiré me enfeignant vn remede bien oportun contre le mal des dens. Et à quel propous (dift Pantagruel) craignois tu le mal des dens? N'eftois tu guery de tes rheumes? Pafques de foles (refpondit

Panurge) eſt il mal de dens plus grand, que quand les chiens vous tenent aux iambes? Mais ſoudain ie me aduiſe de mes lardons, & les gettoys au mylieu d'entre eulx : lors chiens d'aller, & de ſe entrebatre l'vn l'aultre à belles dentz, à qui auroit le lardon. Par ce moyen me laiſſerent, & ie les laiſſe auſſi ſe pelaudans l'vn l'aultre. Ainſi eſchappe gaillard & dehayt, & viue la rouſtiſſerie.

Comment Panurge enseigne vne maniere bien nouuelle de bastir les murailles de Paris.

Chapitre XV.

ANTAGRVEL quelque iour pour se recreer de son estude se pourmenoit vers les faulxbours Sainct Marceau, voulant veoir la follie Goubelin. Panurge estoit auecques luy, ayant tousiours le flacon soubz sa robbe, & quelque morceau de iambon : car sans cela iamais ne alloit il, disant que c'estoit son garde corps, aultre espee ne portoit il. Et quand Pantagruel luy en voulut bailler vne, il respondit, qu'elle luy eschaufferoit la ratelle. Voire mais, dist Epistemon, si l'on te assailloit comment te defendroys tu? A grands coups de brodequin : respondit il, pourueu que les estocz feussent defenduz.

A leur retour Panurge consideroit les murailles de la ville de Paris, & en irrision dist à Pantagruel. Voyez cy ces belles murailles. O que fortes sont & bien en poinct pour garder les oysons en mue? Par ma barbe, elles sont competentement meschantes pour vne telle ville comme ceste cy : car vne vache auecques vn pet en abbatroit plus de six brasses.

O mon amy, dist Pantagruel, sçaitz tu bien ce que

dift Agefilaee, quand on luy demanda : Pourquoy la grande cité de Lacedemone n'eftoit ceincte de murailles? Car monftrant les habitans & citoyens de la ville tant bien expers en difcipline militaire, & tant fors & bien armez. Voicy (dift il) les murailles de la Cité. Signifiant qu'il n'eft muraille que de os, & que les Villes & Citez ne fçauroyent auoir muraille plus feure & plus forte que la vertus des citoyens & habitans. Ainfi cefte ville eft fi forte par la multitude du peuple belliqueux qui eft dedans, qu'ilz ne fe foucient de faire aultres murailles. D'auantaige, qui la vouldroit emmurailler comme Strafbourg, Orleans, ou Ferrare, il ne feroit poffible, tant les frais & defpens feroyent exceffifz. Voire mais, dift Panurge, fi faict il bon auoir quelque vifaige de pierre, quand on eft enuahy de fes ennemys, & ne feuft ce que pour demander, qui eft là bas? Au regard des frays enormes que dictes eftre neceffaires fi on la vouloit murer, fi meffieurs de la ville me voulent donner quelque bon pot de vin, ie leurs enfeigneray vne maniere bien nouuelle, comment ilz les pourront baftir à bon marché. Comment? dift Pantagruel. Ne le dictes doncques mie (refpondit Panurge) fi ie vous l'enfeigne. Ie voy que les callibiftrys des femmes de ce pays font à meilleur marché que les pierres, d'iceulx fauldroit baftir les murailles en les arrengeant par bonne fymmeterye d'architecture, & mettant les plus grans aux premiers rancz, & puis en taluant à doz d'afne arranger les moyens, & finablement les petitz. Puis faire vn beau petit entrelardement à poinctes de diamans comme la groffe tour de Bourges, de tant de bracquemars enroiddys qui habitent par les braguettes clauftrales.

Quel diable defferoit telles murailles? Il n'y a metal

CHAPITRE XV.

qui tant refiftaft aux coups. Et puis que les couilleurines fe y vinfent froter, vous en verriez (par dieu) incontinent diftiller de ce benoift fruict de groffe verolle menu comme pluye. Sec au nom des diables. D'aduantaige la fouldre ne tumberoit iamais deffus. Car pourquoy? ilz font tous benifts ou facrez. Ie n'y voy q'vn inconuenient. Ho, ho, ha, ha, ha, (dift Pantagruel). Et quel? C'eft que les moufches en font tant friandes que merueilles, & fe y cueilleroyent facillement & y feroient leur ordure : & voylà l'ouurage gafté. Mais voicy comment l'on y remediroit. Il fauldroit trefbien les efmoucheter auecques belles quehues de renards, ou bons gros vietz d'azes de Prouence. Et à ce propos ie vous veux dire (nous en allans pour foupper) vn bel exemple que met frater Lubinus, libro de compotationibus mendicantium.

Au temps que les beftes parloyent (il n'y a pas troys iours) vn pauure Lyon par la foreft de Bieure fe pourmenant & difant fes menus fuffrages paffa par deffoubz vn arbre auquel eftoit monté vn villain charbonnier pour abaftre du boys. Lequel voyant le Lyon, luy getta fa coignee, & le bleffa enormement en vne cuiffe. Dont le Lyon cloppant tant courut & tracaffa par la foreft pour trouuer ayde qu'il rencontra vn charpantier, lequel voluntiers regarda fa playe, la nettoya le mieux qu'il peuft, & l'emplit de mouffe, luy difant, qu'il efmouchaft bien fa playe, que les moufches ne y feiffent ordure, attendant qu'il yroit chercher de l'herbe au charpentier. Ainfi le Lyon guery, fe pourmenoift par la foreft, à quelle heure vne vieille fempiterneufe ebufchetoit & amaffoit du boys par ladicte foreft, laquelle voyant le Lyon venir, tumba de peur à la renuerfe en telle

faczon, que le vent luy renuerſa robbe, cotte, & chemiſe iuſques au deſſus des eſpaules. Ce que voyant
le Lyon accourut de pitié, veoir ſi elle s'eſtoit faict
aulcun mal, & conſiderant ſon comment a nom, diſt,
O pauure femme, qui t'a ainſi bleſſee? & ce diſant,
apperceut vn regnard, lequel il apella, diſant. Compere regnard, hau cza cza, & pour cauſe. Quand
le regnard fut venu, il luy dict. Compere mon
amy, l'on a bleſſé ceſte bonne femme icy entre les
iambes bien villainement & y a ſolution de conti-
nuité manifeſte, regarde que la playe eſt grande depuis le cul iuſques au nombril, meſure quatre, mais
bien cinq empans & demy, c'eſt vn coup de coignie,
ie me doubte que la playe ſoit vieille, pourtant affin
que les mouſches n'y prennent, eſmouche la bien
fort ie t'en prie, & dedans & dehors, tu as bonne
quehue & longue, eſmouche, mon amy, eſmouche
ie t'en ſupplye, & ce pendent ie voys querir de la
mouſſe pour y mettre. Car ainſi nous fault il ſecourir
& ayder l'vn l'aultre. Eſmouche fort, ainſi, mon
amy, eſmouche bien : car ceſte playe veult eſtre
eſmouchee ſouuent, aultrement la perſonne ne peut
eſtre à ſon aiſe. Or eſmouche bien, mon petit compere, eſmouche, dieu t'a bien pourueu de quehue, tu
l'as grande & groſſe à l'aduenent, eſmouche fort &
ne t'ennuye poinct, vn bon eſmoucheteur qui en
eſmouchetant continuellement eſmouche de ſon mou-
chet par mouſches iamais eſmouché ne ſera. Eſmouche, couillaud, eſmouche mon petit bedaud : ie n'ar-
reſteray gueres. Puis va chercher force mouſſe, &
quand il feut quelque peu loing il s'eſcrya parlant
au regnard. Eſmouche bien touſiours, compere, eſmouche, & ne te faſche iamais de bien eſmoucher,
mon petit compere, ie te feray eſtre à gaiges eſmou-

cheteur de don Pietro de Caſtille. Eſmouche ſeulement, eſmouche & rien plus. Le pauure regnard eſmouchoit fort bien & deçà & delà & dedans & dehors : mais la faulſe vieille veſnoit & veſſoit puant comme cent diables. Le pauure regnard eſtoit bien mal à ſon ayſe : car il ne ſçauoit de quel couſté ſe virer pour euader le parfun des veſſes de la vieille : & ainſi qu'il ſe tournoit il veit que au derriere eſtoit encores vn aultre pertuys, non ſi grand que celluy qu'il eſmouchoit, dont luy venoit ce vent tant puant & infeƌ. Le lyon finablement retourne, portant de mouſſe plus que n'en tiendroyent dix & huyt baſles, & commença en mettre dedans la playe, auecques vn baſton qu'il aporta, & y en auoit ià bien mys ſeize baſles & demye, & s'eſbahyſſoit. Que diable, ceſte playe eſt parfonde, il y entreroit de mouſſe plus de deux charrettees. Mais le regnard l'aduiſa. O compere lyon, mon amy, ie te prie, ne metz icy toute la mouſſe, gardes en quelque peu, car y a encores icy deſſoubz vn aultre petit pertuys, qui put comme cinq cens diables. I'en ſuis empoiſonné de l'odeur, tant il eſt punays. Ainſi fauldroit garder ces murailles des mouſches, & mettre eſmoucheteurs à gaiges.

Lors diſt Pantagruel. Comment ſcez tu que les membres honteux des femmes ſont à ſi bon marché : car en ceſte ville il y a force preudes femmes, chaſtes & pucelles. Et vbi prenus? diſt Panurge. Ie vous en diray non oppinion, mais vraye certitude & aſſeurance. Ie ne me vante d'en auoir embourré quatre cens dix & ſept deſpuis que ſuis en ceſte ville, & n'y a que neuf iours. Mais à ce matin i'ay trouué vn bon homme, qui en vn biſſac tel comme celluy de Eſopet portoit deux petites fillettes de l'eage de

deux ou troys ans au plus, l'vne dauant, l'aultre
derriere. Il me demande l'aulmofne, mais ie luy
feis refponce que i'auoys beaucoup plus de couillons
que de deniers. Et apres luy demande, Bon homme,
ces deux fillettes font elles pucelles? Frere, dift il,
il y a deux ans que ainfi ie les porte, & au regard
de cefte cy deuant, laquelle ie voy continuellement,
en mon aduis elle eft pucelle, toutesfoys ie n'en
vouldroys mettre mon doigt au feu, quand eft de
celle que ie porte derriere, ie ne fçay fans faulte
rien. Vrayement, dift Pantagruel, tu es gentil compaignon, ie te veulx habiller de ma liuree. Et le feift
veftir galantement felon la mode du temps qui couroit : excepté que Panurge voulut que la braguette
de fes chauffes feuft longue de troys piedz, & quarree
non ronde, ce que feuft faict, & la faifoit bon veoir.
Et difoit fouuent que le monde n'auoit encores congneu l'emolument & vtilité qui eft de porter grande
braguette : mais le temps leur enfeigneroit quelque
iour, comme toutes chofes ont efté inuentees en
temps.

 Dieu gard de mal (difoit il) le compaignon à qui
la longue braguette a faulué la vie. Dieu gard de
mal à qui la longue braguette a valu pour vn iour
cent foixante mille & neuf efcutz. Dieu gard de mal,
qui par fa longue braguette a faulué toute vne ville
de mourir de fain. Et, par dieu, ie feray vn liure de
la commodité des longues braguettes, quand i'auray
plus de loyfir. De faict en compofa vn beau & grand
liure auecques les figures : mais il n'eft encores imprimé, que ie faiche.

Des meurs & condictions de Panurge.

CHAPITRE XVI.

ANVRGE eſtoit de ſtature moyenne, ny trop grand ny trop petit, & auoit le nez vn peu aquillin faict à manche de raſouer. Et pour lors eſtoit de l'eage de trente & cinq ans ou enuiron, fin à dorer comme vne dague de plomb, bien galand homme de ſa perſonne, ſinon qu'il eſtoit quelque peu paillard, & ſubiect de nature à vne maladie qu'on appelloit en ce temps là, faulte d'argent c'eſt douleur non pareille, toutesfoys il auoit ſoixante & troys manieres d'en trouuer touſiours à ſon beſoing, dont la plus honorable & la plus commune eſtoit par façon de larrecin furtiuement faict, malfaiſant, pipeur, beuueur, bateur de pauez, ribleur s'il en eſtoit à Paris : au demourant le meilleur filz du monde, & touſiours machinoit quelque choſe contre les ſergeans & contre le guet.

A l'vne foys il aſſembloit troys ou quatre bons ruſtres, les faiſoit boire comme Templiers ſur le ſoir, apres les menoit au deſſoubz de ſaincte Geneuiefue ou aupres du colliege de Nauarre, & à l'heure que le guet montoit par là : ce que il congnoiſſoit en

mettant son espee sur le paué & l'aureille aupres, &
lors qu'il oyoit son espee bransler, c'estoit signe infallible que le guet estoit pres : à l'heure doncques
luy & ses compaignons prenoyent vn tombereau, &
luy bailloyent le bransle le ruant de grande force
contre la vallee, & ainsi mettoyent tout le pauure
guet par terre comme porcs, puis fuyoyent de l'aultre cousté, car en moins de deux iours, il sceut toutes
les rues, ruelles & trauerses de Paris comme son
Deus det. A l'aultre foys faisoit en quelque belle
place par ou ledict guet debuoit passer vne trainnee
de pouldre de canon, & à l'heure que passoit mettoit
le feu dedans, & puis prenoit son passetemps à veoir
la bonne grace qu'ils auoyent en fuyant pensans que
le feu sainct Antoine les tint aux iambes. Et au
regard des pauures maistres es ars, il les perse-
cutoit sur tous aultres : quand il rencontroit quelcvn d'entre eulx par la rue, iamais ne failloit de
leur faire quelque mal, maintenant leurs mettant vn
estronc dedans leurs chaperons au bourlet, maintenant leur attachant de petites quehues de regnard, ou
des aureilles de lieures par derriere, ou quelque
aultre mal. Vn iour que l'on auoit assigné à yceulx
se trouuer en la rue du feurre, il feist vne tartre
borbonnoise composee de force de hailz, de galba-
num, de assa fetida, de castoreum, d'estroncs tous
chaulx, & la destrampit en sanie de bosses chan-
creuses, & de fort bon matin engressa & oignit tout
le paué en sorte que le diable n'y eust pas duré. Et
tous ces bonnes gens rendoyent là leurs gorges deuant tout le monde, comme s'ilz eussent escorché le
regnard, & en mourut dix ou douze de peste, quatorze en feurent ladres, dix & huyct en furent pouacres, & plus de vingt & sept en eurent la verolle,

mais il ne s'en foucioit mie. Et portoit ordinairement vn fouet foubz fa robbe, duquel il fouettoyt fans remiffion les paiges qu'il trouuoit portans du vin à leurs maiftres, pour les auancer d'aller. En fon faye auoit plus de vingt & fix petites bougettes & fafques toufiours pleines, l'vne d'vn petit d'eau, de plomb, & d'vn petit coufteau affilé comme l'aguille d'vn peletier, dont il couppoit les bourfes : l'aultre de aigreft qu'il gettoit aux yeulx de ceulx qu'il trouuoit, l'aultre de glaterons empenez de petites plumes de oyfons ou de chappons, qu'il gettoit fus les robes & bonnetz des bonnes gens : & fouuent leur en faifoit de belles cornes qu'ilz portoyent par toute la ville, aulcunesfoys toute leur vie.

Aux femmes auffi par deffus leurs chapperons au derriere, aulcunesfoys en mettoit faictz en forme d'vn membre d'homme. En l'aultre vn tas de cornetz tous pleins de pulfes & de poux, qu'il empruntoit des guenaulx de fainct Innocent, & les gettoit auecques belles petites cannes ou plumes dont on efcript fur les colletz des plus fucrees damoifelles qu'il trouuoit, & mefmement en l'eglife : car iamais ne fe mettoit au cueur au hault, mais toufiours demouroit en la nef entre les femmes, tant à la meffe, à vefpres, comme au fermon. En l'aultre force prouifion de haims & claueaulx, dont il acouploit fouuent les hommes & les femmes en compaignies ou ilz eftoient ferrez, & mefmement celles qui portoyent robbes de tafetas armoify, & à l'heure qu'elles fe vouloyent departir, elles rompoyent toutes leurs robbes.

En l'aultre vn fouzil garny d'efmorche, d'allumettes, de pierre à feu, & tout aultre appareil à ce requis. En l'aultre deux ou troys mirouers ardens, dont il faifoit enrager aulcunesfoys les hommes & les femmes, & leur faifoit perdre contenence à l'eglife : car il difoit qu'il n'y auoit q'vn antiftrophe entre femme folle à la meffe, & femme molle à la feffe.

En l'aultre auoit prouifion de fil & d'agueilles, dont il faifoit mille petites diableries. Vne foys à l'iffue du Palays à la grand falle lors que vn cordelier difoit la meffe de meffieurs, il luy ayda à foy habiller & reueftir, mais en l'acouftrant il luy coufit l'aulbe auec fa robbe & chemife, & puis fe retira quand meffieurs de la court vindrent s'affeoir pour ouyr icelle meffe. Mais quand ce fut à l'ite miffa eft, que le pauure frater fe voulut deueftir fon aulbe, il emporta enfemble & habit & chemife qui eftoyent bien coufuz enfemble, & fe rebraffit iufques aux efpaules, monftrant fon callibiftris à tout le monde, qui n'eftoit pas petit : fans doubte. Et le frater toufiours tiroit, mais tant plus fe defcouuroit il, iufques à ce q'vn de meffieurs de la court dift. Et quoy, ce beau pere nous veuft il icy faire l'offrande & baifer fon cul ? Le feu fainct Antoine le baife. Des lors fut ordonné que les pauures beaulx peres ne fe defpouilleroyent plus deuant le monde : mais en leur facriftie, mefmement en prefence des femmes : car ce leur feroit occafion du peché d'enuie. Et le monde demandoit, Pourquoy eft ce que ces fratres auoyent la couille fi longue ? Ledict Panurge foulut trefbien le probleme, difant. Ce que faict les aureilles des afnes fi grandes, ce eft par ce que leurs meres ne leurs mettoyent point de beguin en la tefte, comme dict de Alliaco en fes fuppofitions. A pareille raifon, ce que faict la couille des pauures beatz peres, c'eft qu'ilz ne portent point de chauffes foncees, & leur pauure membre s'eftend en liberté à

CHAPITRE XVI.

bride auallee, & leur va ainfi triballant fur les genoulx, comme font les patenoftres aux femmes. Mais la caufe pourquoy ilz l'auoyent gros à l'equipollent, c'eftoit que en ce triballement les humeurs du corps defcendent audict membre : car felon les Legiftes, agitation & motion continuelle eft caufe d'atraction.

Item il auoit vn aultre poche pleine de alun de plume, dont il gettoit dedans le doz des femmes qu'il voyoit les plus acreftees, & les faifoit defpouiller deuant tout le monde, les aultres dancer comme iau fur breze ou bille fur tabour : les aultres courir les rues, & luy apres couroit : & à celles qui fe defpouilloyent, il mettoit fa cappe fur le doz, comme homme courtoys & gracieux. Item en vn aultre il auoit vne petite guedoufle pleine de vieille huyle, & quand il trouuoit ou femme ou homme qui euft quelque belle robbe il leurs engreffoit & guaftoit tous les plus beaulx endroictz, foubz le femblant de les toucher & dire, voicy de bon drap, voicy bon fatin, bon tafetas, ma dame, dieu vous doint ce que voftre noble cueur defire : voz aues robbe neufue, nouel amy, dieu vous y maintienne. Ce difant, leurs mettoit la main fur le collet, enfemble la male tache y demouroit perpetuellement, fi enormement engrauee en l'ame, en corps, & renommee, que le diable ne l'euft poinct oftee, puis à la fin leur difoit. Ma dame, donnez vous garde de tumber : car il y a icy vn grand & fale trou deuant vous. En vn aultre il auoit tout plein de Euphorbe puluerifé bien fubtilement, & là dedans mettoit vn moufchenez beau & bien ouuré qu'il auoit defrobé à la belle lingere du palays, en luy ouftant vn poul deffus fon fein, lequel toutesfoys il y auoit mis. Et quand il fe trouuoit en compaignie de quelques bonnes dames, il leur mettoit fus le propos de lingerie, & leur mettoit la main au fein demandant, & ceft ouuraige eft il de Flandre ou de Haynault? Et puis tiroit fon mouf- chenez difant, tenez, tenez, voyez en cy de l'ou- urage, elle eft de Foutignan ou de Foutarabie, & le fecouoit bien fort à leur nez, & les faiffoit efternuer quatre heures fans repos : Ce pendent il petoit comme vn roufin & les femmes ryoient luy difans com- ment, vous petez, Panurge? Non foys : difoit il, ma dame : mais ie accorde au contrepoint de la mu- ficque que vous fonnés du nez. En l'aultre vn da- uiet, vn pellican, vn crochet & quelques aultres fer- remens dont il n'y auoit porte ny coffre qu'il ne crochetaft. En l'aultre tout plein de petitz goube- letz : dont il iouoit fort artificiellement : car il auoit les doigts faictz à la main comme Minerue ou Arachne, & auoit aultresfoys crié le theriacle. Et quand il changeoit vn tefton, ou quelque aultre piece, le chan- geur euft efté plus fin que maiftre moufche, fi Pa- nurge n'euft faict efuanouyr à chafcune foys cinq ou fix grans blancs vifiblement, apertement, manifefte- ment, fans faire lefion ne bleffure aulcune, dont le changeur n'en euft fenty que le vent.

*Comment Panurge guaingnoyt les pardons
& maryoit les vieilles & des proces
qu'il eut à Paris.*

Chapitre XVII.

N iour ie trouuay Panurge quelque peu efcorné & taciturne, & me doubtay bien qu'il n'auoit denare, dont ie luy dys. Panurge, vous eftes malade à ce que ie voy à voftre phyfionomie, & i'entens le mal : vous auez vn fluz de bourfe, mais ne vous fouciez. I'ay encores fix folx & maille, qui ne virent oncq pere ny mere, qui ne vous fauldront non plus que la verolle, en voftre neceffité. A quoy il me refpondit. Et bren pour l'argent, ie n'en auray quelque iour que trop : car i'ay vne pierre philofophale qui me attire l'argent des bourfes, comme l'aymant attire le fer. Mais voulés vous venir gaigner les pardons? dift il. Et par ma foy : (ie luy refpons) Ie ne fuis grand pardonneur en ce monde icy, ie ne fçay fi ie feray en l'aultre. Bien allons au nom de dieu, pour vn denier ny plus ny moins. Mais (dift il) preftez moy doncques vn denier à l'intereft. Rien, rien, dis ie. Ie vous le donne de bon cueur. Grates vobis dominos, dift il.

Ainsi allasmes commanceant à sainct Geruays, & ie gaigne les pardons au premier tronc seulement : car ie me contente de peu en ces matieres, puis disoys mes menuz suffrages, & oraisons de saincte Brigide : mais il gaigna à tous les troncz, & tousiours bailloit argent à chascun des pardonnaires. De là nous transportasmes à nostre Dame, à sainct Iean, à sainct Antoine, & ainsi des aultres eglises ou estoit bancque de pardons. De ma part ie n'en gaignoys plus : mais luy à tous les troncz il baisoit les relicques, & à chascun donnoit. Brief quand nous fusmes de retour il me mena boire au cabaret du chasteau & me monstra dix ou douze de ses bougettes pleines d'argent. A quoy ie me seignay faisant la croix, & disant. Dont auez vous tant recouuert d'argent en si peu de temps? A quoy il me respondit que il auoit prins es bessains des pardons : car en leur baillant le premier denier (dist il) ie le mis si souplement que il sembla que feust vn grand blanc, ainsi d'vne main ie prins douze deniers, voyre bien douze liards ou doubles pour le moins, & de l'aultre troys ou quatre douzains : & ainsi par toutes les eglises ou nous auons esté.

Voire mais (dis ie) vous vous dampnez comme vne sarpe, & estes larron & sacrilege. Ouy bien (dist il) comme il vous semble, mais il ne me semble quand à moy. Car les pardonnaires me le donnent quand ilz me disent en presentant les relicques à baiser, centuplum accipies, que pour vn denier i'en prene cent : car accipies est dict selon la maniere des Hebreux qui vsent du futur en lieu de l'imperatif, comme vous auez en la loy diliges dominum, id est dilige. Ainsi quand le pardonnigere me dict, centuplum accipies, il veut dire, centuplum accipe, & ainsi l'expofe Rabi Kimy, & Rabi Aben Ezra & tous les Mafforetz : & ibi Bartolus. D'aduantaige le pape Sixte me donna quinze cens liures de rente fur fon dommaine & thefor ecclefiafticque pour luy auoir guery vne boffe chancreufe, qui tant le tormentoit, qu'il en cuida deuenir boyteux toute fa vie. Ainfi ie me paye par mes mains : car il n'eft tel, fur lediɛt thefor ecclefiafticque.

Ho, mon amy (difoit il) fi tu fçauoys comment ie fis mes chous gras de la croyfade, tu feroys tout efbahy. Elle me valut plus de fix mille fleurins. Et ou diable font ilz allez? dis ie, car tu n'en as vne maille. Dont ilz eftoyent venuz (dift il). Ilz ne feirent feulement que changer maiftre. Mais i'en emploiay bien troys mille à marier non les ieunes filles : car elles ne trouuent que trop marys, mais grandes vieilles fempiterneufes qui n'auoyent dentz en gueulle. Confiderant, ces bonnes femmes icy ont trefbien employé leur temps en ieuneffe & ont ioué du ferrecropiere à cul leué à tous venans, iufques à ce que on n'en a plus voulu. Et par dieu, ie les feray faccader encores vne foys deuant qu'elles meurent. Par ce moyen à l'vne donnois cent fleurins, à l'aultre fix vingtz, à l'aultre troys cens, felon qu'elles eftoient bien infames, deteftables, & abhominables, car d'aultant qu'elles eftoyent plus horribles, & execrables, d'autant il leur failloyt donner d'aduantage, aultrement le diable ne les euft voulu bifcoter. Incontinent m'en alloys à quelque porteur de couftretz gros & gras, & faifoys moy mefmes le mariage, mais premier que luy monftrer les vieilles, ie luy monftroys les efcutz, difant. Compere, voicy qui eft à toy fi tu veulx fretinfretailler vn bon coup. Des lors les pauures hayres bubaialloient comme vieulx mulletz, ainfi leur faifoys

bien aprefter à bancqueter, boire du meilleur & force
efpiceries pour mettre les vieilles en ruyt & en chaleur. Fin de compte ilz befoingnoyent comme toutes
bonnes ames, finon que à celles qui eftoyent horriblement villaines & defaictes, ie leur faifoys mettre
vn fac fur le vifaige. D'auantaige i'en ay perdu
beaucoup en proces. Et quelz proces as tu peu auoir?
(difoys ie) tu ne as ny terre ny maifon.

. Mon amy (dift il) les damoyfelles de cefte ville
auoyent trouué par inftigation du diable d'enfer, vne
maniere de colletz ou cachecoulx à la haulte façon,
qui leur cachoyent fi bien les feins, que l'on n'y pouoit plus mettre la main par deffoubz : car la fente
d'iceulx elles auoyent mife par derriere, & eftoyent
tous cloz par deuant, dont les pauures amans
dolens contemplatifz n'eftoyent contens. Vn beau
iour de Mardy, i'en prefentay requefte à la court,
me formant partie contre lefdictes damoyfelles &
remonftrant les grans intereftz que ie y prendroys,
proteftant que à mefme raifon ie feroys couldre la
braguette de mes chauffes au derriere, fi la court
n'y donnoit ordre : fomme toute les damoyfelles
formerent fyndicat, monftrerent leurs fondemens
& pafferent procuration à defendre leur caufe : mais
ie les pourfuiuy fi vertement, que par arreft de la
court fut dict, que ces haulx cachecoulx ne feróyent
plus portez, finon qu'ilz feuffent quelque peu fenduz
par deuant. Mais il me coufta beaucoup. I'euz vn
aultre proces bien hord & bien fale contre maiftre
Fyfy & fes fuppoftz, à ce qu'ilz n'euffent plus à
lire clandeftinement de nuyct la pipe de buffart,
ne le quart de Sentences : mais de beau plein iour,
& ce es efcholes du Feurre, en face de tous les
aultres Sophiftes, ou ie fuz condenné es defpens pour

quelque formalité de la relation du fergeant. Vne
aultre foys ie fourmay complainte à la court contre
les mulles des Prefidens & Confeilliers, & aultres :
tendent à fin que quand en la baffe court du Palays
l'on les mettroit à ronger leur frain, les Confeillieres
leur feiffent de belles bauerettes affin que de leur
baue elles ne gaftaffent le paué, en forte que les pages
du palais peuffent iouer deffus à beaulx detz, ou au
reniguebieu à leur ayfe, fans y guafter leurs chauffes
aulx genoulx. Et de ce en euz bel arreft : mais il me
coufte bon. Or fommez à cefte heure combien me
couftent les petitz bancquetz que ie fais aux paiges
du palays de iour en iour. Et à quelle fin? dis ie.

Mon amy (dift il) tu ne as paffetemps aulcun en
ce monde. I'en ay plus que le Roy. Et fi vouloys te
raiflier auecques moy, nous ferions diables. Non,
non (dis ie) par fainct Adauras : car tu feras vne
foys pendu. Et toy (dift il) tu feras vne foys enterré, lequel eft plus honorablement, ou l'air, ou la
terre? Hé, groffe pecore. Ce pendent que ces paiges
banquetoient ie garde leurs mulles : & couppe à
quelcvne l'eftriuiere du coufté du montouoir, en
forte qu'elle ne tient que à vn fillet. Quand le gros
enflé de Confeiller ou aultre a prins fon branfle pour
monter fus, ilz tombent tous platz comme porcz deuant tout le monde, & apreftent à rire pour plus de
cent francs. Mais ie me rys encores d'aduantage,
c'eft que, eulx arriuez au logis, ilz font fouetter monfieur du paige comme feigle vert, par ainfi ie ne
plains poinct ce que m'a coufté à les bancqueter.
¶ Fin de compte, il auoit (comme ay dict deffus)
foixante & troys manieres de recouurer argent :
mais il en auoit deux cens quatorze de le defpendre,
hors mis la reparation de deffoubz le nez.

I. 20

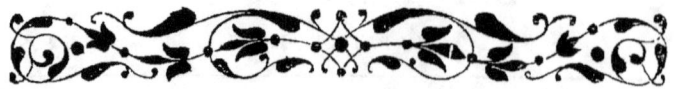

*Comment vn grand clerc de Angleterre
vouloit arguer contre Pantagruel,
& fut vaincu par Panurge.*

Chapitre XVIII.

N ces mesmes iours vn sçauant homme nommé Thaumaste oyant le bruict & renommée du sçauoir incomparable de Pantagruel, vint du pays de Angleterre en ceste seule intention de veoir Pantagruel, & le congnoistre, & esprouuer si tel estoit son sçauoir comme en estoit la renommee. De faict, arriué à Paris, se transporta vers l'hostel dudict Pantagruel qui estoit logé à l'hostel sainct Denys, & pour lors se pourmenoit par le iardin auecques Panurge, philosophant à la mode des Peripateticques. De premiere entree tressaillit tout de paour, le voyant si grand & si gros : puis le salua, comme est la façon, courtoysement luy disant.

Bien vray est il, ce dit Platon prince des philosophes, que si l'imaige de science & sapience estoit corporelle & spectable es yeulx des humains, elle exciteroit tout le monde en admiration de soy. Car seullement le bruyt d'icelle espendu par l'air, s'il est receu es aureilles des studieux & amateurs d'icelle, qu'on nommé Philofophes, ne les laiffe dormir ny repofer à leur ayfe, tant les ftimule & embrafe de acourir au lieu, & veoir la perfonne, en qui eft dicte fcience auoir eftably fon temple, & produyre fes oracles. Comme il nous feuft manifeftement demonftré en la Royne de Saba, que vint des limites d'Orient & mer Perficque pour veoir l'ordre de la maifon du faige Salomon & ouyr fa fapience. En Anacharfis, qui de Scithie alla iufques en Athenes pour veoir Solon. En Pythagoras, qui vifita les vaticinateurs Memphiticques. En Platon, qui vifita les Mages de Egypte & Architas de Tarente. En Apolonius Tyaneus, qui alla iufques au mont Caucafe, paffa les Scytes, les Maffagettes, les Indiens, nauiga le grand fleuue Phyfon, iufques es Brachmanes pour veoir Hiarchas. Et en Babyloine, Caldee, Medee, Affyrie, Parthie, Syrie, Phœnice, Arabie, Paleftine, Alexandrie, iufques en Ethiopie, pour veoir les Gymnofophiftes. Pareil exemple auons nous de Tite Liue, pour lequel veoir & ouyr plufieurs gens ftudieux vindrent en Rome, des fins limitrophes de France & Hefpagne. Ie ne me aufe recenfer au nombre & ordre de ces gens tant parfaictz : mais bien ie veulx eftre dict ftudieux, & amateur, non feulement des lettres, mais auffi des gens lettrez.

De faict, ouyant le bruyt de ton fçauoir tant ineftimable, ay delaiffé pays, parens & maifon, & me fuis icy tranfporté, rien ne eftimant la longueur du chemin, l'attediation de la mer, la nouueaulté des contrees, pour feulement te veoir, & conferer auecques toy d'aulcuns paffages de Philofophie, de Geomantie, & de Caballe, defquelz ie doubte & ne puis contenter mon efprit, lefquelz fi tu me peux fouldre, ie me rens des à prefent ton efclaue moy & toute

ma pofterité : car aultre don ne ay que affez ie efti-
maffe pour la recompenfe.

Ie les redigeray par efcript & demain le feray
fçauoir à tous les gens fçauans de la ville : afin que
deuant eulx publicquement nous en difputons.

Mais voicy la maniere comment i'entens que nous
difputerons. Ie ne veulx difputer pro & contra,
comme font ces fotz fophiftes de cefte ville & de
ailleurs. Semblablement ie ne veulx difputer en
la maniere des Academicques par declamation, ny
auffi par nombres comme faifoit Pythagoras, &
comme voulut faire Picus Mirandula à Romme.
Mais ie veulx difputer par fignes feulement fans
parler : car les matieres font tant ardues, que les
parolles humaines ne feroyent fuffifantes à les expliquer à mon plaifir. Par ce il plaira à ta magnificence de foy y trouuer, ce fera en la grande falle
de Nauarre à fept heures de matin. Ces parolles
acheuees, Pantagruel luy dift honorablement. Seigneur, des graces que Dieu m'a donné ie ne voul-
droyes denier à perfonne en defpartir à mon pouuoir :
car tout bien vient de luy : & fon plaifir eft que
foit multiplié quand on fe trouue entre gens dignes
& ydoines de recepuoir cefte celefte manne de honefte fçauoir. Au nombre defquelz par ce que en
ce temps, comme ia bien apperçoy, tu tiens le premier ranc, ie te notifie que à toutes heures me trou-
ueras preft de obtemperer à vne chafcune de tes
requeftes, felon mon petit pouuoir. Combien que
plus de toy ie deuffe apprendre que toy de moy :
mais comme as protefté nous confererons de tes
doubtes enfemble, & en chercherons la refolution,
iufques au fond du puis inefpuifable au quel difoit
Heraclite eftre la verité cachee. Et loue grande-

ment la maniere d'arguer que as propofee, c'eft affauoir par fignes fans parler : car ce faifant toy & moy nous entendrons : & ferons hors de ces frapemens de mains, que font ces badaulx fophiftes quand on argue : alors qu'on eft au bon de l'argument. Or demain ie ne fauldray me trouuer au lieu & heure que me as affigné : mais ie te prye que entre nous n'y ait debat ny tumulte, & que ne cherchons honeur ny applaufement des hommes : mais la verité feule.

A quoy refpondit Thaumafte. Seigneur, dieu te maintienne en fa grace, te remerciant de ce que ta haulte magnificence tant fe veult condefcendre à ma petite vilité. Or à dieu iufques à demain. A dieu, dift Pantagruel. Meffieurs, vous qui lifez ce prefent efcript, ne penfez que iamais gens plus feuffent efleuez & tranfportez en penfee, que furent toute celle nuict, tant Thaumafte que Pantagruel. Car ledict Thaumafte dift au concierge de l'hoftel de Cluny, auquel il eftoit logé, que de fa vie ne fe eftoit trouué tant alteré comme il eftoit celle nuyct. Il m'eft (difoit il) aduis que Pantagruel me tient à la gorge, donnez ordre que beuuons, ie vous prie, & faictes tant que ayons de l'eaue frefche, pour me guargarifer le palat.

De l'auftre coufté Pantagruel entra en la haulte game & toute la nuict ne faifoit que rauaffer apres

Le liure de Beda de numeris & fignis.
Le liure de Plotin de inenarrabilibus.
Le liure de Procle de magia.
Les liures de Artemidore peri onirocriticon.
De Anaxagoras peri femion.
D'Ynarius peri aphaton.

Les liures de Philiſtion.

Hipponax peri anecphoneton, & vn tas d'aultres, tant que Panurge luy diſt.

Seigneur, laiſſez toutes ces penſees & vous allez coucher : car ie vous ſens tant eſmeu en voſtre eſprit, que bien toſt tomberiez en quelque fieure ephemere par ceſt exces de penſement : mais premier beuuant vingt & cinq ou trente bonnes foys retirez vous & dormez à voſtre aiſe, car de matin ie reſpondray & argueray contre monſieur l'Angloys, & au cas que ie ne le mette ad metam non loqui, diĉtes mal de moy. Voire mes (diſt Pantagruel) Panurge, mon amy, il eſt merueilleuſement ſçauant, comment luy pourras tu ſatisfaire? Treſbien, reſpondit Panurge. Ie vous prye n'en parlez plus, & m'en laiſſez faire : y a il homme tant ſçauant que ſont les diables? Non vrayement (diſt Pantagruel) ſans grace diuine eſpeciale. Et toutesfoys (diſt Panurge) i'ay argué maintesfoys contre eulx, & les ay faiĉtz quinaulx & mis de cul. Par ce ſoyez aſſeuré de ce glorieux Angloys, que ie vous le ſeray demain chier vinaigre deuant tout le monde. Ainſi paſſa la nuiĉt Panurge à chopiner auecques les paiges, & iouer toutes les aigueillettes de ſes chauſſes à primus & ſecundus, & à la vergette. Et quand vint l'heure aſſignee il conduyſit ſon maiſtre Pantagruel au lieu conſtitué. Et hardiment croyez qu'il n'y eut petit ne grand dedans Paris qu'il ne ſe trouuaſt au lieu: penſant, ce diable de Pantagruel, qui a conuaincu tous les refueurs & beiaunes Sophiſtes, à ceſte heure aura ſon vin : car ceſt Angloys eſt vn aultre diable de Vauuert, nous verrons qui en gaignera.

Ainſi tout le monde aſſemblé, Thaumaſte les attendoit. Et lors que Pantagruel & Panurge arriuerent à la falle, tous ces grimaulx, artiens, & Intrans commencerent frapper des mains comme est leur badaude coustume.

Mais Pantagruel s'efcrya à haulte voix, comme si ce euft efté le fon d'vn double canon, difant, Paix de par le diable : paix par dieu, coquins, fi vous me tabuftez icy, ie vous couperay la tefte à treftous.
A laquelle parolle ilz demourerent tous eftonnez comme canes, & ne aufoient feulement touffer, voire euffent ilz mangé quinze liures de plume. Et furent tant alterez de cefte feule voix qu'ilz tiroyent la langue demy pied hors la gueule, comme si Pantagruel leur euft les gorges falees. Lors commença Panurge à parler difant à l'Angloys. Seigneur, es tu icy venu pour difputer contentieufement de ces propofitions que tu as mis, ou bien pour aprendre & en fçauoir la verité? A quoy refpondit Thaumafte. Seigneur, aultre chofe ne me ameine finon bon defir de apprendre & fçauoir ce, dont i'ay doubté toute ma vie, & n'ay trouué ny liure ny homme qui me ayt contenté en la refolution des doubtes que i'ay propofez. Et au regard de difputer par contention, ie ne le veulx faire, auffi eft ce chofe trop vile, & le laiffe à ces maraulx Sophiftes, lefquelz en leurs difputations ne cherchent verité mais contradiction & debat. Doncques, dift Panurge, fi ie qui fuis petit difciple de mon maiftre monfieur Pantagruel, te contente & fatisfays en tout & par tout, ce feroit chofe indigne d'en empefcher mondict maiftre, par ce mieulx vauldra qu'il foit cathedrant, iugeant de noz propos, & te contentent au parfus, s'il te femble que ie ne aye fatisfaict à ton ftudieux defir.

Vrayement, dift Thaumafte, c'eft trefbien dict. Commence doncques.

Or notez que Panurge auoit mis au bout de fa longue braguette vn beau Floc de foye rouge, blanche, verte, & bleue, & dedans auoit mis vne belle pomme d'orange.

Comment Panurge feift quinaud l'Angloys, qui arguoit par figne.

CHAPITRE XIX.

DONCQVES, tout le monde affiftant & efcoutant en bonne filence, l'Angloys leua hault en l'air les deux mains feparement clouant toutes les extremitez des doigtz en forme qu'on nomme en Chinonnoys, cul de poulle, & frappa de l'vne l'aultre par les ongles quatre foys, puys les ouurit, & ainfi à plat de l'vne frappa l'aultre en fon ftrident, vne foys de rechief les ioignant comme deffus frappa deux foys, & quatre foys de rechief les ouurant. Puys les remift ioinctes & extendues l'vne iouxte l'aultre, comme femblant deuotement dieu prier. Panurge foubdain leua en l'air la main dextre, puys d'ycelle mift le poulfe dedans la narine d'ycelluy coufté, tenant les quatre doigtz eftenduz & ferrez par leur ordre en ligne parallele à la pene du nez, fermant l'œil gaufche entierement, & guaignant du dextre auecques profonde depreffion de la fourcile & paulpiere. Puys la gaufche leua hault, auecques fort ferrement & extenfion des quatre doigtz & eleuation du poulfe, & la tenoyt en ligne

directement correspondente à l'assiete de la dextre, auecques distance entre les deux d'vne couldee & demye. Cela faict, en pareille forme baissa contre terre l'vne & l'aultre main : finablement les tint on my lieu, comme visant droict au nez de l'Angloys.

Et si Mercure, dist l'Angloys. Là Panurge interrompt disant. Vous auez parlé, masque. Lors feist l'Angloys tel signe. La main gausche toute ouuerte il leua hault en l'air. Puys ferma on poing les quatre doigts d'ycelle, & le poulse extendu assist suz la pinne du nez. Soubdain apres leua la dextre toute ouuerte, & toute ouuerte la baissa ioignant le poulse on lieu que fermoyt le petit doigt de la gausche, & les quatre doigtz d'ycelle mouuoyt lentement en l'air. Puys au rebours feist de la dextre ce qu'il auoyt faict de la gausche, & de la gausche ce que auoyt faict de la dextre. Panurge de ce non estonné tyra en l'air sa tresmegiste braguette de la gausche, & de la dextre en tira vn transon de couste boüine blanche & deux pieces de boys de forme pareille, l'vne de Ebene noir, l'aultre de Bresil incarnat, & les mist entre les doigtz d'ycelle en bonne symmetrie, & les chocquant ensemble, faisoyt son, tel que font les ladres en Bretaigne auecques leurs clicquettes, mieulx toutesfoys resonnant & plus harmonieux : & de la langue contracte dedans la bouche fredonnoyt ioyeusement, tousiours reguardant l'Angloys.

Les theologiens, medicins, & chirurgiens penserent que par ce signe il inferoyt, l'Angloys estre ladre. Les conseilliers, legistes & decretistes, pensoient que ce faisant il vouloyt conclurre, quelque espece de felicité humaine consister en estat de ladrye, comme iadys maintenoyt le seigneur.

L'Angloys pource ne s'effraya, & leuant les deux mains en l'air les tint en telle forme, que les troys maiftres doigtz ferroyt on poing, & paffoyt les poulfes entre le doigtz indice & moien, & les doigtz auriculaires demouroient en leurs extendues : ainfi les prefentoyt à Panurge, puys les acoubla de mode que le poulfe dextre touchoyt le gaufche, & le doigt petit gaufche touchoyt le dextre.   A ce, Panurge fans mot dire leua les mains, & en feift tel figne : De la main gauche il ioingnit l'ongle du doigt indice à l'ongle du poulce faifant au meillieu de la diftance comme vne boucle, & de la main dextre ferroit tous les doigts au poing, excepté le doigt indice, lequel il mettoit & tiroit fouuent par entre les deux aultres fufdictes de la main gauche, puis de la dextre eftendit le doigt indice & le mylieu les efloignant le mieulx qu'il pouoit, & les tirans vers Thaumafte, puis mettoit le poulce de la main gauche fur l'anglet de l'œil gauche eftendant toute la main comme vne aefle d'oyfeau, ou vne pinne de poiffon, & la meuuant bien mignonnement deczà & delà, autant en faifoit de la dextre fur l'anglet de l'œil dextre.   Thaumafte commencza paflir & trembler, & luy feift tel figne.   De la main dextre il frappa du doigt meillieu contre le mufcle de la vole, qui eft au deffoubz le poulce, puis mift le doigt indice de la dextre en pareille boucle de la feneftre : mais il le mift par deffoubz, non par deffus, comme faifoit Panurge.
Adoncques Panurge frappe la main l'vne contre l'aultre, & fouffle en paulme, ce faict, met encores le doigt indice de la dextre en la boucle de la gauche le tirant & mettant fouuent : puis eftendit le menton, regardant intentement Thaumafte.   Le monde qui n'entendoit rien à ces fignes, entendit bien que

en ce il demandoit sans dire mot, à Thaumaste, que voulez vous dire là ? De faict Thaumaste commença suer à grosses gouttes, & sembloit bien vn homme qui feust rauy en haulte contemplation. Puis se aduisa, & mist tous les ongles de la gauche contre ceulx de la dextre, ouurant les doigts, comme si ce eussent esté demys cercles, & eleuoit tant qu'il pouoit les mains en ce signe.

A quoy Panurge soubdain mist le poulce de la main dextre soubz les mandibules & le doigt auriculaire d'icelle en la boucle de la gauche, & en ce poinct faisoit sonner ses dentz bien melodieusement les basses contre les haultes.

Thaumaste de grand hahan se leua, mais en se leuant fist vn gros pet de boulangier : car le bran vint apres & pissa vinaigre bien fort, & puoit comme tous les diables : les assistans commencerent se estouper les nez, car il se conchioit de angustie, puis leua la main dextre la clouant en telle faczon, qu'il assembloit les boutz de tous les doigts ensemble, & la main gauche assist toute pleine sur la poictrine. A quoy Panurge tira sa longue braguette auecques son Floc, & l'estendit d'vne couldee & demie, & la tenoit en l'air de la main gauche, & de la dextre print sa pomme d'orange, & la gettant en l'air par sept foys, à la huytiesme la cacha au poing de la dextre, la tenant en hault tout coy, puis commença secouer sa belle braguette, la monstrant à Thaumaste. Apres cella Thaumaste commença enfler les deux ioues comme vn cornemuseur & souffloit, comme se il enfloit vne vessie de porc. A quoy Panurge mist vn doigt de la gauche ou trou du cul, & de la bouche tiroit l'air comme quand on mange des huytres en escalle, ou quand on hume sa soupe, ce faict, ouure quelque peu de la bouche & auecques le plat de la main dextre frappoit deſſus, faiſant en ce vn grand ſon & parfond, comme s'il venoit de la ſuperficie du diaphragme par la trachee artere, & le feiſt par ſeize foys. Mais Thaumaſte ſouffloit touſiours comme vne oye. Adoncques Panurge miſt le doigt indice de la dextre dedans la bouche, le ſerrant bien fort auecques les muſcles de la bouche, puis le tiroit & le tirant faiſoit vn grand ſon, comme quand les petitz garſons tirent d'vn canon de ſulz auecques belles rabbes, & le fiſt par neuf foys. Alors Thaumaſte s'eſcria. Ha, meſſieurs, le grand ſecret : il y a mis la main iuſques au coulde, puis tira vn poignard qu'il auoit, le tenant par la poincte contre bas. A quoy Panurge print ſa longue braguette, & la ſecouoit tant qu'il pouoit contre ſes cuiſſes : puis miſt ſes deux mains lyeez en forme de peigne ſur ſa teſte, tirant la langue tant qu'il pouoit, & tournant les yeulx en la teſte, comme vne chieure qui meurt.

Ha, i'entens, diſt Thaumaſte, mais quoy ? faiſant tel ſigne, qu'il mettoit le manche de ſon poignard contre la poictrine & ſur la poincte mettoit le plat de la main en retournant quelque peu le bout des doigts.

A quoy Panurge baiſſa ſa teſte du couſté gauche & miſt le doigt mylieu en l'aureille dextre, eſleuant le poulce contre mont. Puis croiſa les deux bras ſur la poictrine, touſſant par cinq foys, & à la cinquieſme frappant du pied droit contre terre, puis leua le bras gauche, & ſerrant tous les doigtz au poing, tenoit le poulſe contre le front, frappant de la main dextre par ſix foys contre la poictrine. Mais Thaumaſte comme non content de ce miſt le poulſe de la gauche ſur le bout du nez, fermant la reſte de ladicte main.

Dont Panurge miſt les deux maiſtres doigtz à chaſcun coufté de la bouche, le retirant tant qu'il pouuoit & monftrant toutes fes dentz : & des deux poulfes rabaiffoit les paulpieres des yeulx bien parfondement en faifant affez layde grimace felon que fembloit es affiftans.

*Comment Thaumaſte racompte les vertus
& ſçauoir de Panurge.*

Chapitre XX.

DONCQVES ſe leua Thaumaſte &
oſtant ſon bonnet de la teſte, re-
mercia ledict Panurge doulcement.
Puis diſt à haulte voix à toute l'aſſiſtance. Seigneurs, à ceſte heure
puis ie bien dire le mot euangelicque. Et ecce pluſquam Salo-
mon hic. Vous auez icy vn theſor incomparable en
voſtre preſence, c'eſt monſieur Pantagruel, duquel la
renommee me auoit icy attiré du fin fond de Angleterre, pour conferer auecques luy des problemes inſo-
lubles tant de Magie, Alchymie, de Caballe, de Geomantie, de Aſtrologie, que de Philoſophie : leſquelz
ie auoys en mon eſprit. Mais de preſent ie me cour-
rouce contre la renommee, laquelle me ſemble eſtre
enuieuſe contre luy, car elle n'en raporte la milieſme
partie de ce que en eſt par efficace. Vous auez veu
comment ſon ſeul diſciple me a contenté & m'en a
plus dict que n'en demandoys, d'abundand m'a ouuert
& enſemble ſolu d'aultres doubtes ineſtimables. En
quoy ie vous puiſſe aſſeurer qu'il m'a ouuert le vrays
puys & abiſme de Encyclopedie, voire en vne ſorte

que ie ne penſoys trouuer homme qui en ſceuſt les premiers elemens ſeulement, c'eſt quand nous auons diſputé par ſignes ſans dire mot ny demy. Mais à tant ie redigeray par eſcript ce que auons dict & reſolu, affin que l'on ne penſe que ce ayent eſté mocqueries, & le feray imprimer à ce que chaſcun y apreigne comme ie ay faict. Dont pouez iuger ce que euſt peu dire le maiſtre, veu que le diſciple a faict telle proueſſe : car Non eſt diſcipulus ſuper magiſtrum. En tous cas Dieu ſoit loué, & bien humblement vous remercie de l'honneur que nous auez faict à ceſt acte, Dieu vous le retribue eternellement.   Semblables actions de graces rendit Pantagruel à toute l'aſſiſtance, & de là partant mena diſner Thaumaſte auecques luy, & croyez qu'ilz beurent à ventre deboutonné (car en ce temps là on fermoit les ventres à boutons, comme les colletz de preſent) iuſques à dire, dont venez vous? Saincte dame, comment ilz tiroyent au cheurotin, & flaccons d'aller, & eulx de corner, tyre, baille, paige, vin, boutte, de par le diable, boutte : il n'y eut celluy qui ne beuſt vingt cinq ou trente muys. Et ſçauez comment, ſicut terra ſine aqua, car il faiſoit chault, & d'aduantaige ſe eſtoyent alterez.   Au regard de l'expoſition des propoſitions miſes par Thaumaſte, & ſignifications des ſignes deſquelz ils vſerent en diſputant, ie vous les expoſeroys ſelon la relation d'entre eulx meſmes : mais l'on m'a dict que Thaumaſte en feiſt vn grand liure imprimé à Londres, auquel il declare tout ſans rien laiſſer : par ce ie m'en deporte pour le preſent.

*Comment Panurge feut amoureux
d'vne haulte dame de Paris.*

CHAPITRE XXI.

ANVRGE commença eſtre en reputation en la ville de Paris par ceſte diſputation que il obtint contre l'Angloys, & faiſoit des lors bien valoir ſa braguette, & la feiſt au deſſus eſmoucheter de broderie à la Romanicque. Et le monde le louoit publicquement, & en feuſt faicte vne Chanſon, dont les petitz enfans alloyent à la mouſtarde, & eſtoit bien venu en toutes compaignies des dames & damoiſelles, en ſorte qu'il deuint glorieux, ſi bien qu'il entreprint venir au deſſus d'vne des grandes dames de la ville. De faict, laiſſant vn tas de longs prologues & proteſtations que font ordinairement ces dolens contemplatifz amoureux de Kareſme, leſquelz poinct à la chair ne touchent, luy dict vn iour. Ma dame, ce ſeroit bien fort vtile à toute la republicque, delectable à vous, honneſte à voſtre lignee, & à moy neceſſaire, que feuſſiez couuerte de ma race, & le croyez, car l'experience vous le demonſtrera. La dame à ceſte parolle le recula plus de cent lieues, diſant. Meſchant fol, vous ap-

pertient il me tenir telz propos? A qui penfez vous
parler? Allez, ne vous trouuez iamais deuant moy,
car fi n'eftoit pour vn petit, ie vous feroys coupper
bras & iambes. Or (dift il) ce me feroit bien tout
vn d'auoir bras & iambes couppez, en condition que
nous fiffions vous & moy vn tranfon de chere lie,
iouans des manequins à baffes marches : car (monftrant fa longue braguette) voicy maiftre Iean Ieudy :
qui vous fonneroit vne antiquaille, dont vous fentirez
iufques à la moelle des os. Il eft galland & vous
fçait tant bien trouuer les alibitz forains & petitz
poullains grenez en la ratouere, que apres luy n'y a
que efpouffeter. A quoy refpondit la dame. Allez,
mefchant, allez, fi vous me dictes encores vn mot,
ie appelleray le monde : & vous feray icy affommer
de coups. Ho (dift il) vous n'eftez tant male que
vous dictez, non, ou ie fuis bien trompé à voftre
phyfionomie : car plus toft la terre monteroit es
cieulx & les haulx cieulx defcendroyent en l'abifme
& tout ordre de nature feroyt paruerty, qu'en fi
grande beaulté & elegance comme la voftre, y euft
vne goutte de fiel, ny de malice. L'on dict bien que à
grand peine veit on iamais femme belle, qui auffi ne
feuft rebelle : mais cella eft dict de ces beaultez vul-
gaires. La voftre eft tant excellente, tant finguliere,
tant celefte, que ie croy que nature l'a mife en vous
comme vn parragon pour nous donner entendre combien elle peut faire quand elle veult employer toute
fa puiffance & tout fon fçauoir. Ce n'eft que miel,
ce n'eft que fucre, ce n'eft que manne celefte, de tout
ce qu'eft en vous. C'eftoit à vous à qui Paris debuoit
adiuger la pomme d'or, non à Venus, non, ny à Iuno,
ny à Minerue : car oncques n'y eut tant de magnificence en Iuno, tant de prudence en Minerue, tant de

elegance en Venus, comme y a en vous. O dieux &
deesses celestes, que heureux sera celluy à qui ferez
celle grace de ceste cy accoller, de la baiser & de
frotter son lart auecques elle. Par dieu, ce sera
moy, ie le voy bien, car desia elle me ayme tout à
plein, ie le congnoys, & suis à ce predestiné des
phees. Doncques pour gaigner temps boutte pous-
seniambions. Et la vouloit embrasser, mais elle sit
semblant de se mettre à la fenestre pour appeller les
voisins à la force. Adoncques sortit Panurge bien
tost, & luy dist en fuyant. Ma dame, attendez moy
icy, ie les voys querir moy mesme, n'en prenez la
poine. Ainsi s'en alla, sans grandement se soucier
du ressus qu'il auoit eu, & n'en sist oncques pire
chiere.

Au lendemain il se trouua à l'eglise à l'heure
qu'elle alloit à la messe, à l'entree luy bailla de
l'eau beniste se enclinant parfondement deuant elle,
apres se agenouilla aupres de elle familiairement, &
luy dist. Ma dame, saichez que ie suis tant amoureux de vous, que ie n'en peuz ny'pisser ny fianter,
ie ne sçay comment l'entendez. S'il m'en aduenoit
quelque mal, que en seroit il? Allez (dist elle)
allez, ie ne m'en soucie : laissez moy icy prier dieu.

Mais (dist il) equiuocquez sur A beaumont le
viconte. Ie ne sçauroys, dist elle. C'est (dist
il) A beau con le vit monte. Et sur cella priez dieu
qu'il me doint ce que vostre noble cueur desire, &
me donnez ces patenostres par grace. Tenez (dist
elle) & ne me tabustez plus. Ce dict, luy vouloit
tirer ses patenostres que estoyent de cestrin auecques grosses marques d'or, mais Panurge promptement tira vn de ses cousteaux, & les couppa tresbien, & les emporta à la fryperie, luy disant, voulez

vous mon coufteau? Non, non, dift elle. Mais (dift il) à propos, il eft bien à voftre commandement corps & biens, tripes & boyaulx.

Ce pendent la dame n'eftoit fort contente de fes patenoftres : car c'eftoit vne de fes contenences à l'eglife. Et penfoit, ce bon bauart icy eft quelque efuenté, homme d'eftrange pays, ie ne recouureray iamais mes patenoftres, que m'en dira mon mary? Il fe courroucera à moy : mais ie luy diray que vn larron me les a couppees dedans l'eglife, ce que il croira facilement, voyant encores le bout du ruban à ma ceincture. Apres difner Panurge l'alla veoir, portant en fa manche vne grande bourfe pleine d'efcuz du palais & de gettons, & luy commença dire.

Lequel des deux ayme plus l'aultre, ou vous moy, ou moy vous? A quoy elle refpondit. Quant eft de moy ie ne vous hays poinct : car comme dieu le commande, ie ayme tout le monde.

Mais à propos (dift il) n'eftez vous amoureufe de moy? Ie vous ay (dift elle) ia dict tant de foys que vous ne me teniffiez plus telles parolles, fi vous m'en parlez encores ie vous monftreray que ce n'eft à moy à qui vous debuez ainfi parler de defhonneur. Partez d'icy, & me rendez mes patenoftres, à ce que mon mary ne me les demande. Comment (dift il) ma dame, voz patenoftres? Non feray, par mon fergent, mais ie vous en veux bien donner d'aultres : en aymerez vous mieulx d'or bien efmaillé en forme de groffes fpheres, ou de beaulx lacz d'amours, ou bien toutes maffifues comme gros lingotz, ou fi en voulez de Ebene, ou de gros Hyacinthes, de gros grenatz taillez auecques les marches de fines Turquoyfes, ou de beaulx Topazes marchez de fins Saphiz, ou de beaulx Balays à tout groffes

marches de Dyamans à vingt & huyt quarres? Non,
non, c'eft trop peu. J'en fçay vn beau chapellet de
fines Efmeraudes marchees de Ambre gris, cofcoté,
& à la boucle vn Vnion Perficque gros comme vne
pomme d'orange : elles ne couftent que vingt & cinq
mille ducatz, ie vous en veulx faire vn prefent : car
i'en ay du content. Et de ce difoit faifant fonner
fes gettons comme fi ce feuffent efcutz au foleil.
Voulés vous vne piece de veloux violet cramoyfi
tainct en grene, vne piece de fatin broché ou bien
cramoyfi? Voulez vous chaifnes, doreures, tem-
plettes, bagues? Il ne fault que dire ouy. Iufques à
cinquante mille ducatz, ce ne m'eft rien cela. Par
la vertus defquelles parolles il luy faifoit venir l'eau
à la bouche. Mais elle luy dict. Non, ie vous remercie : ie ne veulx rien de vous. Par dieu (dift il)
fi veulx bien moy de vous : mais c'eft chofe qui ne
vous couftera rien, & n'en aurez rien moins. Tenez
(monftrant fa longue braguette) voicy maiftre Ian
Chouart qui demande logis, & apres la vouloit accoller : mais elle commença à s'efcrier, toutesfoys
non trop hault. Adoncques Panurge tourna fon
faulx vifaige, & luy dift. Vous ne voulez doncques
aultrement me laiffer vn peu faire? Bren pour vous.
Il ne vous appartient tant de bien ny de honneur :
mais, par Dieu, ie vous feray cheuaucher aux chiens :
& ce dict, s'en fouit le grand pas de peur des coups :
lefquelz il craignoit naturellement.

Comment Panurge feiſt vn tour à la dame Pariſianne qui ne fut poinct à ſon aduentage.

Chapitre XXII.

R notez que lendemain eſtoit la grande feſte du ſacre, à laquelle toutes les femmes ſe mettent en leur triumphe de habillemens : & pour ce iour ladicte dame s'eſtoit veſtue d'une treſbelle robbe de ſatin cramoyſi, & d'vne cotte de veloux blanc bien precieux. Le iour de la vigile Panurge chercha tant d'vn couſté & d'aultre qu'il trouua vne lyciſque orgoofe laquelle il lya auecques ſa ceincture & la mena en ſa chambre, & la nourriſt treſbien cedict iour & toute la nuyct, au matin la tua, & en print ce que ſçauent les Geomantiens Gregoys, & le miſt en pieces le plus menu qu'il peut, & les emporta bien cachees, & alla ou la dame deuoit aller pour ſuyure la proceſſion, comme eſt de couſtume à ladicte feſte. Et alors qu'elle entra, Panurge luy donna de l'eaue beniſte bien courtoiſement la ſaluant, & quelque peu de temps apres qu'elle eut dict ſes menuz ſuffrages il ſe va ioindre à elle en ſon banc, & luy bailla vn Rondeau par eſcript en la forme que s'enſuyt.

ℭ Rondeav.

Pour cefte foys, qu'à vous dame tref belle
Mon cas difoys, par trop feuftes rebelle
De me chaffer, fans efpoir de retour :
Veu qu'à vous oncq ne feis auftere tour
En dict ny faict, en foubfon ny libelle.
Si tant à vous deplaifoit ma querelle,
Vous pouuiez par vous, fans maquerelle,
Me dire, amy, partez d'icy entour,
    Pour cefte foys.

Tort ne vous fays, fi mon cueur vous decelle,
En remonftrant comme l'ard l'eftincelle
De la beaulté que couure voftre atour :
Car rien n'y quiers, finon qu'en voftre tour
Me faciez dehait la combrecelle,
    Pour cefte foys.

Et ainfi qu'elle ouurit le papier pour veoir que c'eftoit, Panurge promptement fema la drogue qu'il auoit fur elle en diuers lieux, & mefmement au replis de fes manches & de fa robbe, puis luy dift.
Ma dame, les pauures amans ne font toufiours à leur aife. Quant eft de moy i'efpere que les males nuictz, les trauaulx & ennuytz, efquelz me tient l'amour de vous, me feront en deduction de autant des poines de purgatoire. A tout le moins priez dieu qu'il me doint en mon mal patience. Panurge n'eut acheué ce mot, que tous les chiens qui eftoient en l'eglife acoururent à cefte dame pour l'odeur des drogues que il auoit efpandu fur elle : petitz & grands, gros & menuz, tous y venoyent tirans le membre & la fentens & piffans par tout fur elle : c'eftoit la plus grande villanie du monde. Panurge

les chaffa quelque peu, puis d'elle print congé & fe retira en quelque chappelle pour veoir le deduyt : car ces villains chiens compiffoyent tous fes habillemens, tant que vn grand leurier luy piffa fur la tefte, les aultres aux manches, les aultres à la croppe : les petitz piffoient fus fes patins. En forte que toutes les femmes de là autour auoyent beaucoup affaire à la fauluer. Et Panurge de rire, & dift à quelcun des feigneurs de la ville. Ie croy que cefte dame là eft en chaleur, ou bien que quelque leurier l'a couuerte fraifchement. Et quand il veid que tous les chiens grondoyent bien à l'entour de elle comme ilz font autour d'vne chienne chaulde, partit de là, & alla querir Pantagruel. Par toutes les rues ou il trouuoit chiens il leur bailloit vn coup de pied, difant. Ne yrez vous pas auec voz compaignons aux nopces? Deuant, deuant, de par le diable, deuant.

Et arriué au logis dift à Pantagruel, Maiftre, ie vous prye venez veoir tous les chiens du pays qui font affemblés à l'entour d'vne dame la plus belle de cefte ville, & la veullent iocqueter. A quoy voluntiers confentit Pantagruel, & veit le myftere lequel il trouua fort beau & nouueau. Mais le bon feut à la proceffion : en laquelle feurent veuz plus de fix cens mille & quatorze chiens à l'entour d'elle, lefquelz luy faifoyent mille hayres : & par tout ou elle paffoit les chiens frays venuz la fuyuoyent à la traffe, piffans par le chemin ou fes robbes auoyent touché.

Tout le monde fe areftoit à ce fpectacle, confiderant les contenences de ces chiens qui luy montoyent iufques au col, & luy gafterent tous ces beaulx acouftremens, à quoy ne fceuft trouuer aulcun remede, finon foy retirer en fon hoftel.

Et chiens d'aller apres, & elle de fe cacher, & chamberieres de rire. Quand elle feut entree en fa maifon & fermé la porte apres elle, tous les chiens y acouroyent de demye lieue, & compifferent fi bien la porte de fa maifon qu'ilz y feirent vn ruyffeau de leurs vrines, auquel les cannes euffent bien nagé. Et c'eft celluy ruyffeau qui de prefent paffe à fainct Victor, auquel Guobelin tainct l'efcarlatte, pour la vertu fpecificque de ces piffe chiens, comme iadis prefcha publicquement noftre maiftre Doribus. Ainfi vous aift dieu, vn moulin y euft peu mouldre. Non tant toutesfoys que ceulx du Bazacle à Thouloufe.

*Comment Pantagruel partit de Paris ouyant nouuelles
que les Dipſodes enuahyſſoient le pays des
Amaurotes. Et la cauſe pourquoy
les lieues ſont tant petites
en France.*

CHAPITRE XXIII.

EV de temps apres Pantagruel
ouyt nouuelles que ſon pere Gar-
gantua auoit eſté tranſlaté au pays
des Phees par Morgue, comme
feut iadis Ogier & Artus, enſemble
que le bruyt de ſa tranſlation entendu, les Dipſodes eſtoyent yſſus
de leurs limites, & auoyent gaſté vn grand pays de
Vtopie, & tenoyent pour lors la grande ville des
Amaurotes aſſiegee. Dont partit de Paris ſans dire à
dieu à nulluy : car l'affaire requeroit diligence, &
vint à Rouen. Or en cheminant, voyant Pantagruel que les lieues de France eſtoient petites par
trop au regard des aultres pays, en demanda la cauſe
& raiſon à Panurge, lequel luy diſt vne hiſtoire que
meʧ Marotus du lac, monachus, es geſtes des Roys
de Canarre.

Diſant que d'ancienneté les pays n'eſtoyent diſtinʧz
par lieues, miliaires, ſtades, ny paraſanges, iuſques à

ce que le roy Pharamond les diſtingua, ce que feut faict en la maniere que s'enſuyt. Car il print dedans Paris cent beaulx ieunes & gallans compaignons bien deliberez, & cent belles garſes Picardes, & les feiſt bien traicter & bien penſer par huyt iours, puis les appella & à vn chaſcun bailla ſa garſe auecques force argent pour les deſpens, leur faiſant commandement qu'ilz allaſſent en diuers lieux par cy & par là. Et à tous les paſſaiges qu'ilz biſcoteroyent leurs garſes que ilz miſſent vne pierre, & ce ſeroit vne lieue. Ainſi les compaignons ioyeuſement partirent, & pource qu'ilz eſtoyent frays & de ſeiour ilz fanfreluchoient à chaſque bout de champ, & voylà pourquoy les lieues de France ſont tant petites. Mais quand ilz eurent long chemin parfaict & eſtoient ia las comme pauures diables & n'y auoit plus d'olit en ly caleil, ilz ne belinoyent ſi ſouuent & ſe contentoyent bien (i'entends quand aux hommes) de quelque meſchante & paillarde foys le iour. Et voylà qui faict les lieues de Bretaigne, de Lanes, d'Allemaigne, & aultre pays plus eſloignez, ſi grandes. Les aultres mettent d'aultres raiſons : mais celle là me ſemble la meilleure. A quoy conſentit voluntiers Pantagruel. Partans de Rouen arriuerent à Hommefleur ou ſe mirent ſur mer Pantagruel, Panurge, Epiſtemon, Euſthenes, & Carpalim. Auquel lieu attendans le vent propice & calfretant leur nef receut d'vne dame de Paris (laquelle il auoit entretenue bonne eſpace de temps) vnes lettres inſcriptes au deſſus.

Au plus aymé des belles, & moins loyal des preux,

𝔭 𝔫 𝔗 𝔊 𝔫 𝔏.

Lettres que vn meſſagier aporta à Pantagruel d'vne dame de Paris, & l'expoſition d'vn mot eſcript en vn aneau d'or.

Chapitre XXIIII.

vand Pantagruel eut leue l'Inſcription il feut bien eſbahy, & demandant audict meſſagier le nom de celle qui l'auoit enuoyé, ouurit les lettres & rien ne trouua dedans eſcript, mais ſeulement vn aneau d'or auecques vn Diament en table. Lors appella Panurge & luy monſtra le cas. A quoy Panurge luy diſt, que la fueille de papier eſtoit eſcripte, mais c'eſtoit par telle ſubtilité que l'on n'y veoit poinct d'eſcripture. Et pour le ſçauoir, la miſt aupres du feu pour veoir ſi l'eſcripture eſtoit faicte auec du ſel Ammoniac deſtrempé en eau.
Puis la miſt dedans l'eau pour ſçauoir ſi la lettre eſtoit eſcripte du ſuc de Tithymalle. Puis la monſtra à la chandelle, ſi elle eſtoit poinct eſcripte du ius de oignons blans. Puis en frotta vne partie d'huille de noix, pour veoir ſi elle eſtoit poinct eſcripte de lexif de figuier. Puis en frotta vne part de laict de femme allaictant ſa fille premiere nee, pour veoir ſi elle eſtoit poinct eſcripte de ſang de Rubettes. Puis

en frotta vn coing de cendres d'vn nic de Arondelles, pour veoir si elle estoit escripte de rousee qu'on trouue dedans les pommes de Alicacabut. Puis en frotta vn aultre bout de la sanie des aureilles, pour veoir si elle estoit escripte de fiel de corbeau. Puis les trempa en vinaigre, pour veoir si elle estoit escripte de laict de espurge. Puis les gressa d'axunge de souris chauues, pour veoir si elle estoit escripte auec sperme de baleine qu'on appelle ambre gris. Puis la mist tout doulcement dedans vn bassin d'eau fresche, & soubdain la tira, pour veoir si elle estoit escripte auecques alum de plume. Et voyant qu'il n'y congnoissoit rien, appella le messagier & luy demanda. Compaing, la dame qui t'a icy enuoyé t'a elle poinct baillé de baston pour apporter? Pensant que feust la finesse que mect Aulle Gelle, & le messagier luy respondit. Non, monsieur. Adoncques Panurge luy voulut faire raire les cheueulx pour sçauoir si la dame auoit faict escripre auecques fort moret sur sa teste rase, ce qu'elle vouloit mander, mais voyant que ses cheueulx estoyent fort grands, il desista : considerant que en si peu de temps ses cheueulx n'eussent creuz si longs. Alors dist à Pantagruel. Maistre, par les vertuz dieu, ie n'y sçauroys que faire ny dire. Ie ay employé, pour congnoistre si rien y a icy escript, vne partie de ce que en met Messere Francesco di Nianto le Thuscan qui a escript la maniere de lire lettres non apparentes, & ce que escript Zoroaster peri grammaton acriton, & Calphurnius Bassus de literis illegibilibus, mais ie n'y voy rien, & croy qu'il n'y a aultre chose que l'aneau. Or le voyons.

Lors le regardant trouuerent escript par dedans en Hebrieu, Lamah hazabthani, dont appellerent

Epiſtemon, luy demandant que c'eſtoit à dire? A quoy reſpondit que c'eſtoyent motz Hebraicques ſignifians, pourquoy me as tu laiſſé? Dont ſoubdain replicqua Panurge, I'entens le cas, voyez vous ce dyament? c'eſt vn dyamant faulx. Telle eſt doncques l'expoſition de ce, veult dire la dame. Dy amant faulx: pourquoy me as tu laiſſee? Laquelle expoſition entendit Pantagruel incontinent: & luy ſouuint comment à ſon departir n'auoit dict à dieu à la dame, & s'en contriſtoit: & voluntiers fuſt retourné à Paris pour faire ſa paix auecques elle. Mais Epiſtemon luy reduyt à memoire le departement de Eneas d'auecques Dido, & le dict de Heraclides Tarentin: que la nauire reſtant à l'ancre, quand la neceſſité preſſe, il fault coupper la chorde plus toſt que perdre temps à la deſlier. Et qu'il debuoit laiſſer tous penſemens pour ſuruenir à la ville de ſa natiuité, qui eſtoit en dangier. De faict, vne heure apres ſe leua le vent nommé Nordnordweſt, auquel ilz donnerent pleines voilles & prindrent la haulte mer, & en briefz iours, paſſans par porto ſancto & par Medere, firent ſcalle es iſles de Canarre. De là partans paſſerent par Cap blanco, par Senege, par Cap virido, par Gambre, par Sagres, par Melli, par le Cap de bona ſperantza, & firent ſcalle au royaulme de Melinde: de là partans, feirent voile au vent de la tranſmontane, paſſans par Meden, par Vti, par Vdem, par Gelaſim, par les iſles des Phees, & iouxte le royaulme de Achorie, finablement arriuerent au port de Vtopie: diſtant de la ville des Amaurotes par troys lieues, & quelque peu d'auantaige. Quand ilz feurent en terre quelque peu refraichiz, Pantagruel diſt. Enfans, la ville n'eſt loing d'icy: dauant que marcher oultre il feroit bon deliberer de ce qu'eft à faire, affin que ne femblons es Atheniens qui ne confultoient iamais finon apres le cas faict. Eftez vous deliberez de viure & mourir auecques moy? Seigneur, ouy (dirent ilz tous) tenez vous affeuré de nous, comme de voz doigtz propres. Or (dift il) il n'y a q'vn poinct que tienne mon efperit fufpend & doubteux, c'eft que ie ne fçay en quel ordre, ny en quel nombre font les ennemis qui tiennent la ville affiegee : car quand ie le fçauroys, ie m'y en iroys en plus grande affeurance : par ce, aduifons enfemble du moyen comment nous le pourrons fçauoir. A quoy tous enfemble dirent. Laiffez nous y aller veoir, & nous attendez icy : car pour tout le iourdhuy nous vous en apporterons nouuelles certaines. Ie (dift Panurge) entreprens de entrer en leur camp par le meillieu des gardes & du guet, & bancqueter auec eulx & bragmarder à leurs defpens, fans eftre congneu de nully, vifiter l'artillerie, les tentes de tous les capitaines & me prelaffer par les bandes fans iamais eftre defcouuert : le diable ne me affineroit pas, car ie fuis de la lignee de Zopyre. Ie (dift Epiftemon) fçay tous les ftratagemates & prouefles des vaillans capitaines & champions du temps paffé, & toutes les rufes & fineffes de difcipline militaire : ie iray, & encores que feuffe defcouuert & decelé, i'efchapperay en leur faifant croire de vous tout ce que me plaira : car ie fuis de la lignee de Sinon. Ie (dift Eufthenes) entreray par atrauers leurs tranchees, maulgré le guet & tous les gardes, car ie leur pafferay fur le ventre & leur rompray bras & iambes, & feuffent ilz auffi fors que le diable : car ie fuis de la lignee de Hercules. Ie (dift Carpalim) y entreray fi les oyfeaulx y entrent : car i'ay le corps tant allaigre que ie auray faulté leurs tranchees & percé oultre tout leur camp, dauant qu'ilz me ayent apperceu. Et ne crains ny traict ny flesche, ny cheual tant soit legier, & feust ce Pegase de Perseus, ou Pacolet, que deuant eulx ie n'eschappe gaillard & sauf. I'entreprens de marcher sur les espiz de bled, sur l'herbe des prez, sans qu'elle flechisse dessoubz moy : car ie suis de la lignee de Camille Amazone.

Comment Panurge, Carpalim, Eusthenes, Epistemon, compaignons de Pantagruel, desconfirent six cens soixante cheualiers bien subtilement.

CHAPITRE XXV.

INSI qu'il disoit cela ilz aduiserent six cens soixante cheualiers montez à l'aduantage sus cheuaulx legiers, qui acouroyent là veoir quelle nauire c'estoit qui estoit de nouueau abordee au port, & couroyent à bride auallee pour les prendre s'ilz eussent peu. Lors dist Pantagruel. Enfans, retirez vous en la nauire, voyez cy de noz ennemys qui accourent, mais ie vous les tueray icy comme bestes & feussent ilz dix foys autant : ce pendent retirez vous & en prenez vostre passetemps.

Adonc respondit Panurge. Non, seigneur, il n'est de raison que ainsi faciez : mais au contraire retirez vous en la nauire & vous & les aultres. Car tout seul les desconfiray icy : mais y ne fauldra pas tarder : auancez vous. A quoy dirent les aultres, c'est bien dict. Seigneur, retirez vous, & nous ayderons icy à Panurge, & vous congnoistrez que nous sçauons faire. Adonc Pantagruel dist. Or ie le veulx bien, mais au cas que feuffiez plus foybles, ie ne vous fauldray.   Alors Panurge tira deux grandes cordes de la nef, & les atacha au tour qui eftoit fur le tillac & les mift en terre & en fift vn long circuyt, l'vn plus loing, l'aultre dedans ceftuy là. Et dift à Epiftemon, entrez dedans la nauire, & quand ie vous fonneray, tournez le tour fus le tillac diligentement en ramenant à vous ces deux chordes.   Puis dift à Eufthenes & à Carpalim. Enfans, attendez icy & vous offrez es ennemys franchement, & obtemperez à eux & faictes femblant de vous rendre, mais aduifez, que ne entrez au cerne de ces chordes : retirez vous toufiours hors. Et incontinent entra dedans la nauire, & print vn fais de paille & vne botte de pouldre de canon & efpandit par le cerne des chordes, & auec vne migraine de feu fe tint aupres.

Soubdain arriuerent à grande force les cheualiers, & les premiers chocquerent iufques aupres de la nauire, & par ce que le riuage gliffoit, tumberent eux & leurs cheuaulx iufques au nombre de quarante & quatre. Quoy voyans les aultres approcherent penfans que on leur euft refifté à l'arriuee. Mais Panurge leur dift. Meffieurs, ie croy que vous foyez faict mal, pardonnez le nous : car ce n'eft de nous, mais c'eft de la lubricité de l'eau de mer, qui eft toufiours vnctueufe. Nous nous rendons à voftre bon plaifir. Autant en dirent fes deux compaignons, & Epiftemon qui eftoit fur le tillac.

Ce pendent Panurge s'efloignoit & voyant que tous eftoyent dedans le cerne des chordes, & que fes deux compaignons s'en eftoyent efloignez faifans place à tous ces cheualiers qui à foulle alloyent pour veoir la nef & qui eftoient dedans, foubdain crya à Epiftemon, tire, tire.   Lors Epiftemon commença tirer au tour, & les deux chordes fe empeftrerent entre les cheuaulx & les ruoyent par terre bien ayfement auecques les cheuaucheurs : mais eulx ce voyant tirerent à l'efpee & les vouloyent desfaire, dont Panurge met le feu en la trainee & les fift tous là brufler comme ames dannees, hommes & cheuaulx nul n'en efchappa, excepté vn qui eftoit monté fur vn cheual turcq, qui le gaigna à fouyr : mais quand Carpalim l'apperceut, il courut apres en telle haftiueté & allaigreffe qu'il le attrappa en moins de cent pas, & faultant fur la crouppe de fon cheual, l'embraffa par derriere & l'amena à la nauire. Cefte deffaicte paracheuee Pantagruel feut bien ioyeux, & loua merueilleufement l'induftrie de fes compaignons, & les fift refraichir & bien repaiftre fur le riuaige ioyeufement & boire d'autant le ventre contre terre, & leur prifonnier auecques eulx familiairement : finon que le pauure diable n'eftoit point affeuré que Pantagruel ne le deuoraft tout entier, ce qu'il euft faict tant auoit la gorge large, auffi facillement que feriez vn grain de dragee, & ne luy euft monté en fa bouche en plus qu'vn grain de millet en la gueulle d'vn afne.

*Comment Pantagruel & ſes compaignons eſtoient
ſachez de manger de la chair ſalee, & comme
Carpalim alla chaſſer pour auoir
de la venaiſon.*

Chapitre XXVI.

INSI comme ilz bancquetoyent
Carpalim diſt. Et ventre ſainct
Quenet, ne mangerons nous iamais de venaiſon? Ceſte chair
ſallee me altere tout. Ie vous
voys apporter icy vne cuyſſe de
ces cheuaulx que auons faict
bruſler : elle ſera aſſez bien roſtie. Tout ainſi qu'il
ſe leuoit pour ce faire apperceut à l'oree du boys vn
beau grand cheureul qui eſtoit yſſu du fort, voyant
le feu de Panurge, à mon aduis. Incontinent courut apres de telle roiddeur, qu'il ſembloit que feuſt
vn carreau d'arbaleſte, & l'attrapa en vn moment :
& en courant print de ſes mains en l'air quatre
grandes Otardes.

Sept Bitars.

Vingt & ſix perdrys griſes.

Trente & deux rouges.

Seize Faiſans.

Neuf Beccaſſes.

CHAPITRE XXVI.

Dix & neuf Herons.

Trente & deux Pigeons ramiers.

Et tua de ſes pieds dix ou douze que Leuraulx que Lapins qui ia eſtoyent hors de page.

Dixhuyt Raſles parez enſemble.

Quinze ſanglerons.

Deux Blereaux.

Troys grands Renards.

Frappant doncques le Cheureul de ſon Malcus à trauers la teſte le tua, & l'apportant recueillit ſes Leuraulx, Raſles & Sanglerons. Et de tant loing que peuſt eſtre ouy, s'eſcria, diſant. Panurge, mon amy, vinaigre, vinaigre. Dont penſoit le bon Pantagruel, que le cueur luy fiſt mal, & commanda qu'on luy appreſtaſt du vinaigre. Mais Panurge entendit bien, qu'il y auoit Leurault au croc, de faict monſtra au noble Pantagruel comment il portoit à ſon col vn beau cheureul, & toute ſa ceinture brodee de leuraulx. Soubdain Epiſtemon fiſt au nom des neuf Muſes neuf belles broches de boys à l'anticque : Euſthenes aydoit à eſcorcher. Et Panurge miſt deux ſelles d'armes des cheualiers en tel ordre qu'elles ſeruirent de landiers, & firent rouſtiſſeur leur priſonnier, & au feu ou bruſloyent les cheualiers, firent rouſtir leur venaiſon. Et apres, grand chere à force vinaigre, au diable l'vn qui ſe faignoit, c'eſtoit triumphe de les veoir bauffrer. Lors diſt Pantagruel, Pleuſt à dieu que chaſcun de vous euſt deux paires de ſonnettes de Sacre au menton, & que ie euſſe au mien les groſſes horologes de Renes, de Poictiers, de Tours, & de Cambray, pour veoir l'aubade que nous donnerions au remuement de noz badigoinces. Mais, diſt Panurge, il vault mieulx penſer de noſtre affaire vn peu, & par quel moyen nous pourrons venir au deſſus de noz ennemys. C'eſt bien aduiſé, diſt Pantagruel. Pourtant demanda à leur priſonnier. Mon amy, dys nous icy la verité & ne nous mens en rien, ſi tu ne veulx eſtre eſcorché tout vif : car c'eſt moy qui mange les petiz enfans. Conte nous entierement l'ordre, le nombre, & la forterefſe de l'armee. A quoy reſpondit le priſonnier. Seigneur, ſachez pour la verité que en l'armee ſont troys cens Geans tous armez de pierre de taille, grands à merueilles, toutesfois non tant du tout que vous, excepté vn qui eſt leur chef, & a nom Loupgarou, & eſt tout armé d'enclumes Cyclopicques : cent ſoixante & troys mille pietons tous armés de peaulx de Lutins, gens fortz & courageux : vnze mille quatre cens hommes d'armes : troys mille ſix cens doubles canons, & d'eſpingarderie ſans nombre : quatre vingtz quatorze mille pionniers : cent cinquante mille putains belles comme deeſſes (voylà pour moy, diſt Panurge) dont les aulcunes ſont Amazones, les aultres Lyonnoyſes, les aultres Pariſiannes, Tourangelles, Angeuines, Poiƈteuines, Normandes, Allemandes, de tous pays & toutes langues y en a. Voire mais (diſt Pantagruel) le Roy y eſt il? Ouy, Sire, diſt le priſonnier, il y eſt en perſonne : & nous le nommons Anarche roy des Dipſodes, qui vault autant à dire comme gens alterez : car vous ne veiſtes oncques gens tant alterez, ny beuuans plus voluntiers. Et á ſa tente en la garde des geans. C'eſt aſſez, diſt Pantagruel. Sus, enfans, eſtez vous deliberez d'y venir auecques moy? A quoy reſpondit Panurge. Dieu confonde qui vous laiſſera. I'ay ia penſé comment ie vous les rendray tous mors comme porcs, qu'il n'en eſchappera au

CHAPITRE XXVI.

diable le iarret. Mais ie me foucie quelque peu d'vn cas.

Et qu' eft ce? dift Pantagruel.

C'eft (dift Panurge) comment ie pourray auanger à braquemarder toutes les putains qui y font en cefte apres difnee, qu'il n'en efchappe pas vne, que ie ne taboure en forme commune.

Ha, ha, ha, dift Pantagruel.

Et Carpalim dift. Au diable de biterne : par dieu, i'en embourreray quelque vne. Et ie, dift Eufthenes, quoy? qui ne dreffay oncques puis que bougeafmes de Rouen, au moins que l'aguille montaft iufques fur les dix ou vnze heures : voire encores que l'aye dur & fort comme cent diables.

Vrayement, dift Panurge, tu en auras des plus graffes & des plus refaiƈtes.

Comment (dift Epiftemon) tout le monde cheuauchera & ie meneray l'afne, le diable emporte qui en fera rien. Nous vferons du droiƈt de guerre, qui poteft capere capiat. Non, non, dift Panurge. Mais atache ton afne à vn croc, & cheuauche comme le monde. Et le bon Pantagruel ryoit à tout, puis leur dift. Vous comptez fans voftre hofte. I'ay grand peur que deuant qu'il foit nuyƈt, ne vous voye en eftat, que ne aurez grande enuie d'arreffer, & qu'on vous cheuauchera à grand coup de picque & de lance.

Bafte, dift Epiftemon. Ie vous les rends à rouftir ou boillir : à fricaffer ou mettre en pafte. Ilz ne font en fi grand nombre comme auoit Xerces : car il auoit trente cens mille combatans fi croyez Herodote & Troge pompone. Et toutesfoys Themiftocles à peu de gens les defconfit. Ne vous fouciez pour dieu. Merde, merde, dift Panurge. Ma feulle braguette efpouffetera tous les hommes, & fainct Balletrou qui dedans y repofe, decrottera toutes les femmes.

Sus doncques, enfans, dict Pantagruel, commençons à marcher.

*Comment Pantagruel droiſſa vn Trophee en memoire
de leur proueſſe, & Panurge vn aultre en memoire
des Leuraulx. Et comment Pantagruel de ſes
petz engendroit les petitz hommes, & de ſes
veſnes les petites femmes. Et comment
Panurge rompit vn gros baſton
ſur deux verres.*

Chapitre XXVII.

EVANT que partions d'icy, diſt Pantagruel, en memoire de la proueſſe que auez preſentement faict, ie veulx eriger en ce lieu vn beau trophee. Adoncques vn chaſcun d'entre eulx en grande lieſſe & petites chanſonnettes villaticques dreſſerent vn grand boys, auquel y pendirent vne ſelle d'armes, vn chanfrain de cheual, des pompes, des eſtriuieres, des eſperons, vn haubert, vn hault appareil aſſeré, vne haſche, vn eſtoc d'armes, vn gantelet, vne maſſe, des gouſſetz, des greues, vn gorgery, & ainſi de tout appareil requis à vn arc triumphal ou Trophee. Puis en memoire eternelle eſcripuit Pantagruel le dicton victorial comme s'enſuyt.

- Ce fut icy qu'apparut la vertus
De quatre preux & vaillans champions,
Qui de bon fens, non de harnois veftuz,
Comme Fabie, ou les deux Scipions,
Firent fix cens foixante morpions
Puiffans ribaulx, brufler comme vne efcorce :
Prenez y tous, Roys, ducz, rocz, & pions,
Enfeignement, que engin mieulx vault que force.
  Car la victoire
  Comme eft notoire,
  Ne gift que en heur :
  Du confiftoire
  Ou regne en gloire
  Le hault feigneur,
Vient, non au plus fort ou greigneur,
Ains à qui luy plaift, com' fault croire :
Doncques a cheuanche & honneur
Cil qui par foy en luy efpoire.

Ce pendent que Pantagruel efcripuoit les carmes fufdictz Panurge emmancha en vn grand pal les cornes du cheureul, & la peau, & le pied droit de deuant d'icelluy. Puis les aureilles de trois leuraulx, le rable d'vn lapin, les mandibules d'vn lieure, les aefles de deux bitars, les piedz de quatre ramiers, vne guedofle de vinaigre, vne corne ou ilz mettoient le fel, leur broche de boys, vne lardouere, vn mefchant chauldron tout pertuifé, vne breuffe ou ilz faulfoient, vne faliere de terre, & vn guobelet de Beauuoys. Et en imitation des vers & Trophee de Pantagruel efcripuit ce que s'enfuyt.

Ce feut icy que mirent à baz culz
Ioyeufement quatre gaillars pions,
Pour bancqueter à l'honneur de Baccus
Beuuans à gré comme beaulx carpions :

Lors y perdit rables & cropions
Maiſtre leurault, quand chaſcun s'y efforce :
Sel & vinaigre, ainſi que ſcorpions
Le pourſuiuoyent, dont en eurent l'eſtorce.
   Car l'inuentoire
   D'vn defenſoire,
   En la chaleur,
   Ce n'eſt que à boire
   Droict & net, voire
   Et du meilleur,
Mais manger leurault, c'eſt malheur,
Sans de vinaigre auoir memoire :
Vinaigre eſt ſon ame & valeur,
Retenez le en poinct peremptoire.

Lors diſt Pantagruel. Allons, enfans, c'eſt trop muſé icy à la viande : car à grand poine voit on aduenir que grans bancqueteurs facent beaulx faictz d'armes. Il n'eſt vmbre que d'eſtandartz, il n'eſt fumee que de cheuaulx, & clycquetys que de harnoys. A ce commencza Epiſtemon ſoubrire, & diſt.

Il n'eſt vmbre que de cuiſine, fumee que de paſtez, & clicquetys que de taſſes. A quoy reſpondit Panurge. Il n'eſt vmbre que de courtines, fumee que de tetins, & clicquetys que de couillons. Puis ſe leuant fiſt vn pet, vn ſault, & vn ſublet, & crya à haulte voix ioyeuſement, viue touſiours Pantagruel. Ce voyant Pantagruel en voulut autant faire, mais du pet qu'il fiſt la terre trembla, neuf lieues à la ronde, duquel auec l'air corrumpu engendra plus de cinquante & troys mille petitz hommes nains & contrefaictz : & d'vne veſne qu'il fiſt, engendra autant de petites femmes acropies comme vous en voyez en pluſieurs lieux, qui iamais ne croiſſent, ſinon comme les quehues des vaches,

contre bas, ou bien comme les rabbes de Lymou-
fin, en rond.   Et quoy, dift Panurge, voz petz font
ilz tant fructueux? Par dieu, voicy de belles fauates
d'hommes, & de belles veffes de femmes, il les fault
marier enfemble. Ilz engendreront des mouches bouines.

Ce que fift Pantagruel, & les nomma Pygmees.
Et les enuoya viure en vne ifle là aupres, ou ilz
fe font fort multipliez defpuis.   Mais les grues
leur font continuellement guerre, defquelles ilz fe
defendent courageufement, car ces petitz boutz
d'hommes (lefquelz en Efcoffe l'on appelle manches
d'eftrilles) font voluntiers cholericques. La raifon
phyficale eft : par ce qu'ilz ont le cueur pres de la
merde.

En cefte mefme heure Panurge print deux verres
qui là eftoient tous deux d'vne grandeur, & les emplit d'eau tant qu'ilz en peurent tenir, & en mift l'vn
fur vne efcabelle, & l'aultre fur vne aultre, les efloin-
gnans à part par la diftance de cinq piedz, puis print
le fuft d'vne iaueline de la grandeur de cinq piedz &
demy, & le mift deffus les deux verres, en forte que
les deux boutz du fuftz touchoient iuftement les bors
des verres. Cela faict, print vn gros pau, & dift à
Pantagruel & es aultres.   Meffieurs, confiderez
comment nous aurons victoire facilement de noz
ennemys. Car ainfi comme ie rompray ce fuft icy
deffus les verres fans que les verres foient en rien
rompus ne brifez, encores que plus eft, fans que vne
feulle goutte d'eau en forte dehors : tout ainfi nous
romprons la tefte à noz Dipfodes, fans ce que nul de
nous foit bleffé, & fans perte aulcune de noz befoignes.   Mais affin que ne penfez qu'il y ait enchantement, tenez, dift il à Eufthenes, frappez de ce pau

tant que pourrez au millieu. Ce que fift Eufthenes, & le fuft rompit en deux pieces tout net, fans que vne goutte d'eau tumbaft des verres. Puis dift. I'en fçay bien d'aultres, allons feullement en affeurance.

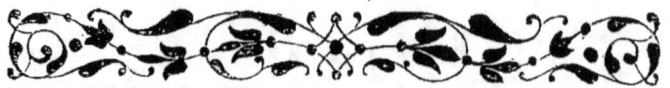

Comment Pantagruel eut victoire bien eſtrangement des Dipſodes, & des Geans.

CHAPITRE XXVIII.

PRES tous ces propos Pantagruel appella leur priſonnier & le renuoya, diſant. Va t'en à ton Roy en ſon camp, & luy dis nouuelles de ce que tu as veu, & qu'il ſe delibere de me feſtoyer demain ſus le midy : car incontinent que mes galleres ſeront venues, qui ſera de matin au plus tard, ie luy prouueray par dixhuyt cens mille combatans & ſept mille Geans tous plus grans que tu me veois, qu'il a faict follement & contre raiſon de aſſaillir ainſi mon pays. En quoy faignoit Pantagruel auoir armee ſur mer. Mais le priſonnier reſpondit qu'il ſe rendoit ſon eſclaue, & qu'il eſtoit content de iamais ne retourner à ſes gens, ains pluſtoſt combatre auecques Pantagruel contre eulx, & pour dieu qu'ainſi le permiſt. A quoy Pantagruel ne voulut conſentir, ains luy commanda que partiſt de là briefuement & allaſt ainſi qu'il auoit dict, & luy bailla vne boette pleine de Euphorbe & de grains de Coccognide confictz en eau ardente en forme de compouſte, luy commandant la porter à ſon Roy & luy dire que s'il en

CHAPITRE XXVIII.

pouuoit manger vne once sans boire, qu'il pourroit à luy resister sans peur. Adonc le prisonnier le supplia à ioinctes mains que à l'heure de sa bataille il eust de luy pitié : dont luy dist Pantagruel. Apres que tu auras le tout annoncé à ton Roy, metz tout ton espoir en dieu, & il ne te delaissera poinct. Car de moy, encores que soye puissant comme tu peuz veoir, & aye gens infinitz en armes, toutesfoys ie n'espere en ma force, ny en mon industrie : mais toute ma fiance est en dieu mon protecteur, lequel iamais ne delaisse ceulx qui en luy ont mis leur espoir & pensee.

Ce faict, le prisonnier luy requist que touchant sa ranson il luy voulut faire party raisonnable. A quoy respondist Pantagruel, Que sa fin n'estoit de piller ny ransonner les humains, mais de les enrichir & reformer en liberté totale.

Va t'en (dist il) en la paix du Dieu viuant : & ne suiz iamais mauluaise compaignie, que malheur ne te aduienne.

Le prisonnier party, Pantagruel dist à ses gens. Enfans, i'ay donné entendre à ce prisonnier que nous auons armee sur mer, ensemble que nous ne leur donnerons l'assault que iusques à demain sus le midy, à celle fin que eulx doubtant la grande venue de gens, ceste nuyct se occupent à mettre en ordre & soy remparer : mais ce pendent mon intention est que nous chargeons sur eulx enuiron l'heure du premier somme.

Laissons icy Pantagruel auecques ses apostoles, & parlons du roy Anarche & de son armee. Quand le prisonnier feut arriué il se transporta vers le Roy, & luy conta comment estoit venu vn grand Geant nommé Pantagruel qui auoit desconfit & faict roustir cruellement tous les ſix cens cinquante & neuf cheualiers, & luy ſeul eſtoit ſaulué pour en porter les nouuelles. D'auantaige auoit charge dudict geant de luy dire qu'il luy apreſtaſt au lendemain ſur le midy à diſner : car il deliberoit de le enuahir à la dicte heure. Puis luy bailla celle boete en laquelle eſtoient les confitures. Mais tout ſoubdain qu'il en eut auallé vne cueilleree, luy vint tel eſchauffement de gorge auecque vlceration de la luette, que la langue luy pela. Et pour remede qu'on luy feiſt ne trouua allegement quelconques, ſinon de boire ſans remiſſion : car incontinent qu'il oſtoit le guobelet de la bouche, la langue luy bruſloit. Par ce l'on ne faiſoit que luy entonner vin en gorge auec vn embut.

Ce que voyans ſes capitaines, Baſchatz, & gens de garde, gouſterent deſdictes drogues pour eſprouuer ſi elles eſtoient tant alteratiues : mais il leur en print comme à leur roy. Et tous flacconnerent ſi bien que le bruyt vint par tout le camp, comment le priſonnier eſtoit de retour, & qu'ilz debuoient auoir au lendemain l'aſſault, & que à ce ià ſe preparoit le Roy & les capitaines, enſemble les gens de garde, & ce par boire à tyre larigot. Parquoy vn chaſcun de l'armee commencza Martiner, chopiner, & tringuer de meſmes. Somme ilz beurent tant & tant, qu'ilz s'endormirent comme porcs ſans ordre parmy le camp.

Maintenant retournons au bon Pantagruel : & racontons comment il ſe porta en ceſt affaire. Partant du lieu du Trophee, print le maſt de leur nauire en ſa main comme vn bourdon : & miſt dedans la hune deux cens trente & ſept poinſons de vin blanc d'Aniou du reſte de Rouen, & atacha à ſa ceincture la barque toute pleine de ſel auſſi aiſement comme les Lanſquenettes portent leurs petitz panerotz. Et

CHAPITRE XXVIII.

ainſi ſe miſt en chemin auecques ſes compaignons.

Quand il fut pres du camp des ennemys, Panurge luy diſt. Seigneur, voulez vous bien faire? Deuallez ce vin blanc d'Aniou de la hune, & beuuons icy à la Breteſque. A quoy condeſcendit voluntiers Pantagruel, & beurent ſi net qu'il n'y demeura vne ſeulle goutte, des deux cens trente & ſept poinſons, excepté vne ferriere de cuir bouilly de Tours que Panurge emplit pour ſoy : car il l'appelloit ſon vademecum : & quelques meſchantes baiſſieres pour le vinaigre.
Apres qu'ilz eurent bien tiré au cheurotin, Panurge donna à manger à Pantagruel quelque diable de drogues compoſees de lithontripon, nephrocatarticon, coudinac cantharidiſé, & aultres eſpeces diureticques. Ce faict, Pantagruel diſt à Carpalim. Allez en la ville grauant comme vn rat contre la muraille, comme bien ſçauez faire, & leur dictes que à l'heure preſente ilz ſortent & donnent ſur les ennemys tant roiddement qu'ilz pourront, & ce dict, deſcendez, prenant vne torche allumee, auecques laquelle vous mettrez le feu dedans toutes les tentes & pauillons du camp, puys vous crierez tant que pourrez de voſtre groſſe voix, & partez dudict camp. Voire mais, diſt Carpalim, ſeroit ce bon que ie encloaſſe toute leur artillerie? Non, non, diſt Pantagruel, mais bien mettez le feu en leurs pouldres. A quoy obtemperant Carpalim partit ſoubdain & fiſt comme auoit eſté decreté par Pantagruel, & ſortirent de la ville tous les combatans qui y eſtoyent. Et alors que il eut mis le feu par les tentes & pauillons, paſſoit legierement par ſur eulx ſans qu'ilz en ſentiſſent rien tant ilz ronfloyent & dormoyent parfondement. Il vint au lieu ou eſtoit l'artillerie & miſt le feu en leurs munitions, (mais ce feuſt le dangier) le feu feut ſi

foubdain que il cuida embrazer le pauure Carpalim.
Et n'euft efté fa merueilleufe haftiueté, il eftoit fricaffé
comme vn cochon, mais il departit fi roidement q'vn
quarreau d'arbalefte ne vole pas pluftoft. Quant
il feut hors des tranchees il s'efcria fi efpouentable-
ment, qu'il fembloit que tous les diables feuffent def-
chainez. Auquel fon s'efueillerent les ennemys, mais
fçauez vous comment? Auffi eftourdys que le premier fon de matines, qu'on appelle en Luffonnoys,
frotte couille.

 Ce pendent Pantagruel commença femer le fel
qu'il auoit en fa barque, & par ce qu'ilz dormoyent
la gueulle baye & ouuerte, il leur en remplit tout le
gouzier, tant que ces pauures haires touffiffoient
comme regnards, cryans. Ha, Pantagruel, tant tu
nous chauffes le tizon. Soubdain print enuie à
Pantagruel de piffer, à caufe des drogues que luy
auoit baillé Panurge, & piffa parmy leur camp fi
bien & copieufement qu'il les noya tous : & y eut
deluge particulier dix lieues à la ronde. Et dift
l'hiftoire, que fi la grand iument de fon pere y euft
efté & piffé pareillement, qu'il y euft deluge plus
enorme que celluy de Deucalion : car elle ne piffoit
foys qu'elle ne fift vne riuiere plus grande que n'eft
le Rofne, & le Danouble. Ce que voyans ceulx qui
eftoient yffuz de la ville, difoient. Ilz font tous mors
cruellement, voyez le fang courir. Mais ilz eftoient
trompez, penfans de l'vrine de Pantagruel que feuft
le fang des ennemys, car ilz ne veoyent finon au
luftre du feu des pauillons & quelque peu de clarté
de la Lune. Les ennemys apres foy eftre reueillez
voyans d'vn coufté le feu en leur camp, & l'inunda-
tion & deluge vrinal, ne fçauoyent que dire ny què
penfer. Aulcuns difoient que c'eftoit la fin du monde

& le iugement final, qui doibt eſtre conſommé par feu : les aultres, que les dieux marins Neptune, Protheus, Tritons, aultres, les perſecutoient, & que de faict c'eſtoit eaue marine & ſalee. O qui pourra maintenant racompter comment ſe porta Pantagruel contre les troys cens geans. O ma muſe, ma Calliope, ma Thalie, inſpire moy à ceſte heure, reſtaure moy mes eſperitz, car voicy le pont aux aſnes de Logicque, voicy le trebuchet, voicy la difficulté de pouuoir exprimer l'horrible bataille que fut faicte. A la mienne volunté que ie euſſe maintenant vn boucal du meilleur vin que beurent oncques ceulx qui liront ceſte hiſtoire tant veridicque.

*Comment Pantagruel deffit les troys cens
Geans armez de pierre de taille. Et
Loupgarou leur capitaine.*

CHAPITRE XXIX.

ES Geans voyans que tout leur
camp eſtoit noyé emporterent
leur Roy Anarche à leur col le
mieulx qu'ilz peurent hors du fort,
comme fiſt Eneas ſon pere An-
chiſes de la conflagration de Troye.
Leſquelz quand Panurge ap-
perceut, diſt à Pantagruel. Seigneur, voyez là les
Geans qui ſont yſſuz, donnez deſſus à voſtre maſt
gualantement à la vieille eſcrime. Car c'eſt à ceſte
heure qu'il ſe fault monſtrer homme de bien. Et de
noſtre couſté nous ne vous fauldrons. Et hardiment
que ie vous en tueray beaucoup. Car quoy? Dauid
tua bien Goliath facilement. Et puis ce gros paillard
Euſthenes qui eſt fort comme quatre beufz, ne s'y
eſpargnera. Prenez courage, chocquez à trauers
d'eſtoc & de taille. Or diſt Pantagruel, de couraige i'en ay pour plus de cinquante francs. Mais
quoy? Hercules ne auſa iamais entreprendre contre
deux.

C'eſt, diſt Panurge, bien chié en mon nez, vous

comparez vous à Hercules? Vous auez, par dieu, plus de force aux dentz, & plus de fens au cul, que n'eut iamais Hercules en tout fon corps & ame. Autant vault l'homme comme il s'eftime. Eulx difans ces parolles, voicy arriuer Loupgarou auecques tous fes Geans, lequel voyant Pantagruel feul, feut efprins de temerité & oultrecuidance, par efpoir qu'il auoit de occire le pauure bon hommet. Dont dict à fes compaignons Geans. Paillars de plat pays, par Mahom, fi aulcun de vous entreprent combatre contre ceulx cy, ie vous feray mourir cruellement. Ie veulx que me laiffiez combatre feul : ce pendent vous aurez voftre paffetemps à nous regarder. Adonc fe retirerent tous les Geans auecques leur Roy là aupres ou eftoient les flaccons, & Panurge & fes compaignons auecques eulx, qui contrefaifoit ceulx qui ont eu la verolle, car il tordoit la gueule & retiroit les doigts, & en parolle enrouee leur dift. Ie renie bieu, compaignons, nous ne faifons point la guerre : donnez nous à repaiftre auecques vous ce pendent que noz maiftres s'entrebatent. A quoy voluntiers le Roy & les Geans confentirent, & les firent bancqueter auecques eulx. Ce pendent Panurge leur contoit les fables de Turpin, les exemples de fainct Nicolas, & le conte de la Ciguoingne.

Loupgarou doncques s'adreffa à Pantagruel auec vne maffe toute d'acier pefante neuf mille fept cens quintaulx deux quarterons d'acier de Calibes, au bout de laquelle eftoient treze poinctes de dyamans, dont la moindre eftoit auffi groffe comme la plus grande cloche de noftre dame de Paris (il s'en failloit par aduenture l'efpeffeur d'vn ongle, ou au plus, que ie ne mente, d'vn doz de ces coufteaulx qu'on appelle couppeaureille : mais pour vn petit, ne auant ne arriere). Et eſtoit pheée en maniere que iamais ne pouuoit rompre, mais au contraire, tout ce qu'il en touchoit rompoit incontinent. Ainſi doncques comme il approuchoit en grande fierté, Pantagruel iectant ſes yeulx au ciel ſe recommanda à Dieu de bien bon cueur, faiſant veu tel comme s'enſuyt.

Seigneur dieu, qui touſiours as eſté mon protecteur & mon ſeruateur, tu vois la deſtreſſe en laquelle ie ſuis maintenant. Rien icy ne me amene, ſinon zele naturel, ainſi comme tu as octroyé es humains de garder & defendre foy, leurs femmes, enfans, pays, & famille, en cas que ne ſeroit ton negoce propre qui eſt la foy, car en tel affaire tu ne veulx coadiuteur : ſinon de confeſſion catholicque, & ſeruice de ta parolle : & nous as defendu toutes armes & defences : car tu es le tout puiſſant, qui en ton affaire propre, & ou ta cauſe propre eſt tiree en action, te peulx defendre trop plus qu'on ne ſçauroit eſtimer : toy qui as mille milliers de centaines de milions de legions d'anges duquel le moindre peut occire tous les humains, & tourner le ciel & la terre à ſon plaiſir, comme iadys bien apparut en l'armee de Sennacherib. Doncques s'il te plaiſt à ceſte heure me eſtre en ayde, comme en toy ſeul eſt ma totale confiance & eſpoir : ie te fais veu que par toutes contrees tant de ce pays de Vtopie que d'ailleurs, ou ie auray puiſſance & auctorité, ie feray preſcher ton ſainct Euangile, purement, ſimplement, & entierement, ſi que les abus d'vn tas de papelars & faulx prophetes, qui ont par conſtitutions humaines & inuentions deprauees enuenimé tout le monde, ſeront d'entour moy exterminez.

Alors feut ouye vne voix du ciel, diſant, Hoc fac & vinces, c'eſt à dire, Fais ainſi, & tu auras victoire.

Puys voyant Pantagruel que Loupgarou approcheoit la gueulle ouuerte, vint contre luy hardiment & s'efcrya tant qu'il peut. A mort, ribault, à mort, pour luy faire paour, felon la difcipline des Lacedemoniens, par fon horrible cry. Puis luy getta de fa barque, qu'il portoit à fa ceinƈture, plus de dix & huyƈt cacques & vn minot de fel, dont il luy emplit & gorge & gouzier, & le nez & les yeulx. De ce irrité Loupgarou luy lancea vn coup de fa maffe, luy voulant rompre la ceruelle. Mais Pantagruel feut habille & eut toufiours bon pied & bon œil, par ce demarcha du pied gaufche vn pas arriere, mais il ne fceut fi bien faire que le coup ne tumbaft fur la barque, laquelle rompit en quatre mille oƈtante & fix pieces & verfa la refte du fel en terre.

Quoy voyant Pantagruel gualentement fes bras defplie, & comme eft l'art de la hafche, luy donna du gros bout fur fon maft, en eftoc au deffus de la mammelle, & retirant le coup à gauche en taillade luy frappa entre col & collet, puis auanceant le pied droiƈt luy donna fur les couillons vn pic du hault bout de fon maft, à quoy rompit la hune, & verfa troys ou quatre poinfons de vin qui eftoient de refte.

Dont Loupgarou penfa qu'il luy euft incifé la veffie, & du vin que fe feuft fon vrine qui en fortift.

De ce non contant Pantagruel vouloit redoubler au coulouoir : mais Loupgarou hauffant fa maffe auancea fon pas fur luy, & de toute fa force la vouloit enfoncer fur Pantagruel : de faiƈt, en donna fi vertement que fi dieu n'euft fecouru le bon Pantagruel, il l'euft fendu defpuis le fommet de la tefte iufques au fond de la ratelle : mais le coup declina à droiƈt par la brufque haftiueté de Pantagruel. Et entra fa maffe plus de foixante & treize piedz en terre à trauers vn gros rochier, dont il feift fortir le feu plus gros que neuf mille fix tonneaux. Voyant Pantagruel qu'il s'amufoit à tirer fadicte maffe qui tenoit en terre entre le roc, luy court fus, & luy vouloit aualler la tefte tout net : mais fon maft de male fortune toucha vn peu au fuft de la maffe de Loupgarou qui eftoit pheée (comme auons dict deuant) par ce moyen fon maft luy rompit à troys doigtz de la poignee. Dont il feut plus eftonné qu'vn fondeur de cloches & s'efcria. Ha, Panurge, ou es tu ? Ce que ouyant Panurge, dict au Roy & aux Geans. Par dieu, ilz fe feront mal, qui ne les departira. Mais les Geans eftoient aifes comme s'ilz feuffent de nopces.

Lors Carpalim fe voulut leuer de là pour fecourir fon maiftre : mais vn Geant luy dift. Par Golfarin nepueu de Mahon, fi tu bouges d'icy ie te mettray au fond de mes chauffes comme on faict d'vn fuppofitoire, auffi bien fuis ie conftipé du ventre, & ne peulx gueres bien cagar, finon à force de grincer les dentz. Puis Pantagruel ainfi deftitué de bafton, reprint le bout de fon maft, en frappant torche lorgne, deffus le Geant, mais il ne luy faifoit mal en plus que feriez baillant vne chicquenaude fus vn enclume de forgeron. Ce pendent Loupgarou tiroit de terre fa maffe & l'auoit ià tiree & la paroit pour en ferir Pantagruel qui eftoit foubdain au remuement & declinoit tous fes coups, iufques à ce que vne foys voyant que Loupgarou le menaffoit, difant, mefchant, à cefte heure te hafcheray ie comme chair à paftez. Iamais tu ne altereras les pauures gens, Pantagruel lui frappa du pied vn fi grand coup contre le ventre, qu'il le getta en arriere à iambes rebindaines, & vous le trainnoyt ainfi à l'efcorche cul plus d'vn traict d'arc. Et Loupgarou s'efcrioit, rendant le fang par la gorge. Mahon, Mahon, Mahon.

CHAPITRE XXIX.

A quelle voix se leuerent tous les Geans pour le secourir. Mais Panurge leur dist. Messieurs, n'y alez pas si m'en croyez : car nostre maistre est fol, & frappe à tors & à trauers, & ne regarde poinct ou, il vous donnera malencontre. Mais les Geans n'en tindrent compte, voyant que Pantagruel estoit sans baston : Lors que aprocher les veid Pantagruel, print Loupgarou par les deux piedz & son corps leua comme vne picque en l'air & d'icelluy armé d'enclumes frappoit parmy ces Geans armez de pierres de taille, & les abbatoit comme vn masson faict de couppeaulx, que nul arrestoit deuant luy qu'il ne ruast par terre. Dont à la rupture de ces harnoys pierreux feut faict vn si horrible tumulte qu'il me souuint, quand la grosse tour de beurre qui estoit à sainct Estienne de Bourges, fondit au soleil. Panurge ensemble Carpalim & Eusthenes ce pendent esgorgetoyent ceulx qui estoyent portez par terre. Faictez vostre compte qu'il n'en eschappa vn seul, & à veoir Pantagruel sembloit vn fauscheur, qui de sa faulx (c'estoit Loupgarou) abbatoit l'herbe d'vn pré (c'estoyent les Geans). Mais à ceste escrime Loupgarou perdit la teste, ce feut quand Pantagruel en abatit vn, qui auoit nom Riflandouille, qui estoit armé à hault appareil, c'estoit de pierres de gryson, dont vn esclat couppa la gorge tout oultre à Epistemon : car aultrement la plus part d'entre eulx estoyent armez à la legiere, c'estoit de pierre de tuffe, & les aultres de pierre ardoyzine. Finablement voyant que tous estoient mors getta le corps de Loupgarou tant qu'il peut contre la ville, & tomba comme vne grenoille, sus ventre en la place mage de ladicte ville : & en tombant du coup tua vn chat bruflé, vne chatte mouillee, vne canne petiere, & vn oyson bridé.

*Comment Epiſtemon qui auoit la coupe teſtée,
feut guery habillement par Panurge. Et des
nouuelles des diables, & des damnez.*

Chapitre XXX.

este defconfite gigantale par-
acheuee, Pantagruel fe retira au
lieu des flaccons & appella Panurge, & les aultres, lefquelz fe
rendirent à luy fains & faulues,
excepté Eufthenes lequel vn des
Geans auoit egraphiné quelque
peu au vifaige : ainfi qu'il l'efgorgetoit. Et Epiſtemon
qui ne fe comparoit poinct. Dont Pantagruel fut fi
dolent qu'il fe voulut tuer foymefmes, mais Panurge
luy dict. Dea, feigneur, attendez vn peu, & nous le
chercherons entre les mors, & voirons la verité du
tout. Ainfi doncques comme ilz cherchoyent, ilz
le trouuerent tout roidde mort & fa tefte entre fes
bras toute fanglante.

Lors Eufthenes s'efcria. Ha, male mort, nous as
tu tollu le plus parfaict des hommes? A laquelle
voix fe leua Pantagruel au plus grand dueil qu'on
veit iamais au monde. Et dift à Panurge. Ha, mon
amy, l'aufpice de vos deux verres & du fuſt de iaueline eftoyt bien par trop fallace. Mais Panurge dift.

Enfans, ne pleurez goutte, il est encores tout chault, ie vous le gueriray aussi sain qu'il fut iamais. Ce disant print la teste & la tint sus sa braguette chauldement affin qu'elle ne print vent. Eusthenes & Carpalim porterent le corps au lieu ou ilz auoient bancquetté : non par espoir que iamais guerist, mais affin que Pantagruel le veist. Toutesfoys Panurge les reconfortoit, disant. Si ie ne le guery ie veulx perdre la teste (qui est le gaige d'vn fol) laissez ces pleurs & me aydez. Adonc nectoya tresbien de beau vin blanc le col, & puis la teste : & y synapiza de pouldre de diamerdis qu'il portoit tousiours en vne de ses fasques, apres les oignit de ie ne sçay quel oingnement : & les afusta iustement veine contre veine, nerf contre nerf, spondyle contre spondyle, affin qu'il ne feust tortycolly (car telles gens il haissoit de mort) ce faict, luy fist alentour quinze ou seize poincts de agueille, affin qu'elle ne tumbast de rechief : puis mist à l'entour vn peu d'vn unguent, qu'il appelloit resuscitatif. Soubdain Epistemon commença respirer, puis ouurir les yeulx, puis baisler, puis esternuer, puis fist vn gros pet de mesnage. Dont dist Panurge, à ceste heure est il guery asseurement, & luy bailla à boire vn voirre d'vn grand villain vin blanc auecques vne roustie succree. En ceste faczon feust Epistemon guery habillement, excepté qu'il feut enroué plus de troys sepmaines & eut vne toux seiche, dont il ne peut oncques guerir, sinon à force de boire.

Et là commencza à parler, disant. Qu'il auoit veu les diables, auoit parlé à Lucifer familierement, & faict grand chere en enfer. Et par les Champs Elisees. Et asseuroit dauant tous que les diables estoyent bons compaignons. Au regard des damnez, il dist, qu'il eſtoit bien marry de ce que Panurge l'auoit ſi toſt reuocqué en vie. Car ie prenois (diſt il) vn ſingulier paſſetemps à les veoir.

 Comment? diſt Pantagruel. L'on ne les traicte (diſt Epiſtemon) ſi mal que vous penſeriez : mais leur eſtat eſt changé en eſtrange façon. Car ie veis Alexandre le grand qui repetaſſoit de vieilles chauſſes, & ainſi gaignoit ſa pauure vie.

 Xerces crioit la mouſtarde.
 Romule eſtoit ſaulnier.
 Numa clouatier.
 Tarquin tacquin.
 Piſo paiſant.
 Sylla riueran.
 Cyre eſtoit vachier.
 Themiſtocles verrier.
 Epaminondas myrallier.
 Brute & Caſſie agrimenſeurs.
 Demoſthenes vigneron.
 Ciceron atizefeu.
 Fabie enfileur de patenoſtres.
 Artaxerces cordier.
 Eneas meuſnier.
 Achilles teigneux.
 Agamenon lichecaſſe.
 Vlyſſes fauſcheur.
 Neſtor harpailleur.
 Darie cureur de retraictz.
 Ancus Martius gallefretier.
 Camillus gallochier.
 Marcellus eſgouſſeur de febues.
 Druſus trinquamolle.
 Scipion Africain cryoit la lye en vn ſabot.
 Aſdrubal eſtoit lanternier.

Hannibal cocquaffier.

Priam vendoit les vieulx drapeaulx.

Lancelot du lac eftoit efcorcheur de cheuaulx mors.

Tous les cheualiers de la table ronde eftoyent pauures gaingnedeniers tirans la rame pour paffer les riuieres de Coccyte, Phlegeton, Styx, Acheron, & Lethé, quand meffieurs les diables fe voulent efbatre fur l'eau, comme font les bafelieres de Lyon & gondoliers de Venife. Mais pour chafcune paffade ilz ne ont que vne nazarde, & fus le foir quelque morceau de pain chaumeny.

Traian eftoit péfcheur de Grenoilles.

Antonin lacquays.

Commode gayetier.

Pertinax efchalleur de noys.

Luculle grillotier.

Iuftinian bimbelotier.

Hector eftoit fripefaulce.

Paris eftoit pauure loqueteux.

Achilles boteleur de foin.

Cambyfes mulletier.

Artaxerces efcumeur de potz.

Neron eftoit vielleux, & Fierabras fon varlet : mais il luy faifoit mille maulx, & luy faifoit manger le pain bis, & boire vin poulfé, luy mangeoit & beuuoit du meilleur.

Iulles Cefar & Pompee eftoient guoildronneurs de nauires.

Valentin & Orfon feruoient aux eftuues d'enfer, & eftoient ragletorelz.

Giglan & Gauuain eftoient pauures porchiers.

Geoffroy à la grand dent eftoit allumetier.

Godeffroy de Billon dominotier.

Iafon eftoit manillier.
Don Pietre de Caftille porteur de rogatons.
Morgant braffeur de byere.
Huon de bordeaulx eftoit relieur de tonneaulx.
Pirrhus fouillart de cuyfine.
Antioche eftoit ramoneur de cheminees.
Romule eftoit rataconneur de bobelins.
Octauian ratiffeur de papier.
Nerua houffepaillier.
Le pape Iules crieur de petitz paftez, mais il ne portoit plus fa grande & bougrifque barbe.
Ian de Paris eftoit greffeur de bottes.
Artus de Bretaigne degreffeur de bonnetz.
Perceforeft porteur de couftretz.
Boniface pape huytiefme eftoit efcumeur des marmités.
Nicolas pape tiers eftoit papetier.
Le pape Alexandre eftoit preneur de ratz.
Le pape Sixte greffeur de verolle.
Comment? dift Pantagruel, y a il des verollez de par delà? Certes, dift Epiftemon. Ie n'en veiz oncques tant, il en y a plus de cent milions. Car croyez que ceulx qui n'ont eu la verolle en ce monde cy, l'ont en l'aultre.
Cor dieu, dift Panurge, i'en fuis doncques quite. Car ie y ay efté iufques au trou de Gylbathar, & remply les bondes de Hercules, & ay abatu des plus meures.
Ogier le Dannoys eftoit frobiffeur de harnoys.
Le roy Tigranes eftoit recouureur.
Galien Reftauré preneur de taulpes.
Les quatre filz Aymon arracheurs de dentz.
Le pape Calixte eftoit barbier de mauioinct.
Le pape Vrbain crocquelardon.

CHAPITRE XXX. 367

Melufine eſtoit fouillarde de cuyſine.
Matabrune lauandiere de buees.
Cleopatra reuendereſſe d'oignons.
Helene courratiere de chamberieres.
Semyramis eſpouillereſſe de beliſtres.
Dido vendoit des mouſſerons.
Panthaſilee eſtoit creſſonniere.
Lucreſſe hoſpitaliere.
Hortenſia filandiere.
Liuie raclereſſe de verdet.
En ceſte façon ceulx qui auoient eſté gros Seigneurs en ce monde icy, guaingnoyent leur pauure meſchante & paillarde vie là bas. Au contraire les philoſophes, & ceulx qui auoient eſté indigens en ce monde, de par delà eſtoient gros ſeigneurs en leur tour. Ie veiz Diogenes qui ſe prelaſſoit en magnificence auec vne grand robbe de poulpre, & vn ſceptre en ſa dextre, & faiſoit enrager Alexandre le grand, quand il n'auoit bien repetaſſé ſes chauſſes, & le payoit en grands coups de baſton. Ie veiz Epictete veſtu gualentement à la françoyſe, ſoubz vne belle ramee auecques force Damoizelles ſe rigolant, beuuant, danſant, faiſant en tous cas grande chere, & aupres de luy force eſcuz au ſoleil. Au deſſus de la treille eſtoient pour ſa deuiſe ces vers eſcriptz.

   Saulter, dancer, faire les tours,
   Et boyre vin blanc & vermeil :
   Et ne faire rien tous les iours
   Que compter eſcuz au ſoleil.

Lors quand me veit il me inuita à boire auecques luy courtoiſement, ce que ie feiz voluntiers, & chopinaſmes theologalement. Ce pendent vint Cyre luy

demander vn denier en l'honneur de Mercure pour
achapter vn peu d'oignons pour fon fouper. Rien,
rien, dict Epictete, ie ne donne poinct deniers. Tien,
marault, voy là vn efcu, foys homme de bien.   Cyre
feut bien aife d'auoir rancontré tel butin. Mais les
aultres coquins de Royx qui font là bas, comme
Alexandre, Daire & aultres, le defroberent la nuyct.

Ie veiz Pathelin, thefaurier de Rhadamanthe, qui
marchandoit des petitz paftez que cryoit le pape Iules,
& luy demanda combien la douzaine? Troys blancs,
dift le pape. Mais, dift Pathelin, troys coups de
barre, baille icy, villain, baille, & en va querir d'aultres.   Le pauure pape alloit pleurant, quand il
feut deuant fon maiftre patiffier, luy dict, qu'on luy
auoit ofté fes paftez. Adonc le patiffier luy bailla
l'anguillade fi bien que fa peau n'euft rien vallu à
faire cornemufes.

Ie veiz maiftre Iean le maire qui contrefaifoit du
pape, & à tous ces pauures roys & papes de ce monde
faifoit baifer fes piedz, & en faifant du grobis leur
donnoit fa benediction, difant. Gaignez les pardons,
coquins, guaignez, ilz font à bon marché. Ie vous
abfoulz de pain & de fouppe, & vous difpenfe de ne
valoir iamais rien, & appella Caillette & Triboulet,
difant. Meffieurs les Cardinaulx, depefchez leurs
bulles, à chafcun vn coup de pau fus les reins : ce
que fut faict incontinent.   Ie veiz maiftre Françoys
Villon qui demanda à Xerces. Combien la denree de
mouftarde? Vn denier, dift Xerces. A quoy dict ledict de Villon. Tes fieures quartaines, villain, la
blanchee n'en vault q'vn pinard, & tu nous furfaictz
icy les viures. Adonc piffa dedans fon bacquet
comme font les mouftardiers à Paris.

Ie veiz le franc archier de Baignolet qui eftoit inquifiteur des heretiques. Il rencontra Perfeforeſt piffant contre vne muraille en laquelle eſtoit painct le feu de ſainct Antoine. Il le declaira heretique, & le euſt faict bruſler tout vif, n'euſt eſté Morgant qui pour ſon proficiat & aultres menuz droictz luy donna neuf muys de biere. Or diſt Pantagruel. Reſerue nous ces beaulx comptes à vne aultre foys. Seullement dis nous comment y ſont traictez les vſuriers?

Ie les veis, diſt Epiſtemon, tous occupez à chercher les eſpingles rouillees & vieulz cloux parmy les ruiſſeaulx des rues, comme vous voyez que font les coquins en ce monde. Mais le quintal de ſes quinqualleries ne vault que vn bouſſin de pain, encores y en a il mauluaiſe depeſche : ainſi les pauures malautruz ſont aulcuneſfoys plus de troys ſepmaines ſans manger morceau ny miette, & trauaillent iour & nuict attendant la foyre à venir : mais de ce trauail & de malheurté y ne leur ſouuient tant ilz ſont actifz & mauldictz, pourueu que au bout de l'an ilz gaignent quelque meſchant denier. Or, dict Pantagruel, faiſons vn tranſon de bonne chere, & beuuons, ie vous en prie, enfans : car il faict beau boire tout ce moys. Lors degainerent flaccons à tas, & des munitions du camp feirent grande chere. Mais le pauure roy Anarche ne ſe pouoit eſiouyr. Dont diſt Panurge. De quel meſtier ferons nous monſieur du roy icy? affin qu'il ſoit ia tout expert en l'art quand il ſera de par delà à tous les diables? Vrayement, diſt Pantagruel, c'eſt bien aduiſé à toy : or, fais en à ton plaiſir : ie le te donne. Grand mercy, diſt Panurge, le preſent n'eſt de refus & l'ayme de vous.

Comment Pantagruel entra en la ville des Amaurotes.
Et comment Panurge maria le roy Anarche,
& le feist cryeur de saulce vert.

Chapitre XXXI.

PRES celle victoire merueilleuse Pantagruel enuoya Carpalim en la ville des Amaurotes dire & annoncer comment le Roy Anarche estoit prins, & tous leurs ennemys defaictz. Laquelle nouuelle entendue, sortirent au deuant de luy tous les habitans de la ville. en bon ordre & en grande pompe triumphale, auecques vne liesse diuine, & le conduirent en la ville. Et furent faictz beaulx feuz de ioye par toute la ville, & belles tables rondes garnies de force viures dressees par les rues. Ce feut vn renouuellement du temps de Saturne, tant y fut faicte lors grande chere.   Mais Pantagruel, tout le senat ensemble, dist. Messieurs, ce pendent que le fer est chault il le fault batre, pareillement deuant que nous debaucher d'auantaige, ie veulx que allions prendre d'assault tout le Royaulme des Dipsodes. Pourtant ceulx qui auecques moy vouldront venir, se aprestent à demain apres boire : car lors ie commenceray marcher.   Non qu'il me faille gens

d'auantaige pour me ayder à le conquefter : car autant vauldroit que ie le tinfe defià : mais ie voy que cefte ville eft tant pleine des habitans qu'ilz ne peuuent fe tourner par les rues. Doncques ie les meneray comme vne colonie en Dipfodie, & leur donneray tout le pays, qui eft beau, falubre, fructueux, & plaifant fus tous les pays du monde, comme plufieurs de vous fçauent qui y eftes allez aultresfoys. Vn chafcun de vous qui y vouldra venir foit preft comme i'ay dict.

Ce confeil & deliberation fut diuulgué par la ville, & au lendemain fe trouuerent en la place deuant le palais iufques au nombre de dixhuyct cens cinquante & fix mille & vnze, fans les femmes & petitz enfans. Ainfi commencerent à marcher droict en Dipfodie en fi bon ordre qu'ilz reffembloyent es enfans d'Ifraël quand ilz partirent de Egypte pour paffer la mer rouge.

Mais dauant que pourfuyure cefte entreprinfe ie vous veulx dire comment Panurge traicta fon prifonnier le roy Anarche. Il luy fouuint de ce que auoit raconté Epiftemon, comment eftoient traictez les Roys & riches de ce monde par les champs Elifees, & comment ilz gaignoient pour lors leur vie à vilz & falles meftiers. Pourtant vn iour habilla fondict Roy d'vn beau petit pourpoint de toille tout defchicqueté comme la cornette d'vn Albanoys, & de belles chauffes à la mariniere, fans fouliers : car (difoit il) ilz luy gafteroient la veue, & vn petit bonnet pers auecques vne grande plume de chappon. Ie faulx, car il m'eft aduis qu'il y en auoit deux, & vne belle ceincture de pers & vert, difant que cefte liuree luy aduenoit bien, veu qu'il auoit efté peruers.

En tel poinct l'amena dauant Pantagruel, & luy dift.

Congnoiſſez vous ce ruſtre? Non certes, diſt Pantagruel. C'eſt monſieur du Roy de troys cuittes. Ie le veulx faire homme de bien : ces diables de roys icy ne ſont que veaulx, & ne ſçauent ny ne valent rien, ſinon à faire des maulx es pauures ſubieƈtz, & à troubler tout le monde par guerre pour leur inique & deteſtable plaiſir. Ie le veulx mettre à meſtier, & le faire crieur de ſaulce vert. Or commence à cryer, Vous fault il poinƈt de ſaulce vert? Et le pauure diable cryoit. C'eſt trop bas, diſt Panurge, & le print par l'aureille, diſant. Chante plus hault en g ſol ré vt. Ainſi, diable, tu as bonne gorge, tu ne fuz iamais ſi heureux que de n'eſtre plus roy. Et Pantagruel prenoit à tout plaiſir. Car ie auſe bien dire que c'eſtoit le meilleur petit bon homme qui fuſt d'icy au bout d'vn baſton. Ainſi feut Anarche bon cryeur de ſaulce vert. Deux iours apres Panurge le maria auecques vne vieille lanterniere, & luy meſmes fiſt les nopces à belles teſtes de mouton, bonnes haſtilles à la mouſtarde, & beaulx tribars aux ailz, dont il en enuoya cinq ſommades à Pantagruel, leſquelles il mangea toutes tant il les trouua appetiſſantes, & à boire belle piſcantine & beau cormé. Et pour les faire dancer, loua vn aueugle qui leur ſonnoit la note auecques ſa vielle. Apres diſner les amena au palais & les monſtra à Pantagruel, & luy diſt monſtrant la mariee, Elle n'a garde de peter. Pourquoy? diſt Pantagruel. Pource, diſt Panurge, qu'elle eſt bien entamee. Quelle parole eſt cela? diſt Pantagruel. Ne voyez vous, diſt Panurge, que les chaſtaignes qu'on faiƈt cuire au feu, ſi elles ſont entieres elles petent que c'eſt raige : & pour les engarder de peter l'on les entame. Auſſi ceſte nouuelle mariee eſt bien entamee par le bas, ainſi elle ne petera poinƈt.

Pantagruel leur donna vne petite loge aupres de la baſſe rue, & vn mortier de pierre à piller la ſaulce. Et firent en çe poinƈt leur petit meſnage : & feut auſſi gentil cryeur de ſaulce vert qui feuſt oncques veu en Vtopie. Mais l'on m'a diƈt deſpuis que ſa femme le bat comme plaſtre, & le pauure ſot ne ſe auſe defendre, tant il eſt nies.

*Comment Pantagruel de sa langue couurit
toute vne armee, & de ce que l'auteur
veit dedans sa bouche.*

Chapitre XXXII.

INSI que Pantagruel auecques toute sa bande entrerent es terres des Dipsodes, tout le monde en estoit ioyeux, & incontinent se rendirent à luy, & de leur franc vouloir luy apporterent les clefz de toutes les villes ou il alloit, exceptez les Almyrodes qui voulurent tenir contre luy, & feirent responce à ses heraulx, qu'ilz ne se renderoyent : sinon à bonnes enseignes.

Quoy, dict Pantagruel, en demandent ilz meilleures que la main au pot, & le verre au poing? Allons, & qu'on me les mette à sac. Adonc tous se mirent en ordre comme deliberez de donner l'assault.

Mais on chemin, passant vne grande campaigne, furent saisiz d'vne grosse housee de pluye. A quoy commencerent se tresmousser & se serrer l'vn l'aultre. Ce que voyant Pantagruel leur fist dire par les capitaines que ce n'estoit rien, & qu'il veoit bien au dessus des nuees que ce ne seroit qu'vne petite rousee, mais à toutes fins qu'ilz se missent en ordre, & qu'il les vouloit couurir. Lors fe mirent en bon ordre & bien ferrez. Et Pantagruel tira fa langue feulement à demy, & les en couurit comme vne geline faiɕt fes poulletz.

Ce pendent ie qui vous tais ces tant veritables contes, m'eftois caché deffoubz vne fueille de Bardane, qui n'eftoit moins large que l'arche du pont de Monftrible : mais quand ie les veiz ainfi bien couuers ie m'en allay à eulx rendre à l'abrit, ce que ie ne peuz tant ilz eftoient, comme l'on diɕt, au bout de l'aulne fault le drap. Doncques le mieulx que ie peuz montay par deffus & cheminay bien deux lieues fus fa langue, tant que ie entray dedans fa bouche. Mais, o dieux & deeffes, que veiz ie là? Iuppiter me confonde de fa fouldre trifulque fi i'en mens. Ie y cheminoys comme l'on faiɕt en Sophie à Conftantinoble, & y veiz de grands rochiers, comme les mons des Dannoys, ie croy que c'eftoient fes dentz, & de grands prez, de grandes foreftz, de fortes & groffes villes non moins grandes que Lyon ou Poiɕtiers. Le premier que y trouuay, ce fut vn bon homme qui plantoit des choulx. Dont tout efbahy luy demanday. Mon amy, que fais tu icy? Ie plante (dift il) des choulx. Et à quoy ny comment? dis ie. Ha, monfieur (dift il) chafcun ne peut auoir les couillons auffi pefant q'vn mortier, & ne pouuons eftre tous riches. Ie gaigne ainfi ma vie : & les porte vendre au marché en la cité qui eft icy derriere. Iefus (dis ie) il y a icy vn nouueau monde. Certes (dift il) il n'eft mie nouueau : mais l'on dift bien que hors d'icy y a vne terre neufue ou ilz ont & Soleil & Lune : & tout plein de belles befoignes : mais ceftuy cy eft plus ancien. Voire mais (dis ie) mon amy, comment a nom cefte ville ou tu portes vendre tes

choulx? Elle a (dift il) nom Afpharage, & font
Chriftians, gens de bien, & vous feront grande chere.
Bref, ie deliberay d'y aller.

Or en mon chemin ie trouuay vn compaignon,
qui tendoit aux pigeons. Auquel ie demanday. Mon
amy, dont vous viennent ces pigeons icy? Cyre (dift
il) ilz viennent de l'aultre monde.

Lors ie penfay que quand Pantagruel bailloit, les
pigeons à pleines volees entroyent dedans fa gorge,
penfans que feuft vn colombier. Puis entray en la
ville, laquelle ie trouuay belle, bien forte, & en bel
air, mais à l'entree les portiers me demanderent mon
bulletin, de quoy ie fuz fort efbahy, & leur demanday. Meffieurs, y a il icy dangier de pefte? O
feigneur (dirent ilz) l'on fe meurt icy aupres tant
que le charriot court par les rues. Vray dieu (dis
ie) & ou? A quoy me dirent, que c'eftoit en Laryn-
gues & Pharingues, qui font deux groffes villes telles
comme Rouen & Nantes riches & bien marchandes.
Et la caufe de la pefte a efté pour vne puante & in-
fecte exhalation qui eft fortie des abyfmes defpuis
n'a gueres, dont ilz font mors plus de vingt & deux
cens foixante mille & feize perfonnes, defpuis huict
iours.

Lors ie penfe & calcule, & trouue que c'eftoit vne
puante halaine qui eftoit venue de l'eftomach de Pantagruel alors qu'il mangea tant d'aillade, comme nous
auons dict deffus.

De là partant paffay entre les rochiers qui eftoient
fes dentz, & feis tant que ie montay fus vne, & là
trouuay les plus beaulx lieux du monde, beaulx grands
ieux de paulme, belles galleries, belles praries, force
vignes, & vne infinité de caffines à la mode Italicque
par les champs pleins de delices : & là demouray

bien quatre moys & ne feis oncques telle chere que pour lors. Puis defcendis par les dentz du derriere pour venir aux baulieures, mais en paffant ie fuz deftrouffé des brigans par vne grande foreft qui eft vers la partie des aureilles, puis trouuay vne petite bourgade à la deuallee, i'ay oublié fon nom, ou ie feiz encore meilleure chere que iamais, & gaignay quelque peu d'argent pour viure. Sçauez vous comment? A dormir, car l'on loue les gens à iournee pour dormir, & gaignent cinq & fix folz par iour, mais ceulx qui ronflent bien fort gaignent bien fept folx & demy.

Et contois aux fenateurs comment on m'auoit deftrouffé par la valee : lefquelz me dirent que pour tout vray les gens de delà eftoient mal viuans & brigans de nature.

A quoy ie congneu que ainfi comme nous auons les contrees de deçà & de delà les montz, auffi ont ilz deçà & delà les dentz. Mais il fait beaucoup meilleur deçà & y a meilleur air.

Là commençay penfer qu'il eft bien vray ce que l'on dit, que la moytié du monde ne fçait comment l'aultre vit. Veu que nul auoit encores efcrit de ce pais là, auquel font plus de xxv royaulmes habitez, fans les defers, & vn gros bras de mer : mais i'en ay compofé vn grand liure intitulé l'Hiftoire des Gorgias : car ainfi les ay ie nommez parce qu'ilz demourent en la gorge de mon maiftre Pantagruel.

Finablement vouluz retourner & paffant par fa barbe me gettay fus fes efpaulles, & de là me deualle en terre & tumbe deuant luy. Quand il me apperceut il me demanda, Dont viens tu, Alcofrybas? Ie luy refponds. De voftre gorge, monfieur. Et defpuis quand y es tu? dift il. Defpuis (dis ie) que vous alliez contre les Almyrodes. Il y a (dift il) plus de fix moys. Et dequoy viuois tu? que beuuoys tu? Ie refponds. Seigneur, de mefmes vous, & des plus frians morceaulx qui paffoient par voftre gorge i'en prenois le barraige. Voire mais (dift il) ou chioys tu? En voftre gorge, monfieur, dis ie. Ha, ha, tu es gentil compaignon (dift il). Nous auons auecques l'ayde de dieu conquefté tout le pays des Dipfodes, ie te donne la chatellenie de Salmigondin. Grand mercy (dis ie) monfieur, vous me faiƈtes du bien plus que n'ay deferuy enuers vous.

*Comment Pantagruel feut malade,
& la façon comment il guerit.*

Chapitre XXXIII.

EV de temps apres, le bon Pantagruel tomba malade, & feut tant prins de l'eſtomach qu'il ne pouuoit boire ny manger, & par ce q'vn malheur ne vient iamais ſeul, luy print vne piſſe chaulde qui le tormenta plus que ne penſeriez : mais ſes medicins le ſecoururent, & treſbien auecques force drogues lenitiues & diureticques le feirent piſſer ſon malheur. Son vrine tant eſtoit chaulde que deſpuis ce temps là elle n'eſt encores refroydie. Et en auez en France en diuers lieulx ſelon qu'elle print ſon cours : & l'on l'appelle les bains chaulx, comme

à Coderetz,
à Limons,   à Daſt,
à Balleruc,
à Neric,
à Bourbonnenſy : & ailleurs.
En Italie :
à Mons grot,
à Appone,

à Sancto Petro dy Padua,
à Saincte Helene,
à Casa noua,
à Sancto Bartholomeo,
En la conté de Bouloigne,
à la Porrette, & mille aultres lieux.

Et m'esbahis grandement d'vn tas de folz philosophes & medicins, qui perdent temps à disputer dont vient la chaleur de cesdictes eaulx, ou si c'est à cause du Baurach, ou du Soulphre, ou de l'Allun, ou du Salpetre qui est dedans la minere : car ilz ne y font que rauasser, & mieulx leur vauldroit se aller froter le cul au panicault que de perdre ainsi le temps à disputer de ce dont ilz ne sçauent l'origine. Car la resolution est aysee & n'en fault enquester d'auantaige, que lesdictz bains sont chaulx par ce qu'ilz sont yssus par vne chauldepisse du bon Pantagruel. Or pour vous dire comment il guerist de son mal principal ie laisse icy comment pour vne minoratiue il print : Quatre quintaulx de Scammonee Colophoniacque. Six vingtz & dixhuyt charretees de Casse. Vnze mille neuf cens liures de Reubarbe, sans les aultres barbouillemens.

Il vous fault entendre que par le conseil des medicins feut decreté qu'on osteroit ce qui luy faisoit le mal à l'estomach. Pour ce l'on fist xvij grosses pommes de cuyure plus grosses que celle qui est à Rome à l'aguille de Virgile, en telle façon qu'on les ouuroit par le mylieu & fermoit à vn ressort. En l'vne entra vn de ses gens portant vne lanterne & vn flambeau allumé. Et ainsi l'aualla Pantagruel comme vne petite pillule.

En cinq aultres entrerent d'autres gros varlets chascun portant vng pic à son col. En troys aultres entrerent troys payſans chaſcun ayant vne paſle à ſon col.

En ſept aultres entrerent ſept porteurs de couſtretz chaſcun ayant vne corbeille à ſon col. Et ainſi furent auallees comme pillules. Quand furent en l'eſtomach, chaſcun deffit ſon reſſort & ſortirent de leurs cabanes, & premier celluy qui portoit la lanterne, & ainſi cheurent plus de demye lieue en vn goulphre horrible, puant, & infect plus que Mephitis, ny la palus Camarine, ny le punays lac de Sorbone, duquel eſcript Strabo. Et n'euſt eſté qu'ilz eſtoient treſbien antidotez le cueur, l'eſtomach, & le pot au vin (lequel on nomme la caboche) ilz feuſſent ſuffocquez & eſtainctz de ces vapeurs abhominables. O quel parfum, o quel vaporament, pour embrener touretz de nez à ieunes gualoyſes. Apres, en tactonnant & fleuretant aprocherent de la matiere fecale & des humeurs corrumpues. Finablement trouuerent vne montioye d'ordure : lors les pionniers frapperent ſus pour la deſrocher & les aultres auecques leurs paſles en emplirent les corbeilles : & quand tout fut bien nettoyé, chaſcun ſe retira en ſa pomme. Ce faict, Pantagruel ſe parfoce de rendre ſa gorge, & facillement les miſt dehors, & ne monſtoyent en ſa gorge en plus q'vn pet en la voſtre, & là ſortirent hors de leur pillules ioyeuſement. Il me ſouuenoit quand les Gregeoys ſortirent du cheual en Troye. Et par ce moyen fut guery & reduict à ſa premiere conualeſcence.

Et de ces pillules d'arin en auez vne à Orleans ſus le clochier de l'eſgliſe de ſaincte Croix.

La conclusion du present liure, & l'excuse de l'auteur.

Chapitre XXXIIII.

R, messieurs, vous auez ouy vn commencement de l'histoire horrificque de mon maistre & seigneur Pantagruel. Icy ie feray fin à ce premier liure : la teste me faict vn peu de mal, & sens bien que les registres de mon cerueau sont quelque peu brouillez de ceste purée de Septembre. Vous aurez la reste de l'histoire à ces foires de Francfort prochainement venantes, & là vous verrez comment Panurge fut marié, & cocqu des le premier moys de ses nopces, & comment Pantagruel trouua la pierre philosophale, & la maniere de la trouuer & d'en vser. Et comment il passa les mons Caspies, comment il nauiga par la mer Athlantique & deffit les Caniballes, & conquesta les isles de Perlas. Comment il espousa la fille du roy de Inde nommee Presthan. Comment il combatit contre les diables, & fist brusler cinq chambres d'enfer, & mist à sac la grande chambre noire, & getta Proserpine au feu, & rompit quatre dentz à Lucifer, & vne corne au cul, & comment il visita les regions de la lune, pour sçauoir si à la verité la Lune n'estoit entiere:

mais que les femmes en auoient tróys quartiers en la tefte. Et mille aultres petites ioyeufetez toutes veritables. Ce font belles befoignes. Bon foir, meffieurs. Pardonnate my, & ne penfez tant à mes faultes, que ne penfez bien es voftres. Si vous me dictes. Maiftre, il fembleroit que ne feuffiez grandement faige de nous efcrire ces baliuernes & plaifantes mocquettes.

Ie vous refponds, que vous ne l'eftes gueres plus, de vous amufer à les lire. Toutesfoys fy pour paffetemps ioyeulx les lifez, comme paffant temps les efcripuoys, vous & moy fommes plus dignes de pardon q'vn grand tas de Sarrabouites, Cagotz, Efcargotz, Hypocrites, Caffars, Frapars, Botineurs & aultres telles fectes de gens, qui fe font defguizez comme mafques pour tromper le monde.

Car donnans entendre au populaire commun, qu'ilz ne font occupez finon à contemplation & deuotion, en ieufnes & maceration de la fenfualité, finon vrayement pour fuftenter & alimenter la petite fragilité de leur humanité : au contraire font chiere dieu fçait quelle, & Curios fimulant, fed Bacchanalia viuunt. Vous le pouuez lire en groffe lettre & enlumineure de leurs rouges muzeaulx, & ventres à poulaine, finon quand ilz fe parfument de Soulphre. Quant eft de leur eftude, elle eft toute confummee à la lecture des liures Pantagruelicques : non tant pour paffer temps ioyeufement, que pour nuyre à quelcun mefchantement, fçauoir eft, articulant, monorticulant, torticulant, culletant, couilletant, & diabliculant, c'eft à dire callumniant. Ce que faifans femblent es coquins de village qui fougent & efcharbottent la merde des petitz enfans en la faifon des cerifes & guignes pour trouuer les noyaulx, & iceulx vendre es drogueurs qui font l'huille de Maguelet. Iceulx fuyez, abhorriffez, & haiffez aultant que ie foys & vous en trouuerez bien fur ma foy. Et fi defirez eftre bons pantagrueliftes (c'eft à dire viure en paix, ioye, fanté, faifans toufiours grand chere) ne vous fiez iamais en gens qui regardent par vn partuys.

Fin des Cronicques de Pantagruel, Roy des Dipfodes, reftituez à leur naturel, auec fes faictz & proueffes efpouentables: compofez par feu M. Alcofribas abftracteur de quinte effence.

TABLE DES MATIÈRES

CONTENUES DANS CE VOLUME.

	Pages.
AVERTISSEMENT.................	1
LA VIE TRES HORRIFICQVE DV GRAND GARGANTVA...................	1
Aux Lecteurs.................	2
Prologe de L'auteur...............	3
De la genealogie & antiquité de Gargantua. Chapitre I.	9
Les Fanfreluches antidotees trouuees en vn monument antique. Chapitre II...............	12
Comment Gargantua fut vnze moys porté ou ventre de sa mere. Chapitre III...........	16
Comment Gargamelle estant grosse de Gargantua mangea grand planté de tripes. Chapitre IIII....	19
Les propos des bienyures. Chapitre V.........	21
Comment Gargantua nasquit en façon bien estrange. Chapitre VI................	25
Comment le nom fut imposé à Gargantua : & comment il humoit le piot. Chapitre VII.........	29
Comment on vestit Gargantua. Chapitre VIII....	31
Les couleurs & liuree de Gargantua. Chapitre IX...	36
De ce qu'est signifié par les couleurs blanc & bleu. Chapitre X.................	39
De l'adolescence de Gargantua. Chapitre XI.....	44

Des cheuaulx factices de Gargantua. Chapitre XII. .	47
Comment Grandgousier congneut l'esperit merueilleux de Gargantua à l'inuention d'vn torchecul. Chapitre XIII..	51
Comment Gargantua feut institué par vn Sophiste en lettres latines. Chapitre XIIII.	56
Comment Gargantua fut mis soubz aultres pedagoges. Chapitre XV.	59
Comment Gargantua fut enuoyé à Paris, & de l'enorme iument qui le porta, & comment elle deffit les mousches bouines de la Bauce. Chapitre XVI	62
Comment Gargantua paya sa bien venue es Parisiens, & comment il print les grosses cloches de l'eglise nostre Dame. Chapitre XVII	65
Comment Ianotus de Bragmardo feut enuoyé pour recouurer de Gargantua les grosses cloches. Chapitre XVIII.	68
La harangue de maistre Ianotus de Bragmardo, faicte à Gargantua pour recouurer les cloches. Chap. XIX. .	70
Comment le Sophiste emporta son drap, & comment il eut proces contre les aultres maistres. Chap. XX.	73
L'estude de Gargantua, selon la discipline de ses precepteurs Sophistes. Chapitre XXI	77
Les Ieux de Gargantua. Chapitre XXII	80
Comment Gargantua feut institué par Ponocrates en telle discipline, qu'il ne perdoit heure du iour. Chapitre XXIII.	85
Comment Gargantua employoit le temps quand l'air estoit pluuieux. Chapitre XXIIII	94
Comment feut meu entre les fouaciers de Lerné, & ceulx du pays de Gargantua le grand debat, dont furent faictes grosses guerres. Chapitre XXV.	97
Comment les habitans de Lerné par le commandement de Picrochole leur roy assallirent au despourueu les bergiers de Gargantua. Chapitre XXVI. . .	100
Comment vn moine de Seuillé saulua le cloz de l'abbaye du sac des ennemys. Chapitre XXVII.	103
Comment Picrochole print d'assault la roche Clermauld & le regret & difficulté que feist Grandgousier de entreprendre guerre. Chapitre XXVIII. . .	109
Le teneur des lettres que Grandgousier escripuoit a Gargantua. Chapitre XXIX.	112

Comment Vlrich Gallet fut enuoyé deuers Picrochole.
Chapitre XXX. 114
La Harangue faicte par Gallet à Picrochole. Ch. XXXI. 116
Comment Grandgoufier pour achapter paix feift rendre
les fouaces. Chapitre XXXII 120
Comment certains gouuerneurs de Picrochole par
conseil precipité le mirent au dernier peril. Chapitre XXXIII 124
Comment Gargantua laiffa la ville de Paris pour fecou-
rir fon païs & comment Gymnafte rencontra les en-
nemys. Chapitre XXXIIII. 129
Comment Gymnafte foupplement tua le capitaine Tri-
pet, & aultres gens de Picrochole. Chapitre XXXV . 132
Comment Gargantua demollit le chafteau du Gué de
vede, & comment ilz pafferent le Gué. Ch. XXXVI. 135
Comment Gargantua foy peignant faifoit tomber de
fes cheueulx les boulletz d'artillerye. Ch. XXXVII. 138
Comment Gargantua mangea en fallade fix pelerins.
Chapitre XXXVIII. 141
Comment le moyne feut feftoyé par Gargantua, & des
beaulx propos qu'il tint en fouppant. Chap. XXXIX, 144
Pourquoy les Moynes font refuys du monde, & pour-
quoy les vngs ont le nez plus grand que les aultres.
Chapitre XXXX 148
Comment le moyne feift dormir Gargantua, & de fes
heures & breuiaire. Chapitre XXXXI 152
Comment le Moyne donne couraige à fes compaignons,
& comment il pendit à vne arbre. Chapitre XLII. . 155
Comment l'efcharmouche de Picrochole feut rencontre
par Gargantua. Et Comment le Moyne tua le capi-
taine Tyrauant, & puis fut prifonnier entre les ennemys. Chapitre XLIII. 158
Comment le Moyne fe deffift de fes guardes, & comment l'efcarmouche de Picrochole feut deffaicte.
Chapitre XLIIII. 162
Comment le moyne amena les pelerins, & les bonnes
parolles que leur dift Grandgoufier. Chapitre XLV. 165
Comment Grandgoufier traicta humainement Toucquedillon prifonnier. Chapitre XLVI 169
Comment Grandgoufier manda querir fes legions, &
comment Toucquedillon tua Haftiueau, puis fut tue
par le commandement de Picrochole. Chap. XLVII. 173

Comment Gargantua affaillit Picrochole dedans la
Rocheclermauld, & defift l'armee dudict Picrochole.
Chapitre XLVIII. 177
Comment Picrochole fuiant feut furprins de males for-
tunes & ce que feit Gargantua apres la bataille. Cha-
pitre XLIX 180
La contion que feift Gargantua es vaincus. Chapitre L. 182
Comment les victeurs gargantuiftes feurent recompen-
fez apres la bataille. Chapitre LI 187
Comment Gargantua feift baftir pour le moyne l'ab-
baye de Theleme. Chapitre LII. 189
Comment feut baftie & dotee l'abbaye des Thelemites.
Chapitre LIII. 192
Infcription mife fus la grande porte de Theleme. Cha-
pitre LIIII 195
Comment eftoit le manoir des Thelemites. Chap. LV. 199
Comment eftoient veftuz les religieux & religieufes de
Theleme. Chapitre LVI. 201
Comment eftoient reiglez les Thelemites à leur ma-
niere de viure. Chapitre LVII. 205
Enigme en prophetie. Chapitre LVIII. 207

PANTAGRVEL, ROY DES DIPSODES. 213
Dizain de Maiftre Hugues Salel à l'auteur de ce Liure. 214
Prologue de L'auteur 215
De l'origine & antiquité du grand Pantagruel. Chap. I. 219
De la natiuité du trefredoubté Pantagruel. Chapitre II. 226
Du dueil que mena Gargantua de la mort de fa femme
Badebec. Chapitre III 230
De l'enfance de Pantagruel. Chapitre IIII 233
Des faictz du noble Pantagruel en fon ieune eage. Cha-
pitre V 237
Comment Pantagruel rencontra vn Limofin, qui contre-
faifoit le langaige Françoys. Chapitre VI. 241
Comment Pantagruel vint à Paris : & des beaulx liures
de la librairie de fainct Victor. Chapitre VII. . . . 244
Comment Pantagruel eftant à Paris receut letres de
fon pere Gargantua, & la copie d'icelles. Chap. VIII. 252
Comment Pantagruel trouua Panurge lequel il ayma
toute fa vie. Chapitre IX. 259
Comment Pantagruel equitablement iugea d'vne controuerfe merueilleufement obfcure & difficile, fi iufte-

ment, que fon iugement fut dict fort admirable. Chapitre X. 265
Comment les feigneurs de Baifecul & Humeuefne plaidoient deuant Pantagruel fans aduocatz. Chap. XI. 270
Comment le feigneur de Humeuefne plaidoie dauant Pantagruel. Chapitre XII. 274
Comment Pantagruel donna fentence fus le different des deux feigneurs. Chapitre XIII 279
Comment Panurge racompte la maniere comment il efchappa de la main des Turcqs. Chapitre XIIII. . . 282
Comment Panurge enfeigne vne maniere bien nouuelle de baftir les murailles de Paris. Chapitre XV. . . . 289
Des meurs & condictions de Panurge. Chapitre XVI . 295
Comment Panurge guaingnoyt les pardons & maryoit les vieilles & des proces qu'il eut à Paris. Ch. XVII. 301
Comment vn grand clerc de Angleterre vouloit arguer contre Pantagruel, & fut vaincu par Panurge. Chapitre XVIII. 306
Comment Panurge feift quinaud l'Angloys, qui arguoit par figne. Chapitre XIX. 313
Comment Thaumafte racompte les vertus & fçauoir de Panurge. Chapitre XX. 319
Comment Panurge feut amoureux d'vne haulte dame de Paris. Chapitre XXI. 321
Comment Panurge feift vn tour à la dame Parifianne qui ne fut point à fon aduentage. Chapitre XXII. . . 326
Comment Pantagruel partit de Paris ouyant nouuelles que les Dipfodes enuahyffoient le pays des Amaurotes. Et la caufe pourquoy les lieues font tant petites en France. Chapitre XXIII. 330
Lettres que vn meffagier aporta à Pantagruel d'vne dame de Paris, & l'expofition d'vn mot efcript en vn aneau d'or. Chapitre XXIIII. 332
Comment Panurge, Carpalim, Eufthenes, Epiftemon, compaignons de Pantagruel, defconfirent fix cens foixante cheualiers bien fubtilement. Chapitre XXV. 337
Comment Pantagruel & fes compaignons eftoient fachez de manger de la chair falee, & comme Carpalim alla chaffer pour auoir de la venaifon. Ch. XXVI. 340
Comment Pantagruel droiffa vn Trophee en memoire de leur proueffe, & Panurge vn aultre en memoire des Leuraulx. Et comment Pantagruel de fes petz

engendroit les petitz hommes, & de ſes veſnes les petites femmes. Et comment Panurge rompit vn gros baſton ſur deux verres. Chapitre XXVII. . . . 345

Comment Pantagruel eut victoire bien eſtrangement des Dipſodes, & des Geans. Chapitre XXVIII. . . . 350

Comment Pantagruel deffit les troys cens Geans armez de pierre de taille. Et Loupgarou leur capitaine. Chapitre XXIX. 356

Comment Epiſtemon qui auoit la coupe teſtee, feut guery habillement par Panurge. Et des nouuelles des diables, & des damnez. Chapitre XXX. 362

Comment Pantagruel entra en la ville des Amaurotes. Et comment Panurge maria le roy Anarche, & le feiſt cryeur de ſaulce vert. Chapitre XXXI. 370

Comment Pantagruel de ſa langue couurit toute vne armee, & de ce que l'auteur veit dedans ſa bouche. Chapitre XXXII. 374

Comment Pantagruel feut malade, & la façon comment il guerit. Chapitre XXXIII. 379

La concluſion du preſent liure, & l'excuſe de l'auteur. Chapitre XXXIIII. 382

Achevé d'imprimer
LE 10 DÉCEMBRE MIL HUIT CENT SOIXANTE-HUIT
PAR J. CLAYE
POUR A. LEMERRE, LIBRAIRE
A PARIS

www.ingramcontent.com/pod-product-compliance
Lightning Source LLC
Chambersburg PA
CBHW051837230426
43671CB00008B/990